U0467543

# 王铎的庚辰岁月

张颖昌 著

泰山出版社·济南

图书在版编目（CIP）数据

王铎的庚辰岁月 / 张颖昌著. -- 济南：泰山出版社，2023.9

ISBN 978-7-5519-0808-5

Ⅰ. ①王… Ⅱ. ①张 Ⅲ. ①文物—考古—中国—明代 Ⅳ. ①K871.45

中国国家版本馆CIP数据核字（2023）第167846号

WANGDUO DE GENGCHEN SUIYUE
王铎的庚辰岁月

| 著　　者 | 张颖昌 |
|---|---|
| 责任编辑 | 王艳艳　任春玉 |
| 装帧设计 | 路渊源 |

| 出版发行 | 泰山出版社 |
|---|---|
| | 社　　址　济南市泺源大街2号　邮编　250014 |
| | 电　　话　综 合 部（0531）82023579　82022566 |
| | 　　　　　出版业务部（0531）82025510　82020455 |
| | 网　　址　www.tscbs.com |
| | 电子信箱　tscbs@sohu.com |
| 印　　刷 | 山东新华印务有限公司 |
| 成品尺寸 | 165 mm×240 mm　16开 |
| 印　　张 | 22.5 |
| 字　　数 | 300千字 |
| 版　　次 | 2023年9月第1版 |
| 印　　次 | 2023年9月第1次印刷 |
| 标准书号 | ISBN 978-7-5519-0808-5 |
| 定　　价 | 88.00元 |

# 前 言

　　王铎，字觉斯，又作觉四、觉之，号嵩樵、痴庵道人等，生于明万历二十年（1592年）壬辰十二月十日，卒于清顺治九年（1652年）壬辰二月十七日。

　　王铎于天启二年（1622年）考中进士，选为庶吉士，授检讨。明崇祯间（1628—1644年）历任右谕德、南京翰林院掌院、詹事府詹事协理詹事府事、礼部右侍郎兼翰林院侍读学士、礼部左侍郎兼翰林院侍读学士。崇祯十三年（1640年），迁南京礼部尚书，以丁艰未赴。甲申（1644年）国变前夕升礼部尚书，未能赴任。南明弘光间（1644—1645年）任文渊阁大学士等职，位至次辅。清顺治二年（1645年）五月，列名文武迎降清军。次年（1646年），接受北廷任职，任礼部左侍郎管弘文院事，七年不迁，直至去世。顺治九年（1652年）三月，升礼部尚书，然而此时王铎已经去世多日。王铎一生当中两次与"礼部尚书"擦肩而过，死后赠太子太保，谥"文安"。一百多年后，乾隆四十三年（1778年），乾隆帝诏令国史馆编修《明季贰臣传》，王铎与长子王无咎都榜上有名。

　　王铎是明清之际重要的政治人物，更是艺术史上的大家，在诗文、书画等方面都具有重要的影响。如果以顺治二年（1645年）五月王铎在南京献城降清为界线，我们可以把他的一生分为前后两个部分，前期是在晚明。他以科考进身，努力打造着自己的"名臣"形象。二十多年间辗转于南北政坛，在党争的夹缝中小心求进，期望能在政治上有所作为。后期则是他仕清的七年。在这一时期，降清的阴影一直笼罩在他的心头，难以排解。一方面，他深知自己可能要背负身后恶名，在政治上消极倦怠，无所作为。另一方面，他又活跃于京城"贰臣"圈，与大家抱团取暖，努力挽回自己的名声。政治上的荣辱浮沉让人无奈，但对于自己的诗文书画，王铎则是满怀抱负与自信。早在仕明时期，王铎就多次整理印行了自己的诗文集，他的书画创作更是名盛一时。能在书法史上留好字数行，这既是他对自己书法作品自信的体现，也是晚年支撑他的重要信念。王铎在艺术上无疑是成功的，而鼎革之际的人生遭际又让他本人充满了争议。正因为此，王铎越来越受到学界的关注。

王铎的时代距今不远，他的传世作品也非常多，当代对他的研究可谓硕果累累。对其作品整理出版与研究的过程中，书风审美、艺术思想、艺术史地位等都是学界关注的重点，呈现出多元与纵深的研究特点。

当代艺术史研究更加关注作品背后的人，关注人所处的历史时期和社会环境，从而观照人的内心思虑。以纵向的历史眼光和横向的社会视角来研究人与作品，是艺术史研究的重要手段，更是将研究引向纵深和多元的重要基石。而要做到这一点，首先就得尽可能详尽地掌握研究人物的相关文献信息，从而尽可能贴近和还原历史真实。

薛龙春先生的《王铎年谱长编》，是近年来王铎年谱研究的精品力作，为王铎研究打下了坚实的基础。当然，与任何一个艺术史个案的研究一样，王铎研究的基础文献也处于不断补充与修正的过程中。所以，王铎的年谱编纂工作还需要长久的接力。时间过去了四百多年，许多有关王铎的生活细节已经模糊、缺失，太多散乱的人生片段也需要去梳理、勾连。但是每发现一份新资料，每理出一条新线索，都可能会离王铎更近了一步。

山东博物馆藏"王铎诗文手稿"真迹（以下简称"手稿"），纸本墨书，共计一万五千余字。自二十世纪五十年代入藏以来，手稿一直未经对外发布，其文献价值和艺术价值都弥足珍贵。手稿包含了大量新发现的信息，能填补王铎研究的诸多空白点。通过对手稿的释读断代，可以发现：除了一件请求致仕归养的草稿是写于崇祯十二年（1639年）己卯秋冬外，其他手稿均是崇祯十三年（1640年）庚辰所作。这批手稿不仅可以补充王铎在这一庚辰年的行迹事略，还能纠正以往研究断代工作中的个别疏谬。在此基础上，借助以往年谱研究的成果，我们可以重新建立起王铎在庚辰这一年的叙事框架，同时也使庚辰年这一时间视角下的王铎研究成为可能。

审视王铎的一生，我们可以依时序线性展开。每一个时间段既有其相对独立性，又与其他时间段是环环相扣、前后勾连在一起的。将研究的视角定位在某一年，既有助于我们更为详尽地了解王铎的行迹交游，观照他的内心思虑，又可以承上启下，在完整的人生视角下去找寻隐藏其中的因果机缘。

崇祯十三年（1640年）庚辰，王铎四十八周岁。这一年是他的本命年，也是他在晚明政权供职的最后一年。从他一生的角度进行审视，这个庚辰年有着特别的意义：一、在倦怠失意中开启。自崇祯十年（1637年）冬日返回北京，王铎一改往日游离于党争之外的处事作风，在朝堂上言辞激切，站在了当政者杨嗣昌、薛国观等人的对立面，也因此遭受了被降三级的处分。此时，连丧两女、疾病缠身也让王铎备受打击和煎熬。国事、家事、身病叠加，对仕途倦意深重的王铎接连三次上书请求致仕归养，但都未获批准。进不能，退无望，在自己的本命年到来之际，王铎决心韬光养晦，将自己置身于政坛争斗的漩涡之外。二、在访僧问道、诗酒游历中度日。春、夏、秋三季，在京的王铎淡于政事，将大把时间用在了访僧问道和诗酒游历当中，并对僧、道表现出了特别的关注。三、出现转机，沉浸在升职的喜悦中。崇祯十三年（1640年）九月二十二日，王铎被任命为南京礼部尚书。升职，且到南京任职，带给他莫大的人生欢喜，也昭示着他与南京不解的悲喜之缘。四、在归乡、奔丧和移居中落幕。初冬，王铎踏上了归乡的路途，兵火遍地，凄凉满目，归途充满了艰辛。十一月二十八日行至怀州，王铎听闻父亲去世的噩耗，随即去职丁忧，归乡也成了奔丧。处理完父亲的丧事，已是庚辰岁尾，家乡已不可居，于是王铎举家搬迁到黄河北岸的怀州避乱。这次移家也开启了王铎三年多的漂泊避乱生活。

虽然王铎渴望林泉间的隐逸生活，但他也无法放下对仕途进阶的期望。甲申国变后，南明政权一声召唤，他就毅然决然地奔赴而至了，并官至次辅，到达了人生仕途的顶点。但是只在一年之间，谁也未曾料想，人生就由顶峰迅速滑至低谷了。南明弘光元年（1645年）五月，弘光帝和首辅马士英出逃，还蒙在鼓里的王铎成了替罪羊。他被不明就里的南京市民擒住，群殴至"须发尽秃"，所幸被友人移入狱中才得以保全性命。两天后，王铎列名文武迎降清军。耻辱、绝望、悲愤、哀叹……他成了自己曾经最为鄙视的人。而这其中的际遇，我们都可以在庚辰年中找到端倪。

## 一、全书结构

落实到本书的写作，全书分为上下两编。上编立足于新见文物，做考证和断代研究，力求严谨可信；下编重构叙事框架来观照王铎的庚辰岁月，尽量涵盖已有的文献资料，前后勾连。

（一）上编是对山东博物馆藏"王铎诗文手稿"所作的释读、考证与断代。该手稿由王献唐先生于建国前所收，并经其鉴定和题跋。手稿笔意飞动，出入颜、米之间，已深具王铎晚年稿草的典型风貌，为真迹无疑。详审手稿可知，手稿原为九个独立的手卷，约在清中期经割裁装裱成册。手卷当中有两处明确的纪年信息，这是断代的首要依据；在每个手卷的内部，多有王铎自己标注的编号，书迹的先后顺序清晰可辨，也为断代工作提供了准确线索；同时，参照王铎年谱所记，也可以为断代找寻出可信的依据。

例如：《奏为剧病日深旷职是惧恳乞天恩赐臣回籍调理微躯事》手稿是独立的一件，无明确纪年信息。手稿结衔为"礼部左侍郎兼翰林院侍读学士臣王铎"，中有"然臣丙子疟疾九月，丁丑血痢八月，因致怔忡之病。不意八月初十日夜，口吐血水，昏迷不省人事，次日稍苏，心动目眩，昼夜不寐，饮食不进……"句，就为断代提供了线索。首先，王铎任"礼部左侍郎"一职史书漏记。明制尚左，左侍郎职位高于右侍郎。［按：崇祯十三年（1640年）九月二十二日，王铎升南京礼部尚书，根据此手稿可见王铎任"礼部左侍郎"一职是在此前。］崇祯十二年（1639年）五月十二日，王铎《张心翁荣寿貤封序》结衔"礼部右侍郎兼翰林院侍读学士"，这是可知结衔"礼部右侍郎"最为晚近的一件作品。故可以确定：在崇祯十二年（1639年）五月十二日至崇祯十三年（1640年）九月二十二日之间，王铎曾担任"礼部左侍郎"一职；其次，据"八月初十夜，口吐血水……次日稍苏"可知，手稿当拟于八月十二日以后较近的时间内。王铎任"礼部左侍郎"一职的时段内有两个八月十二日，分别是在崇祯十二年（1639年）和崇祯十三年（1640年）。崇祯十三年（1640年）八月十一日晚，王铎有拟王凝之的《八月廿九日帖》传世。如果在"稍苏，心动目眩"的状态下即为人作书，于情理难通，故可排除此年；崇祯十二年（1639年）八月十四日，王铎为赵深甫作《京北玄真庙》行书轴，重病之后第四天稍作恢复，则是有可能为他人作书的。另，崇祯十二年（1639年）九月九日夜，王铎出席了皇上的赐宴。综合以上信息可知：手稿当拟于崇祯十二年（1639年）八月十二日至九月九日之间的某一天。又，手稿言"旷职是惧"，此间旷职养病，也完全符合事实。这件手稿的意义在于，使我们知道了王铎履历的新信息，更关键的是也使我们知道了他曾第三次请求归养，这为了解他此间的心境建立了准确的立足点。庚辰心境，与此紧密相关。

再如：手稿的第八、九两部分亦无纪年信息，但据诗的先后次序，我们可以勾勒出一条完整清晰的归乡路径，并可了解到王铎在归途中的思虑感慨。移居怀州后，王铎的几首五言排律也可以准确定位在本年年底。《忧居立春》残稿是手稿的最后一篇，立春是第二年新节气的开端，也可以算作他给自己的庚辰岁月画上了句号吧。忧居心境，离乱漂泊，此后的岁月又与庚辰脉脉相连。

（二）下编是将新发现文物与既有的年谱信息相结合，重新建构起对王铎在庚辰年的叙事框架。以"王铎在庚辰"为名，将庞杂纷乱的庚辰日常重新组织起来，大致循着一条时间脉络，以十多个小章节来观照王铎的庚辰岁月和庚辰岁月的王铎。

1. 正月初一是庚辰的开头。在这天王铎写下了两首五律，真切表达出此际的心境。本文以此为引子，回顾了王铎的国事之忧、家事之痛和身病之扰，揭示出他在自己的本命年里既处处谨慎，又淡然处之的精神状态。他在一件试笔作品上所钤的"用晦"朱文印，就是对此最为明确的写照。

2. 元宵节的两场聚会，一场是同年聚会，一场是同乡聚会，都包含了很大的信息量，本文将分别予以叙述。

中午，新任礼部右侍郎陈演招集在京的同年欢会，蒋德璟在所作诗中说到了"八仙"，并明确了"八仙"分别是谁。这八位壬戌科同年、曾经的翰林院庶吉士虽然因为此前的人生机缘走到一起，但并非一个感情相投的紧密群体。在晚明政坛乱局中，"八仙"性情既异，人生遭际也各不相同。在他们身上所折射出的人生悲喜，其实就是晚明政坛众生相的一个缩影，其间讯息令人唏嘘。本文略述了王铎与其他"七仙"的人生交游，也借此分析他在此际的处境与心境，感慨系之矣。

晚上赏灯的聚会是王铎的同乡袁枢安排的。袁枢是晚明极为重要的收藏家之一，在王铎的人生中有着特别的分量。二人交游数十年，感情甚笃，他们的人生归宿却截然不同。南京陷落后，袁枢忧愤而死，王铎最终也没能见到袁枢并取得他的谅解，这成了他心头永远的痛。此时欢会，并不知日后凄凉，令人感慨长叹。

3. 清明时节，国事纷纭，还遇大风数十日不止，天灾、人祸皆令人忧心不已。本书所谈朝堂之上的"大风歌"，言及时事背景，重点放在了清明时节王铎对三位亡友的哀思上。崇祯十一年（1638年）秋冬，在清军袭掠华北的过程中，友人吴阿衡、孙承宗和卢象升相继殉国。三人是军事衰颓背景下，政坛乱局中党争的牺牲品，殉国者非但没有得到应有的追恤，反而被别有用心的汹汹之言所诽谤和污蔑，令王铎悲愤难抑。他在长歌中感慨痛陈，实则也是为晚明唱了一曲末世哀歌。此处详述了王铎与蓟辽总督吴阿衡的人生交谊，谈及顺治八年（1651年）冬（王铎去世前一年）他对吴阿衡后事的安排，鼎革之际人物飘零，令人唏嘘慨叹。

4. 父母年高体弱，王铎三次上书请求归养而不得，仕途坎壈更加重了他的思乡之情。庚辰年里，兵火遍地，家乡更是经受了数百年不遇的大旱和蝗灾，令王铎为之忧心牵念。"思乡"一节，略述王铎对父母、兄弟子侄和家乡友人的牵念之情，并特别提及他与姑父李门河和八舅陈璟的交往，传达出他浓重的思乡之情。庚辰年又是一个科考年，本节略述与王铎有密切交游的六位新科进士，并着力关注其中所隐藏的家乡情结，体现出王铎人生交游的一个侧面。

5. 王铎与即墨黄宗昌、黄培在正月里订交。与黄氏二人的交游虽然只有短短十个月，但足可见出他们在王铎心目中的分量。黄宗昌是王铎壬戌科的同年，官至御史，因得罪权臣而致仕归乡。黄培是黄宗昌的侄子，世袭锦衣卫，升都指挥使。黄培刚正不阿，一身正气，深得王铎的敬重。即墨黄氏家族家风清正、渊源有自，黄培的祖父黄嘉善，号梓山，官至万历朝兵部尚书，战功赫赫。万历四十八年（1620年），万历、泰昌相继宾天，天启继位，值主少国疑、内外忧惧之际，黄嘉善受顾命于枢府，安定朝局。天启四年（1624年），黄嘉善病逝，赠"太保"，备极哀荣。王铎为黄嘉善的遗稿作《大司马黄公梓山奏议序》，洋洋千余言，意气激昂，表现出王铎对黄嘉善的崇高敬意。王铎素有"名臣"之志，此时正着力打造自己的人格形象，与黄氏家族成员订交即显示出这一特别的用意。

然而，无论庚辰年的订交和交游是怎样的密切、真挚，他们的人生归宿仍然是截然不同的。崇祯十五年（1642年）在抵御即墨民乱时，黄宗昌率众据守，其次子黄基英战死，黄基英之妻与三妾也为国殉命，时人谓之"一门五烈"。国变后，黄宗昌杜门养母，母死即自缢；明亡后，黄培也回到家乡，不与清廷合作，隐居赋诗以明志。康熙五年（1666年），"黄培诗案"发；康熙八年（1669年）四月，黄培在济南被处以绞刑。临刑之际，他昂首阔步，谈笑自若，从容吟诗。黄氏一门正气凛然，令人敬而仰之。而王铎在南京献城后，被裹挟到人生的泥沼中，后来更是被认定为"贰臣"，令人唏嘘。今天，再回首这段庚辰订交，再审视他们的人生遭际，又难免不令人生出无限的人生慨叹。

6. 宴饮是王铎日常交游中的一项重要活动。宴会上，他或澎湃激昂，或低回婉转，自有不同于往常的一面。把酒之际，他既可以高谈阔论，又可以趁着酒兴当众挥毫，宣泄内心情感。应该说，宴饮和其他的交游活动并没有明显差异，将它单列出来讨论，意在以酒宴为背景来了解王铎的庚辰日常和心绪思虑。

7. 在庚辰年的政治乱局中，王铎经历了多次送别。这些友人离京的原因各异，但都与时局紧密相关。分别是游宦常态，送别也就成为交游的日常活动。但是在很多时候，送别却成为人生永诀，这是他们握别之际所无法预见的。四年后的江山易主、家国离乱，让他们走向了迥然相异的人生归宿。挥手成天涯，生死两茫茫，末世之际的每次握别，都隐含了太多的人生况味。

例如，惠安张正声与王铎的离别。张正声，字长正，福建惠安人，崇祯七年（1634年）进士。王铎对福建士子有着特别的感情。天启七年（1627年），王铎受任福建乡试的主考官，按照惯例，这一年乡试得中的举人都要拜王铎为师。此行不但给王铎带来了额外的收入，更是将众多福建士子纳入他的门下，并成为日后重要的人脉资源。本节详细考察了王铎在福建乡试担任主考官时的诸多"小动作"，以及利用关系来运作促成张正声的升迁之事，将王铎的不同面貌真实无讳地刻画出来。此次一别当然不是永别。崇祯十六年（1643年）冬，王铎避乱漂泊至开封，张正声不远数千里拜访王铎，二人也因此又有一段短暂的相处与陪伴。又别后数月，北京城陷，张正声经历变乱，饱受拷掠之苦。后其趁乱南归，尽散家财抗清，兵败渡海，终于厦门。庚辰一别，尚能再见，然而此次一别，下次再见，已是后会无期了。

8. 庚辰秋日，王铎致函张镜心的父亲张仁声，请求他准许两姓联姻。张镜心是王铎的壬戌科同年，崇祯十五年（1642年）加兵部尚书，二人交谊非常深厚。王铎也曾数次致函张镜心，为四子王无颇求亲。王铎之所以"逡巡不敢直言"，或为四子系侧室所生，心中怀有歉意吧。

国变后，张镜心侨居江左；入清不仕，闭门研究易经，自号云隐居士，世有"完人"之称。而王铎自知声名狼藉，胸中郁郁之情难疏。然二人问讯牵念之情绵长，并不因人生遭际不同而产生罅隙，兄弟之情是一方面，儿女亲缘也应在其中起了重要的作用。本节以"结亲"为引子，详述二人的交游始末，观照明遗民和仕清"贰臣"之间的终生情谊，在历史真实中还原鼎革之际王铎的人生悲欢。

本年，王铎与梁云构、薛所蕴、张鼎延等几位亲家都有交游。王铎与这几人或为同年，或为同乡，互相之间也熟悉，甚至互为亲家。另外，这几位亲家在明亡后也多仕于清廷，后来又同登"贰臣榜"，是清初北京"贰臣圈"里的活跃分子，更是王铎晚年的感情依托和心理依靠。本文以人物为线索，按时间顺序，详细讲述了王铎与各位亲家的人生交游。入清后，王铎活跃在自己的小圈子中，但满目"典型"今在望，寰宇如何不深秋？此间况味，只有他们才会有最深刻的体会。这是一个特殊的"朋友圈"，而其间所透露出的人生讯息也更令人感慨长叹。

9. 庚辰春、夏、秋三季，王铎将大把的时间放在了游历和访友上。其间的经历比较纷杂，与其他章节也多有交叉，故仅择其要者予以叙述。

王铎的僧、道情缘是本节关注的重点。在这一时期，王铎多去寺院和道观游历，访僧问道当然是他的重要目的。王铎自年轻时期就与僧、道交往密切，随着人生阅历的增加和心境的变迁，他的内心越来越靠近僧、道，而庚辰年尤其如此。立秋过后，王铎写下了两首《学道》诗，标题原为《欲学道》，这向我们透露了他此时的倾向。后来，王铎在江南避乱期间确实穿了道衣，戴了道冠，也证实了这一点。本节以大量笔墨梳理了王铎与僧、道的人生交集，分析了王铎更倾向于道家的几个缘由。需要特别指出的是，学佛难，学道亦难，因为王铎心里终究无法忘情的，还是宦途。

"访友"一节中讲述了王铎在庚辰年的访友活动，以其与同年顾国宝的交游为主。顾国宝，字元善，号珠岩，时任吏科给事中。顾国宝身为谏官却心性超然，不愿介入朝政之争，有小园一处名"可闲"，曾请王铎为之撰文。《可闲斋记》写于秋日，正值王铎懒于政事、倾心佛道之时，按常理他也会心有戚戚焉。然而，王铎的序文却以洋洋千余言，规劝顾国宝要忧勤国事，不应流连于一园之乐。这一反差体现出，王铎在作文时会着意于"名臣"形象的打造。

10. 挥毫泼墨是王铎日常生活中极为重要的一项活动，也是后世所关注的重点。他在这一年的书画活动地点主要集中在北京，"京中书画纪事"这一节对其传世作品予以综述，并述及他和刻碑手刘光旸等人的交游。

庚辰年是王铎生命中一段不可忽视的时光，也是他艺术修行中的一段重要路程。以这一年为视野来审视他的书画"生态"，是一个别样的视角。本节主要谈及他和董其昌的关系，包括他们在艺术思想上的分歧以及他和董其昌追随者的关系等。还记述了王铎和同年黄道周、倪元璐、洪周禄、南居仁等人在书法时名上的高下，他和友人郭宗昌、张民表等人在书法上的各有所长，时人对王铎书法的推举与批评，王铎的书法追求与"好用古字"，以及"北人之书"的提出与影响等，分析了王铎在庚辰年的书画"生态"。本节又从功用的角度将其作品分为"有受书人名款"和"无受书人名款"两大类，从而关注王铎书画的流向，以此观照其创作环境和创作心态，并且对他的书画"收入"、收藏情况也有涉及。在对王铎的挥毫原则进行梳理时，笔者发现了一件值得特别关注的作品，那就是庚辰这年九月份王铎为张若麒所作的书册，而张若麒的身份非常特别。两年前，王铎好友黄道周与杨嗣昌在"平台论辩"之时，张若麒即受杨嗣昌的招募而攻击黄道周，并由此成为杨嗣昌麾下的人。因为这段往事，张若麒就成了黄道周和王铎的"政敌"。但恰恰就是这件作品，让我们看到了王铎在个人利益上的许多"小动作"，也让我们看到了凡俗而真实的王铎。艺术是高尚的，人和世路有时却不免凡俗与卑微。

11. 王铎是中州诗派的代表人物，其诗文在当时享有盛誉。一如其书画，王铎的诗文亦有尚古、尚奇之风，个别诗句太过晦涩拗口，这也是其诗文在后世影响不大的原因之一。本文所引诗文多出自其手稿，而他的手稿经过了多次修改，隐藏了许多信息，这是单纯的诗文集所无法比拟的。为了将这些信息尽可能展现和挖掘出来，文中将一些诗文改为了白话，文采虽差之千里，但求能通其义吧。

诗文函问是文人交游的常态，也具有一定的叙事功能，其中透露出王铎在每个时段的心绪思虑。"柬友"一节中，寄与宋玫和袁翼隆等人的诗文多为新发现，值得关注。

在"撰文"一节中，笔者将王铎在庚辰年的文章分为"公文"

和"私文"两类来叙述。《神乐观提点高习政父母》是应制的"公文",为首次发现,有填补空白的意义;"私文"含量较大,其中《吊晋安张元弼》为首次发现。庚辰年的前一年,王铎的亲家张其平获罪被杀,这让王铎难以释怀,也是本节着墨的重点。王铎为同年胡敬辰《檀雪斋集》所作的序文见证了二人的友谊,本节对其交游也作了概述。

12. 与函问应酬之作不同,独坐感怀更接近王铎的内心。本节以时间为序,梳理了王铎在春、夏、秋三季的内心感怀,从中可窥见其内心思虑。秋季,宫廷变故和薛国观集团的倒台,关系到王铎的职位升迁,也决定了他下一步的人生走向,是本文关注的重点。本节中几首托物言志诗为首次发现,其中隐晦地传递出王铎在此际的内心波动,具有特定的研究价值。

13. 九月二十二日,王铎升任南京礼部尚书,这是他本年极为重要的人生转折。王铎与南京有着不解之缘:王铎曾通过关系运作谋得了南京翰林院事一职,崇祯八年(1635年)底至十年(1637年)初,他在南京度过了一年多的美好时光。获得南京礼部尚书的职位,既得到了职务上的升迁,又可以远离北京的政治漩涡,当然是如王铎所愿。十一月二十八日,尚在返乡途中的王铎听闻父亲去世的噩耗,随即去职丁忧,南京仿佛与他远离了。此后,王铎举家避乱,漂泊之际曾路过南京,但只是匆匆过客而已。崇祯十七年(1644年)五月,福王朱由崧监国,召王铎为礼部尚书兼东阁大学士,王铎奔趋而至。王铎在南明政权官至次辅,达到了他人生仕途的最高点。但是,生性迂阔的他既不见用于皇帝,又不容于首辅,处境极为尴尬。南明弘光元年(1645年)三月,"假太子案"发。皇帝和首辅先后出逃,被蒙在鼓里的王铎被南京市民擒住,成了弘光朝廷的替罪羊。王铎被群殴至须发尽秃，所幸被友人移到城狱中才得以保全性命。一天后，在诸位友人的合力营救下，王铎被释。两天以来的经历对王铎来说是何等的奇耻大辱，这让他感到了极度的失望与悲愤。随后，王铎与众多文武大臣一起迎降清军。短短三四天的时间内，王铎的人生就从巅峰一下子坠入深渊之中。

南京是让王铎爱恨交织的地方——既是他念念不忘渴望来到的地方、欢心游历徜徉无尽的地方、仕途飞黄人生梦圆的地方，更是让他屈辱心酸声名狼藉的地方。庚辰秋日的南京礼部尚书一职，仿佛是老天跟他开的一个玩笑。

14. 在辞别京城之际，王铎忙于繁杂的事务，也忙于和友人们告别。短短一个月的时间，他就踏上了归程。兵火遍地，路途阻隔，归乡之路充满了艰辛。途中他写下了大量的诗文，为我们勾勒出此行的轨迹，也透露出他内心的忧患思虑。本节对此行轨迹的完整勾勒，亦是以往的年谱资料所不具备的。

15. 十一月二十八日，行至怀州的王铎听闻了父亲去世的噩耗，随即去职丁忧，回家奔丧。三年来一直没有机会侍奉老人，这次归来却是阴阳两隔了，王铎的内心极度悲痛，对于旅宦生涯也是感慨万端。处理完父亲的丧事，独自静下来，王铎的内心依然悲痛难抑。刚刚经历了升职的喜悦，接着就遭受了父亲去世的打击，王铎的庚辰岁月注定不平静。

16. 兵乱之中的孟津已经不能再待下去了，王铎决定移居怀州，这里是王铎庚辰岁月的终点。庚辰岁尾到第二年秋冬，怀州成为王铎的避难之所。在辛巳立春到来之前，王铎的几首诗文记录了他在怀州的游历交游，也展现了他的怀州岁月。本节重点关注他与监军杨卓然、同年苗胙土、河内令王汉、皇族后裔朱常濂和朱翊榘的交游，这几番交游也为他的庚辰岁月画上了句号。

## 二、本文的体例

文中所涉及的年、月、日均为农历，与之相对应的公元纪年则在"（）"中以阿拉伯数字标注出来。

关于引文中的文献出处，凡出自王铎《拟山园选集·诗集》《拟山园选集·文集》《拟山园初集》者，均以《本集诗》《本集文》《本集初》等作简称，详见参考文献。

上编是对馆藏手稿的释读和考证，其中未见于传世文献者即依据手稿作释读和断句，见于传世文献者则比较二者的相异处。手稿中所涉及的人物及考证部分则以"按语"随附于后，相关个案研究已发表者亦在"按语"中注明。

生逢鼎革之际，王铎虽然一直小心处世，但被裹挟在历史的巨轮当中，最终还是陷入了人生的泥沼，荣辱浮沉俱尝。从这个角度而言，他是一个复杂的人物。这种复杂不仅体现在他的人生经历中，更体现在他的内心世界里。

我们以庚辰为视角来审视他人生中的诸多因果关联，循着时光的轨迹去贴近他的内心，并试图与他共情。我们无意去臧否人物，只是尽可能地去贴近和了解他。为此，必须重现他的日常，我们需要去做大量细致的工作，但无论怎样细致都不为过。尽管时光久远、世事蒙尘，许多细节已无从寻觅了，但随着每一点新材料的发现，我们都可以补充更多细节，使这一框架更加丰满，使更多散乱的信息得以串连成线，使叙事脉络更为清晰。点滴所得，难免疏谬之嫌，但至少是将研究向前推进的一点努力吧。

谨以一管之见，求教于学界师友！

张颖昌

2022.12.12

# 目 录

## 上编　山东博物馆藏《王铎诗文手稿》册录考

一　手稿一······················································································002
　（一）五律六十三首····································································002
　（二）五律十五首·······································································021
　（三）答袁翼隆四言古诗、五律····················································026

二　手稿二······················································································028
　（一）五言排律··········································································028
　（二）贺寿文·············································································029

三　手稿三······················································································032
　（一）七言古《赠龚生禹锡》························································032
　（二）《寄题龙山兼讯马、邢、王诸君》（残）································032
　（三）《咏天马》七古（残）·························································033

四　手稿四······················································································034

五　手稿五······················································································035

六　手稿六······················································································036
　（一）《太保大司马黄梓山奏议序》···············································036
　（二）《可闲斋记》（残）····························································038

| 七 | 手稿七 | 040 |
| --- | --- | --- |
| 八 | 手稿八 | 041 |
| 九 | 手稿九 | 050 |

## 下编　王铎在庚辰

| 一 | 元日感怀 | 075 |
| --- | --- | --- |
| 二 | 元宵欢会 | 082 |
|  | （一）"八仙"聚散终有时 | 082 |
|  | （二）赏灯 | 100 |
| 三 | 清明咏叹 | 107 |
|  | 大风歌 | 107 |
|  | 哀思无尽时 | 111 |
| 四 | 月是故乡明 | 122 |
|  | 思乡 | 123 |
|  | 迎新 | 135 |
| 五 | 谛交 | 147 |
| 六 | 宴饮 | 153 |
| 七 | 送别 | 164 |
| 八 | 结亲 | 175 |
| 九 | 游历访友 | 200 |
|  | 出行 | 201 |
|  | 访友 | 205 |
|  | 僧、道情缘 | 214 |

| 十 挥毫 | 230 |
| --- | --- |
|     京中书画纪事 | 230 |
|     王铎庚辰的书画生态 | 240 |
| 十一 诗文酬唱 | 254 |
|     柬友 | 254 |
|     撰文 | 267 |
|     独坐感怀 | 279 |
| 十二 南京，南京 | 290 |
| 十三 辞京 | 301 |
| 十四 南行 | 309 |
| 十五 奔丧 | 318 |
| 十六 移家居忧 | 321 |
| 参考文献 | 332 |
| 后记 | 335 |

# 上编

## 山东博物馆藏《王铎诗文手稿》册录考

山东博物馆藏《王铎诗文手稿册》真迹（见附图），计七十二页。手稿原为手卷，后经割裁，装裱为册页。详审手稿，可以将其分为九个互不连接的部分。在每个部分当中，或有王铎本人所作的编号次序，或有明确的纸幅连接关系，其先后顺序可明，故单独予以考释和断代。兹作录考如下：

## 一　手稿一

### （一）五律六十三首

**1　庚辰春、夏间，与诸友游京西屿峋崖等地**

《同巩、刘二君行水石上》："岩下孤光昃，探之造化纤。涧毛自□变，人迹不知劢。蓄意冥青翠，半藏叩篆图。转寻元始内，心已淡如无。"（一）

《与屿峋崖居东庵者》："众芳尚未歇，正好挹尧浆。安往非玄籁，居然小大荒。形易测善育，岂无阳兴洽。知音如何道，居方辨羽裳。"（二）"回首鹰风外，已离古石林。大端同艺牧，非是好登临。万□□□虑，孤云煦远心。只余绿缛趣，即此当知音。"（三）

《谢山阁》："香岑不一愧，气改却难名。转曲路非浅，杳冥心屡清。忽然山雨至，此景葛巾鸣。欲以窥神力，重玄铃铎声。"（四）

按：本诗载《拟山园选集·诗集》（清顺治十年刻本，以下简称《本集诗》）五律卷十二。手稿中用朱笔将"晓气"改为"气改"。崇祯十年（1637年）二月，王铎在结束南京翰林院事的任期后返乡，九月抵达北京。崇祯十三年（1640年）九月，王铎受任南京礼部尚书，十月离京赴任。三年多的时间里，王铎一直在北京，多次与友人游昌平诸山。岣峋崖在昌平，是王铎多次游历之地。诗二言"众芳尚未歇"，知此际当在春、夏时节。同行者巩、刘二君：巩或为巩弘图，详见下文；刘未详，待考。

### 2　夏日，过巩弘图鸿园，有诗柬蒋德璟、国华

《过巩弘图鸿园，柬八公、国华》，其一："半曙西园色，阴阴人语希。清灵岂在外，寂寞自为依。竹路深难辨，石云定不飞。神农经有味，真意果何违。"（五）

其二："曲曲逢华景，却疑身是渔。微闻芳草气，只好古人书。龟沼通留滞，药坛自晏如。无声迷处所，欲去转踌躇。"（六）

其三："昨共游山内，太阳夕岭迟。争如兹榭上，便与远岚期。篆隶牵谁梦，琴徽觏我师。苺痕思道胜，待雪醉花篱。"（七）

其四："别开学岛趣，何必更烟樵。视听皆潇洒，风骚不寂寥。樽前闻寿鹤，塞外过寒雕。为此声香意，还邀看石桥。"（八）

按：明代人名多写作谐音，巩弘图，疑即巩鸿图。《本集诗》五言排律卷一《秋夜鸿图园招与国华、不盈宴集》，即作"鸿图"。龚鼎孳作七律《过巩鸿图都尉故居》："彩云萧史旧门阑，绮榻香销蕙草残。冠玉人偏轻鼎镬，餐霞骨合返旃檀。封章洒血心犹在，花月联吟梦已寒。定是神仙饶慧福，乐昌鸾镜不禁看。"诗所言"巩鸿图都尉"者或指此人，待考。

"国华"者，待考。两诗均言及巩鸿图与国华，知二人皆与王铎交善。王铎此诗为柬八公、国华，亦可知巩弘图、蒋德璟、国华皆与王铎交善。

"八公"者，蒋德璟号。据《明史》卷二百五十一记载：蒋德璟，字申葆，福建晋江人。天启二年（1622年）进士，改庶吉士，授编修。崇祯时，由侍读历迁少詹士，寻擢礼部右侍郎。崇祯十五年（1642年）六月，廷推阁臣，首德璟。首辅周延儒尝蒋德璟渊博，可备顾问；文体华赡，宜用之代言。遂擢德璟为礼部尚书兼东阁大学士，入值。德璟性耿直，黄道周召用、刘宗周免罪，出力居多。福王立于南京，召入阁，自陈三罪，固辞。弘光元年（1645年），唐王立于福州，与何吾驺、黄景昉并召，旋以足疾辞归。九月，王事败，而蒋德璟适病笃，遂以是月卒。蒋德璟与王铎有同年之谊，交集颇多，友情极为深厚。

## 3　登山

《山巅》："日近湿云流，旷然冷欲秋。高原西晋地，残戍古燕州。农废耕耨事，山余战鼓愁。儒冠误不少，圆峤自烟洲。"（九）

按：登高远眺，见农事废弃、战乱无休，这正是庚辰夏日的景象。

## 4　与南居仁同访李绍贤

《偕南中幹坐印渚斋》，其一："劳生销夏处，此处是闲人。灵响初无待，幽情孰可亲。酒逢前岁月，花类故乡春。几日华山里，云泉养幻身。"（十）

其二："知君收众绿，的的仿山隅。诗意少人识，道心何日无。香清浮角远，竹照度萤孤。恐被时康借，仍来讲玉都。"（十一）

按：南居仁，字思敦，号中幹，陕西渭南南企仲次子。李绍贤，字印渚，山西蒲州李养质之子。南居仁、李绍贤、王铎三人俱为天启二年（1622年）进士，为同年挚友。时南居仁为左中允，李绍贤为左庶子，二人返回北京任职时间并不长。故友重逢，此际王铎与二人的交游颇为密切。

## 5　分砚与南居仁

《分砚与中幹》："几日深溪至，苍然带逸峰。滋之何涧水，隐隐藏云龙。草奏催华火，孤吟待晚钟。山中偕老寿，更荫古堂松。"（十二）

按：手稿首句涂抹处为"肇庆溪中石，曾从即墨封"，所言为砚台质地。王铎以此砚赠南居仁，有宝剑赠英雄之意。南居仁善隶书，有书名。

## 6　柬蒋德璟、南中幹、王锡衮、李绍贤、黄锦诸友

《柬八公、中幹、昆华、印渚、絧存》，其一："数朝不一见，苦热想轻凉。寂寂上微月，悠悠闻暗香。谈边沨水涩，洗砚梗河光。而我徒为尔，岛氛未敢忘。时岛虏遭人据皮。"（十三）

其二："之子情偏洽，衔杯无定期。桂娄观躁卦，鹊喥听疏篱。社稷非无事，衣冠各有为。德音凭秩秩，霜鬓又添丝。"（十四）

其三："逢时自觉拙，岩穴有刚薇。虽尔知音少，不疑旧业非。雪猿吟海树，云鹤下山矶。是以心如醉，微茫奚所归。"（十五）

其四："远志雕虫耻，抗心揖古人。傍傍嗟旅力，契契咏劳薪。好爵功难报，名山道不贫。商芝真受祉，未悔作居邻。"（十六）

按：手稿原题作《过访八公，时昆华至》，可纪其事。

黄锦，字絅庵，一字絅存，山东海阳人，天启二年（1622年）进士。孙承泽《春明梦余录》卷九："戊寅（1638年）春，经筵讲官王铎讲……反语太多，言时事又有'白骨如林'等语，……王出案前待罪，良久，上命起来，又忘谢恩。其次讲《尚书》者乃黄锦，声细而哀，无一字可辨，上不怿而退。"

王锡衮，字龙藻，号昆华，别号素斋，云南禄丰人，天启二年（1622年）进士，改庶吉士，授检讨。崇祯元年（1628年）官至少詹士。崇祯十三年（1640年）四月，擢礼部右侍郎。崇祯十六年（1643年）忧归。唐王立，拜礼部尚书兼东阁大学士。崇祯十三年（1640年）夏，王铎在礼部左侍郎任上，王锡衮为礼部右侍郎。明制尚左，王铎职位略高。

上述诸人，均为天启二年（1622年）进士，有同年之谊。此际同在北京为官，交往密切。

诗"其二"载《本集诗》五律卷十二，题名《柬八公、中翰、絅存》，薛龙春《王铎年谱长编》（以下简称《年谱长编》）将其定为崇祯十二年（1639年）所作，未知何据，待考。

## 7　送张长正归闽

《送张长正归闽》："忍闻游子恸，任职未酬劳。苦节衣悁敝，危言星与高。听猿鸣槲叶，洒泪湿山皋。边略思何限，长风驾海涛。"（十八）

按：张正声，字长正，福建惠安人，崇祯七年（1634年）甲戌科进士。十年（1637年）任惠州推官，历升兵部职方郎中。北都之变（1644年），被拷掠，乘间南归。散财起义，不克，渡海入厦门以终。①以诗意可知：张正声游宦于京，不如意，拟归乡。王铎以此诗送行。

天启七年（1627年），王铎任福建乡试考官，得士甚多。张正声对王铎执弟子礼，即与此有关。王铎对张正声关照颇多，如《与张镜心》云："惠州李官张公正声，远望老年翁赐之一荐，吹之阳和，弱植发荣矣。顿请顿请。……"

崇祯十六年（1643年）十一月，王铎举家避乱漂泊卫辉，张正声自岭南来访。王铎《琅华馆信古拟帖》卷款云："长正贤契鲲已抗疏，不避珰祸，即不文亦自可好，矧未尝不文耶？诗与时艺，刻心研于内，骎然于舣也。数千里问字于予，予耘斗樵侣，懒作书，书细务耳。长正勉乎鲲！静修可愿，勿为图不朽者恶也。此予之心乎长正也，若予深山拙槚，无志天下事，何足企慕欤？癸未十一月，孟津王铎。"②

## 8 访长春寺僧，不遇

《与长春寺僧》："无时无外事，古寺一相寻。此地有青蒌，虚心磬近人。功名谁报禄，疾病自观身。住处休移徙，门前草自春。"（十九）

按：此诗涂抹、修改处颇多，难以断句。诗名亦涂去，但尚可辨认。长春寺，亦名长椿寺，位于北京长椿街。"古寺一相寻"句，知王铎此行为访僧。

《期山僧不至》："定向何峰去，晨光引石梯。诸经闭笈内，一月生池西。题壁鬼神惧，敲松虎鹿齐。苍髭羞对汝，远梦落烟溪。"（廿）

---

① 参见《（光绪）惠州府志》卷十九《职官·推官·小腆纪传卷五十七》。
② 村上三岛编：《王鐸の書法》卷篇一。

## 9　与诸友集孙承泽瀚园

《诸君集瀚园》，其一："秋情先欲至，物物自无违。天地华簪合，江湖白鹭归。清觞消暑日，游子感征衣。穷老人间事，支颐歌采薇。"（廿一）

其二："蒹葭如昨梦，此会不嫌频。室曲行无尽，琴鸣觉有人。淡淡青岫变，表里绿荷亲。矍矍风流远，勿劳说隐沦。"（廿二）

其三："心事何人共，匏尊向水圆。墨光鱼路厚，静气柳塘偏。半世诗书误，百年日月旋。譬身蟠木老，不敢厌溪烟。"（廿三）

其四："今年菡萏好，昨岁与谁期。聚友不遑懒，看花尝苦迟。潭形清谷动，天影晚香移。奚以中情取，将毋贪夕曦。"（廿四）

按：孙承泽，山东益都人，世隶顺天府上林苑，故也作顺天大兴人。崇祯四年（1631年）进士，官至刑科都给事中。福王时，以降附李自成定入从贼案。顺治元年（1644年）五月，起授吏科都给事中，官至礼部左侍郎。两遇恩诏，加太子太保、都察院左都御史衔。[①]孙承泽家藏甲于晚明、清初，与王铎有二十余年的交谊。明亡后，二人同事清廷，交游更加密切。

## 10　吊晋安张元弼

《吊晋安张元弼》，其一："生刍万里道，遗韵在丘园。但见居官迹，孰知教者言。鸿书藏破屋，荔雨翳寒原。渺渺闽天月，伤心照海门。"（廿五）

其二："高士不重见，飞飞驾羽翰。墓田龟已吉，漆火地无寒。

---

[①] 参见《清史列传》卷七十九。

远泪沾筇杖,轻花满石坛。若为隐逸传,风雨起哀湍。"(廿六)

按:张元弼,福建晋安人,生平不详。依诗句可知,张元弼为游宦京城者,有高士之风,为王铎所敬重。

## 11 夏日,再游岣岣崖

《岣岣崖道房》。其一:"峰乱入天色,天香时不遥。澹然忘石濑,安忍忆松苗。潜怪人神禁,孤阳象纬调。宁知下界暑,虚寂独萧萧。"(廿七)

其二:"为问初开辟,无营胡以然。万年遗石发,此日闭人烟。麋鹿尧钟避,蛟龙奭塚缠。可堪窥法象,载斗礼重玄。"(廿八)

《山洞》:"衣襃飞鸟上,洞口药丛幽。始见乾坤撰,当从损益求。弯风穿虎穴,腥雨夹龙湫。相引濛濛里,息心犹未休。"(廿九)

## 12 入城,思岣岣山

《入城思岣岣山》:"结庐偏尔远,青翠不临门。每每簿斤书,依依丘壑尊。何繇接牧子,还欲闲心魂。惟愧卢鸿乙,苍烟可与言?"(卅)

按:手稿原题名为《入城思岣岣山,不置》,又将"不置"涂去。"不置"意为思岣岣山之心无从安放,可知王铎强烈的归隐之心。

## 13 北湖柬诸君

《北湖柬诸君》:"竹扉临太液,无意得希夷。万事复何领,百年才几时。丹楼承日脚,绿水倒烟楣。对此须深醉,莲花蕊正蕤。"(卅一)

## 14　过访王都

《过王介清》:"热时未及晤,不远隔沧洲。客意山为胜,主人阶已秋。似同水石趣,暂使身心幽。更欲湘醽约,柴车何处游?"(卅二)

按:王都,字懿伯,号介清,先世山东文登人,徙家德州左卫。天启五年(1625年)进士,初选元城,继补滑县。崇祯间授给事中,直声动天下。升翰林院提督四夷馆,太常寺少卿,升太常寺卿。国变时郁愤自伤,死。①

王铎与王都交往颇多。如,《本集诗》五律卷十二《七月写兴柬介清、卤臣》:"抱病岂难退,忧端异了时。闲从新镜对,哪有旧明知。星宿编衣冷,丹砂炼貌痴。交魂青翠炯,烧否半生诗。"又,五排卷之一《才薄一首,呈介清、木渐》:"才薄终何济,单心未易酬。尘缨无实用,桂树可淹留。梦逐家南月,身闲蓟北秋。……苍生镇日哭,边土几年收。且傍青岩去,恐贻白发羞。茫茫天地阔,崧瀍问渔舟。"《拟山园选集·文集》(清顺治十年刻本,以下简称《本集文》)卷五十三收《答介清》:"暑当矣,鸟残花瘦,尚未得借净业寺荷花烟雨,奉杯酒与足下欢,毋乃闲心凋耗于风尘间耶。然烦热中,须作清涧鸣泉古松良雨想,仲蔚蓬蒿宅中忽有情致,然终无如朱硝自唾何也?"皆可见二人交谊之一斑。

## 15　晤赠刘警圆

《赠刘警圆》:"今朝方北聚,几日过河阴?只为频征阻,无繇寄远音。斗箕看碧汉,静默对苍岑。有荴万年咏,深期脉脉心。"(卅三)

---

① 参见《尊水园集略》卷十一《太常寺介清王公墓志铭》。

按：刘警圆，生平不详。诗中言"今朝方北聚，几日过河阴"，河阴当指河南，故刘警圆应为河南同乡。

## 16　赠魏二韩

《魏二韩》："幽斋怆国事，内感未能闲。秋物有迁色，劳臣无解颜。海租书册剥，崧岳贝华斑。望望宅师在，吾思记黑山。"（卅四）

按：魏二韩，生平不详。据方以智记载，魏二韩御史治一贼，贼供称威灵仙、天茄花、精刺豆，人饮则迷，蓝汁可解。由此知魏二韩曾任御史。

《本集诗》五古卷之三有《怀虞求、二韩》："夏蝉细作声，清露忽已滴。雨后得轻凉，遥天写空碧。昨得良友书，悠然令心怪。尚嫌书易竟，不及梦永夕。……盈盈千里道，几时慰畴昔？物情且如此，天道孰能识？"虞求者，王铎同年进士，《东林列传》卷十一："徐石麒，字宝摩，一字虞求，嘉兴人。……福王时起为右都御史，旋晋冢宰。……"魏二韩与徐石麒或为同僚，或为同党，或为同乡，待考。

## 17　立秋，呈顾国宝

《立秋呈顾珠岩》："朱明且不变，秋意欲婆娑。淡漠门尝闭，蓬蒿君又过。著书知己少，学剑负山多。阴坎纵能济，无如香石何。"（卅五）

按：庚辰立秋日为1640年六月十九日。

顾珠岩，即顾国宝，字元善，天启二年（1622年）进士。曾知平湖、嘉兴，以廉声行取吏科给事中。主试浙江，称得士，卒于官①。王铎与顾国宝为同年，有诗云"淡漠门尝闭，蓬蒿君又过"，知二人交游颇为密切。

### 18 秋日于京，忧虑家乡

《家虑》："不得林园顾，南庐亦可嗟。劳心兼寇盗，蒿目着馀衺，古道乖分久，秋光岁序赊。脱无啸泽起，庶见蛰虺蛇。"（卅六）

### 19 寄茅山道者

《寄茅山道者》："古山无所极，萧散太微初。自笑淹留久，遂令踪迹疏。芳坛余药铫，阳洞闭仙书。淡泊当深择，何难凌素虚。"（卅七）

按：茅山是道教名山，又名句曲山、地肺山，位于江苏句容。

### 20 诗柬亲故

《与亲故》："今年春又过，帆影旷溪光。辜负桃花色，飘零芍药香。自当安退处，不是感行藏。天旭芳颜老，庶几共藕庄？"（卅八）

按："感行藏"原句为"慕腾骧"。

### 21 《宜践》诗

《宜践》："山理理宜践，此中莫可传。毛鳞偕子弟，花露裛衣裳。守朴霄崖淡，有心世路忧。寻元忘所适，刻意安能游？"（卅九）

按：此诗旁有小字"浣花"。

---

① 参见《（光绪）通州直隶州志》卷十二《宦迹》。

## 22　秋日，同蒋德璟访友苍上人于浣花庵中，不遇

《同八公访友苍浣花庵中不遇》，其一："晚蝉非在外，寺景自霏微。寂寞重来叩，萧条犹未归。棕衣留定象，石磬蕴清机。明晦复何待，幽心宁忍违。"（四十）

其二："蒋诩同行处，支公会掩关。何知书画意，宛在石床间。读谶知皈鹫，焚香当买山。无身安所叹，娓娓不能还。"（四十一）

其三："庭虚无履迹，深坐绝纷纭。边围还多事，清闲独忆君。函经观塔雁，瓶水贮溪云。何待触言说，花风岂不闻。"（四十二）

按：《本集诗》七古卷七《浣花庵同八公》："朝卧浣花溪，莫饮浣花庵。庵中秋色多，如在白龙潭。对几赋诗墨濡发，举杯仰笑呼明月。主人不来钟声处，绿烟漠漠山雨去。"据诗意，亦当作于同时。

王铎此诗，蒋德璟有次韵，见《敬日草》卷十二《觉斯邀访浣花庵友苍上人不遇次韵》，其一："入门蝉自别，似带梵音微。相对胡床外，悠然秋色归。观生思物始，离欲省天机。未必陶眉皱，远公意岂违。"

其二："官不如僧适，六时得闲关。方贪销夏处，亦复向尘间。桌几石疑象，拈经塔似山。钟鸣催入定，应贮碧莲还。"

其三："虚空谁所画，一塔自纭纭。说法元非字，传神独有君。解衣谢万累，散步礼孤云。即此当灵鹫，无将遗客闻。"

蒋德璟与王铎所叙之事为一，韵脚亦相同，可知二人之诗作于同时。《年谱长编》将此事归于崇祯十二年（1639年）秋，然查《蒋氏敬日草》，知蒋氏之诗作于崇祯十三年（1640年）无误。

王铎与友苍上人交往颇多，略记数例如下：

王铎曾为友苍上人题鹫峰。《拟山园初集》（明末刻本，以下简

称《本集初》)五律卷十七《鹫峰题与友苍》:"偶来寻古寺,雨后得余清。漠漠人烟外,泠然一磬鸣。禅床随处厝,秋草就阶平。只恐深山去,白云隔几程?"又,《题浣花庵招友苍》:"京中难得此,虚室皆无为。偶有春风进,兼将古月私。人稀藏谞篠,水瀚示仁慈。更欲佛龛献,还期拾鬼芝。"

《本集诗》五律卷八收《金刚寺友苍轩中》:"方知释子处,依水自幽玄。楼里行新日,床头贮古烟。人经兵不老,松怪乱能全。相对忘千虑,无言共默然。"《怪有苍不至》:"徒烦涤器者,竟夕旷同吟。……待我金炉访,泠泠一磬音。""数里通清沼,深微隔桧林。来时寒雪积,静后暮钟深。院路流香霭,山光入梵音。趾劳今更觉,老计属何心?"七律卷九《投友苍》:"谁知又到长安内,不梦别人只梦师。料得闲房孤磬落,依然浅井冻痕时。……"

## 23 兰若呈蒋德璟

《兰若呈八公》:"偶尔禅房过,尘中幸此居。物情既已断,道气自然虚。人半轻藏璞,君能重散樗。渊玄不自觉,无可说亲疏。"(四十三)

按:兰若,即僧房。

## 24 与僧山木

《与僧山木》:"不材我亦愿,言及辄萧骚。自审惭千载,何能逭二毛。飞潜宽草木,荣辱舍蝍蟟。羡汝天年者,轮囷殖古皋。"(四十四)

## 25　留与霍溪

《留与霍溪》："□者谁能问，相将礼道荣。云为多役物，语默在观生。振策无心住，咒龙有处行。晚来天宇皛，空水复何声。"（四十五）

按：霍溪，当为地名或溪名。首句原为"八公吾好友"，涂去，知亦为与蒋德璟同游事。

## 26　题浣花庵

《题浣花庵》："即此迨然遇，勿劳采营游。幸蒙得静处，孰谓非行休。璎珞龛间悟，輷辀塞外忧。泠泠清梵远，遐不比蓬丘。"（四十六）

按：手稿中"避暑"二字涂去，知此时为秋季暑热天气。

## 27　偕蒋德璟咏

《偕八公咏》："同在秋烟内，无为境自殊。绀园来雨后，白日向人孤。寂寂窥珠璐，悠悠思醍醐。虎溪非此趣，何以眷金枢。"（四十七）

## 28　诗柬焦山无因

《与焦山无因》："江流浮玉去，灵响日珊珊。寺外将何见，身中讯所安。芭蕉烦竹杖，玛瑙幻香坛。倪共无言意，油油解鹖冠。"（四十八）

按：手稿中诗名"焦山无可"的"可"涂改为"因"。诗文两处"金焦"均涂去，"金焦"为金山、焦山合称，在镇江。诗为寄焦山僧人无因。据手稿顺序，知是与蒋德璟同游途中所写。

## 29　与蒋德璟庵中日夕与山木

《同八公庵中，日夕与山木》："无时无外事，此地少青榛。释子雪为性，虚心磬近人。功名谁报禄，鱼鸟独观身。住处休移徙，阶前草自春。"（四十九）

按：手稿中"鱼鸟独观身"句原为"疾病自观身"。王铎身病之困始自崇祯九年（1636年）五月，之后屡屡发作。庚辰正月，王铎再次患病，调理数月方愈。

山木，僧人名，《与僧山木》所言即此人。

## 30　写花鸟诗，托物言志

《蕣华》，其一："谁道色殊众，朱华日日滋。馨香初不播，开落岂无时。已觉蕊俱坠，还言阴未移。托根应悔浅，暂被惠风吹。"（五十）

其二："何堪矜灼灼，永日媚帘栊。红紫偏能夺，高低也自同。谪形叨湛露，弱性痿严风。仍妒苍松否，寒冬老石丛。"（五十一）

按：蕣华，即木槿花，开在夏、秋时节。

《女萝》："光春迨万物，袅袅杂芳荃。引蔓真无亚，沾荣定不迁。蔽阳方自得，除架亦堪怜。指俟尧阶草，孤根岂不妍。"（五十二）

《小雀》："翩翩惟尔捷，乘气独先飞。凭险宁容物，处高昧识机。野田贪黍稷，邻厦借光辉。反笑鸿鹄羽，沧溟拂太微。"（五十三）

《水中白鸟》："不无岩宿性，心远寄清溪。岂以浮沉故，能将气化齐。远寻珠树啄，高向白云栖。羽族依仁意，山鸡不可迷。"（五十四）

## 31　宋玫送鲜蛏，戏为言志

《九青送鲜蛏》："细壳犹含沫，波臣亦可嗟。网罗司性命，出

入叹泥沙。山窟终何碍，海涛未有涯。可怜隐见理，藏器逊龙蛇。"（五十五）

按：宋玫，字文玉，一字九青，山东莱阳人，天启五年（1625年）进士，父继登。宋玫初除虞城知县，改杞县，擢吏科给事中，迁刑科都给事中，历太常少卿、大理卿，擢工部右侍郎。崇祯十五年（1642年）夏，宋玫以廷推下狱，除名家居。清兵下莱阳，死之。为诗学少陵，爱苍浑而斥婉丽。[①]

王铎与宋玫交善，《本集初》五律卷八有《山中怀宋今磶、张湛虚、宋九青、宋玄平、王锡侯》四首等。

## 32　与张十洲过嵩河庵

《与张十洲过嵩河庵》："晚钟觉懒鸟，天路曙秋光。与子皆闲静，无人到竹房。西山紫翠下，东壁藤萝凉。元化何曾旷，玄丘良未藏。"（五十六）

按：手稿原题名"保安寺"涂去。

张如蕙，字又树，号十洲，河南信阳人。以进士授户部主事，榷河西务，有清介声谐改兵部武选司郎中，掌选事。……升江南寿颖道。寇氛充斥，督兵擒剿，屡著奇绩。晋秩太仆寺正卿。[②]

《本集初》五律卷十六《海屿年伯斋中偕张坦公、张十洲夜坐》："相睽冬始见，何以佐园蔬。……"此事应发生在崇祯十二年（1639年）冬。

---

① 参见《明诗纪事》辛签卷二。
② 参见《（乾隆）信阳州志》卷八《人物志·政声》。

## 33　游浣花庵，遇碧鸡僧

《浣花庵遇碧鸡僧》："问尔炎方路，藤根五尺齐。衣缁浑未补，鬓白在何溪。筇笴苏鸡犬，褒斜死鼓鼙。莫将雪里梦，又向海云西。"（五十七）

按：诗载《本集诗》五律卷十。

## 34　秋夜，孙承泽、申佳胤招集张重光之竹亭

《孙北海、申素园招集张重光竹亭》："先生非好静，相对却无言。班翠深三爵，圆青掩一门。月明如作曙，云动不闻喧。城外饭牛者，桔槔在远村。"（五十八）

按：诗载《本集诗》五律卷之十，题作《北海、素园招集竹亭》。《年谱长编》认为此诗作于崇祯十三年（1640年）五月初十日，误。王铎与孙承泽、申佳胤这一时期相聚颇多，王铎为孙承泽跋倪瓒《六君子图》轴，跋云："画之简者，具神骨韵气则不薄，以气有余也。倪云林兹图高淡疏远，不稠不秾，譬之渊明与柴桑辈，逍遥敷浅烟浦间，萧条高寄，脉为领略，斯仅仅作画观也欤？明崇祯十三年端阳后五日，隐渔王铎题为北海孙父母，时在北畿，同观吴达可、申素园也。"此际王铎虽与孙、申等人聚饮颇多，然跋倪氏《六君子图》事与诗稿所言者非一时。

申佳胤，字孔嘉，永年人。崇祯七年（1634年）以进士授仪封知县，以才调杞，八年（1635年）流寇扫地王率八万人攻城，城土垣多圮，佳胤固守，募死士击贼，贼乃引去。……累迁至太仆寺丞。甲申之变，贻子涵光书曰：'行己曰义，顺命曰数，义不可背，数不可违，吾受国恩，当以死报。'冠带辞母，出跃井中，死年四十二。

后赠太仆少卿，谥节愍。① 入清，为褒扬忠烈，赐谥"端愍"。崇祯十三年（1640年）秋，申佳胤在吏部考功司员外郎任上，佐理京察。

张重光，生平不详。申佳胤有诗《赠张通政重光》，见《申端愍公诗集》，所言应为同一人。

吴光宇，字达可，性孝友，喜施济。由廪贡任工部郎中，转江北屯田道。②

### 35　自山归，为南居仁述行见

《自山归为思敦述》："山转撩人甚，显微识自然。朝看野鹿迹，欲与农夫眠。炼魄五千字，养毛一百年。冲融毕景朱，无物可谈玄。"（五十九）

按：诗载《本集诗》五律卷十。

### 36　赋《学道》诗，感怀

《学道》，其一："谁知俱是梦，无事缮深山。今岁仍明岁，悠悠已老颜。药身厉鬼避，花地野牛闲。人世驰驱外，惟闻古水潺。"（六十）

按：诗后题注"庚辰六月廿六日"。此诗载《本集诗》五律卷之十，略有改动，原诗为："谁知闲眼趣，无事在深山。……人世驱驰远……"

其二："海外信奇怪，诛茅室自春。安知今日意，不是太初人。鹏翅非难驾，龙躯也可驯。九光舒卷后，长啸太平身。"（六十一）

---

① 参见《（乾隆）杞县志》卷九《职官志·知县》。
② 参见《（乾隆）无为州志》卷十六《孝义》。

## 37　在乾惕斋，与吴行若、郭之奇坐谈

《乾惕斋吴行若、郭菽子坐谈》："凉风肯相借，署里即衡门。谈笑如中古，梦魂亦远村。蜩鸣稽火性，槐老郁天根。孔墨白头事，晓思验道存。"（六十二）

按：郭之奇，字仲常，一字菽子，号正夫，别号若菽、玉溪子，自号三士道人，广东揭阳人，崇祯元年（1628年）进士。历任福建提学参议、詹士府詹士，南明时追随桂王及永历跋涉于粤、桂、南交一带抗清，累官至礼、兵二部尚书，太子太保武英殿大学士。康熙元年（1662年）殉难，乾隆时赐谥"忠节"。

吴行若，不详，疑为"吴行可"。草稿"吴行"二字墨色相同，"若郭菽子"为重新蘸墨所书，所疑者有三：其一，人名一般不会二次蘸墨书写；其二，"行"或为"行可"漏书"可"字，而简称"行"也合情理；其三，郭之奇别号若菽，"若郭菽子"即指郭之奇。

吴光义，字行可，号觉庵，万历二十九年（1601年）进士，南直隶庐州府无为州人。崇祯四年（1631年），任河南巡抚；崇祯八年（1635年），升南户部右侍郎，总督仓场；崇祯九年（1636年），改兵部右侍郎，以老疾六次上疏乞休，予告归里。[①] 崇祯九年（1636年）四月，王铎时在南京翰林院事任上，有《送行可吴公擢兵部左侍郎序》。

## 38　贻袁枢

《贻石寓》："深居了簿正，一日有盈虚。开卷翻无暇，见君始不疏。画图疑北岳，鸟兽似南庐。尚尔烦童子，时时借石书。（六十三）"

---

[①] 参见《（乾隆）无为州志》卷十五《仕迹》。

按："画图疑北岳，鸟兽似南庐"，原稿为"画图同中岳，花鸟学南庐"。"时时借石书"，原稿为"时来借碑版"。

## （二）五律十五首

按：王铎从此处开始重新排序，然卷帙与前诗相衔接。另排序或别有深意，但时间先后可明。

### 1　庚辰初秋，呈吴崑峰

《未肯，呈吴崑峰》："未肯嫌君拙，应携啸且歌。世情宁复尔，天运果如何。暑气随时徙，殷忧出户多。处心苟可砥，人奥锡婆娑。"（一）

按：吴崑峰，生平不详。

### 2　《亭前买竹》诗

《亭前买竹》："幸见阴阴色，暌违感在兹。所忧无静气，胡以异调饥。晴晦无人见，蛮髦不尔欺。便当同柳息，岁晚又何移。"（二）

### 3　《送客归海上》

《送客归海上》："闻说奇山处，海峰怪可疑。居然皆似动，遵彼岂能窥。灵草寒仍绿，神蛟怒不慈。其中仙老众，襄薛欲师谁？"（三）

按：诗载《本集诗》五律卷之十，略有改动："……海风怪可疑。……用意岂能窥。……神鲲怒不慈。就中仙老众……"

### 4　八舅至京

《八舅至》："数年不一见，戎马感居诸。危邑闲孤剑，新坟茸

旧庐。芃芃应艺菊，翼翼自雠书。深愧中阿出，未能荐子虚。"（四）

按：《本集诗》五律卷十四目录有《到津怀八舅四首》，集中为《到津寄八舅湛明东昌》，知八舅姓陈号湛明。其一："十年睽舅氏，吾病又相侵。路远东风阻，人稀旧巷沉。洌河乖旅雁，钩棘损雄心。赖有苍头至，聊城遇好音。"其二："曾闻孤竹地，竭力御纷呶。况在恒州北，开荒满近郊。知音人自有，苦节世难交。鹳影黄河曲，荷花僾举袍。"其三："昭代群英盛，衰残今得归。自宜颐老齿，未敢让山薇。吾道茅堂筑，同心茗粥违。猷谋用不用，稳否是桃扉。"其四："真率无崖略，如舅有几人？形容非少好，去住各烟尘。畜鹤伺门客。寻源拾磵薪。致书红菊醪，香醴为谁亲。"诗作于顺治八年（1651年）十二月，王铎祭告华山返回孟津时。陈燰，字闇孚，号湛明，孟津人，中天启四年（1624年）乡试。①

王铎自幼受舅氏影响颇深，尤以大舅陈燿为最。《本集文》卷六十四《礼部主事陈舅墓铭》："公姓陈，讳燿，自还朴，号具茨。……公以肝胆文章染予。"卷七十四《祭陈具茨母舅文》亦述之颇详。大舅陈燿指授王铎为文，又周济其家，王铎中进士后，颇得大舅勖勉。

《本集诗》五律卷十五收《武城舟中遇邺仙、正则、瑞当与诸舅》；七绝卷之三收《公朗九舅至鸿飞山房夜坐》："……乡井谈来堪永夕，不教归梦渡黄河。"崇祯十五年（1642年）五月，王铎与朱俊、季子无回避寇入太行，名所居"鸿飞山房"，此诗即作于此时。九舅为陈爌，字去炫，号公朗，崇祯十五年（1642年）顺天经魁，顺治三年（1646年）会魁，考授翰林院庶吉士，升编修。……以劳

---

① 参见《（康熙）孟津县志》卷二《选举》。

瘁卒于官。勤诗书，尤精字学。①

## 5　咏太湖

《太湖》："浩淼东吴聚，阳光未有涯。细村俱倚石，善雨不伤花。蜩象通沧海，蛟龙际夜沙。游时真草草，五药许红霞。"（五）

按：手稿"青霞"改"红霞"。

## 6　咏天寿东山口北园老槐

《天寿东山口北园老槐数围》："再三观素木，柯直大无朋。狐貉昏难侮，雪霜老自胜。可怜昭的䗥，只许对崚嶒。聊试新香色，旧缠恐不能。"（六）

按：天寿，即昌平天寿陵园。

## 7　初秋之夕，与黄培有讯

《秋夕与黄不其有讯》："松下多丹魄，尔家似子稀。为询抗疏事，曾见几人归？水涸鼍声死，云开鹤翼飞。致音东海上，傥可弃云矶？"（七）

按：手稿原题作《秋夕怀黄不其》。诗文中"声"改为"音"，"曾见几人归"改为"未见故人归"。不其，古地名，属今青岛即墨。黄不其者，当指同年友人黄宗昌（1588—1646年），字长倩，号鹤岭，黄嘉善次子，即墨黄氏。王铎与黄宗昌的人生交集只在庚辰这一年当中。

---

① 参见《（康熙）孟津县志》卷二《选举·甲科》。

### 8 《静坐》

《静坐》："颇与嚣尘绝，安心即闭关。浇花私雨泽，泼墨幻山湾。处世犹如醉，何人肯自闲。艰虞藏姓字，身乞缅烟鬟。"（八）

### 9 《自知》

《自知》："自知无众慕，植杖梦新田。即此予情适，徒伤物候迁。笱门神鲤跃，卜肆磬龟然。何似冈峦野，忘天不肯还。"（九）

### 10 《吾道》

《吾道》："此生皆有为，吾道未终穷。何故悲歌者，寂然岩壑中？汤盘今再见，舜典可微通。如是甘幽隐，悠悠瘠实虹。"（十）

按：《静坐》《自知》《吾道》三首，或作于同日。王铎静坐自审，其间表露出的隐居之想，也是他倦于仕途的真实体现。然"此生皆有为，吾道未终穷。何故悲歌者，寂然岩壑中？"这种纠结的心情又时时缠绕着他，难以割舍的仕宦情结才是他心境徘徊的根源所在。

### 11 梦张鼎延

《梦张玉调》："与君乐未终，万古此愁同。旧事如秋水，永怀见塞翁。已看蝼蚁穴，半醉芙蓉风。明月依然在，濛濛烟雨中。"（十一）

按：张鼎延，字慎之，号玉调，天启二年（1622年）进士，河南永宁人，是王铎的挚友。崇祯元年（1628年）擢兵垣。崇祯二年（1629年），父张论节钺锦川，鼎延陈情回避，下石者乘里居倾陷，中以蜚霏，谪行人司副。寻升南铨主政，历验封司郎中，告罢。无何，张论以守城御寇劳勋构疾，终于家，鼎延奔赴毁瘠。崇祯十三年（1640年）冬，寇氛益炽，雉堞不守，匿之眢井中，得不死。入清擢为太仆少卿，终兵部右侍郎。张鼎延生于万历二十四年（1596年），卒于顺治十六年（1659年）。子三：长瑁，乙酉拔贡，累迁山东兖州府知府，娶吕维祺女；次璿，戊子举人，己丑进士，累迁吏科都给事中，先聘王铎之女，继娶洛阳郭景昌（仙岩）女，再娶河内史应聘女；三琡，聘嵩县屈勋（静原）女，早殇。①

王铎次女王相早年许字张鼎延次子张璿，王相早亡，未能完婚。王铎《本集文》卷六十七《女相墓志铭》云："此予次女墓与，呜呼，铭女佐方一月，忍又铭女耶？女死崇祯戊寅（1638年）十二月二十二日，年十六，将归张氏子而夭……数从予之洛之宋之金陵之燕。……呜呼，女不夭也，予不幸也，婿将御轮。予滞于禄，而逢金戈之嚚，摽梅愆期，未共牢，非予宦不致此，予之尤之憾，其何释与？"

崇祯十三年（1640年）腊月，王铎有手稿《永宁破虑玉调》。《嵰谷卮言》卷三《井异记》："（庚辰）十二月二十一日，贼自南阳来攻，破宜阳，……二十四日攻永，三昼夜，……城陷，此二十七日四鼓事也。……（一门）同殉者二十三人，家仆四十余人。"鼎延匿于井，得免于难。

王铎与张鼎延有同年、同乡之谊，又是儿女亲家，关系非常亲密。入清后，二人同事清廷，过从极为密切。

## 12　记孟津寇火事

《孟津之下归蔡庄及巩记密禹寇起》："蜂屯蜺虬内，寇火遍田间。已厌髑髅哭，□堪壁垒艰。马犇经战地，鹰避立坛山。莫道中原

---

① 详见《嵰谷卮言》附梁羽明《诰封通奉大夫任刑兵二部侍郎加工部左侍郎仍加一级玉调张公行状》。

阔，京京碣石关。"（十二）

### 13　叹兵戎事

《若此》："兵戎又若此，故岬竟无姿。诸友俱闲处，一官有老时。抢攘荒菉竹，潜默念红梨。及早璃箫理，夷犹缑氏吹。"（十三）

### 14　咏古石

《古石》："古石秋风动，为吹萤草光。是时无与语，暮色何苍苍。亲友逢兵火，乾坤积感伤。未知飧黍日，屡醉篆畦傍。"（十四）

### 15　哀战事

《朝暮》："朝暮涨尘埃，边（关）烧草菱。数年啸泽起，到处羽书来。白面谋安出，黄沙死不回。秋天风更厉，无数塞鸿哀"。（十五）

按：以上四首诗皆为哀家乡遭寇火之事，当作于同时。"黄沙死不回"句后有小注"死难者"三字。

## （三）答袁翼隆四言古诗、五律

按：此四言古诗与前卷卷帙相连，时间先后可明，为庚辰秋日所作无疑。

### 1　《拟明雅六章答翼隆柬诗》

其一："于赫皇运，若德实番。拭光以蠲景，远迈贞观。典听维熙，展也媲于羲轩。不臧以遂，骏惠昭然。"

其二："庶宦乾惕，虞吉乃肇惇。天祐旦旭，是其俾嘏于士林。

如兰斯毗，如球戛音，沉机以照物。天傭维新，愈愈攸底，謇謇艰辛。菽采中原，谷矣允古之人。"

其三："出话载，厥傭伊何。庶言不诱，厥谷伊何周。鼓乎音乃肃，钟乎音乃道。以菲以沫。斯清斯休。庶几日月有辙，星辰不因。彼舒究即有煽，四时顺经以流。斯乃皇天之降休。"

其四："亦云怪矣，泰忱如何。昌言久郁伏今始，式讴式傞，入赞重华。出砥氐波，穆哉敷教于时，克俾之于九歌。"

其五："蠢蠢人斯，孔艰戮戈。之子不阿，直道无颇。劲石靡屈，云岳峨峨。风徽孤震，燮天而诫多。懿哉君子，万……"

其六："物其有攸讹。"

其七："卿云卿云，胡不纠缦，光华为之明焉，鼋鼍育焉，䴗鴂灵运其绵，维则其平，太和起在八荒之间。神鬼曰欣欣，尚何忧于兵患，何瘳于人痾。废耕百尔，其敬听之，尽瘁于厥躬。则皇天神祇，亦单厚禄荣。"

按：手稿多涂抹改易处，不易断句。据手稿涂改处可知，王铎所作或为七章，值袁翼隆以书信索诗，遂以此答之。

该诗收录于《本集诗》四古卷二，题为《拟明雅四章答袁翼隆索诗》，收录时已做删减。

其一："于赫皇运，若德实番。拭以蠋景，远迈贞观。典听维熙，展媲于羲轩。惟臧以遂，骏惠胡弗昭然。"

其二："厥谷伊何，出话载周。厥傭伊何，庶言不诱。鼓乎音乃肃，钟乎音乃道。以菲以沫，斯清斯休。庶几日月有辙，星辰不因。彼舒究何煽，四时顺经以流。斯乃皇天之降休。"

其三："亦云怪矣，泰忱如何。昌言久郁伏今始，式讴式傞，入赞重华。出砥氐波，穆哉敷教于时，克俾之于九歌。"

其四:"蠢蠢人斯,孔艰戮戈。之子不阿,直道云岳。峨峨风徽孤震,燮天而诫多。懿哉君子,万物其有攸讹。"

## 2　五律《答袁翼隆》

《答袁翼隆》:"道屈吾将隐,身危旧不惊。天心忽尔寤,君子启元亨。覆载能为育,鸾麟知所生。回思岩壑计,何自纂中情。"

按:《答袁翼隆》诗卷帙紧接《拟明雅六章答袁翼隆索诗》,为同时所作。

袁翼隆,生平不详。崇祯间,王铎与袁翼隆书翰往来颇多,知二人非泛泛之交。甲申(1644年)二月,王铎举家避乱行至鲁西,王铎为袁翼隆作隶书诗册,跋云:"崇祯十七年二月舫中,王铎书,翼隆老社兄教之。""甲申二月,王铎。翼隆再教。予在都下素不书隶,恐应者不暇也。今避地洁身,□□如蚁,舟中作此为翼隆,知我胡为乎暇耶?热热之濯,可□一莞尔。"

## 二　手稿二

按:另纸书,与前纸的时间先后关系尚不明确。《五言排律》与《序文》卷帙相连。

## (一)五言排律

秋日(六七月间),游屿屿崖。

《游屿屿崖》:"欲即烟梯上,幽探延晚曦。土(玉)膏平所让,人海峻能窥。初入柽潭阻,徐升薜室垂。岩前盘虎窟,磴上梗虹枝。欲冷乾坤变,未昏星斗移。钟声度客远,雕影向崖迟。迨至篢渐沥,转穷栈仄攲。峰头灵草异，涧道乔云卑。寂寞户外狭，嵌空天上居。神楼通窈窕，鬼窦列参差。丹冷封何处，龙藏奋可期。众心皆以灭，奇迹独相知。荒塞真如垤，低畴析似丝。神湫光亦舞，毒雾暗仍吹。仙掌吾私赠，金书鸟合披。一时雷命雨，六月冰连（伤）芝。览罢情无尽，归来势转疑。谽谺操霹雳，绰约裂蛟螭。发际千重水，足间万仞碕。防危惟倚杖，测密且旋劚。渔火吞仍出，山桥吼有为。夜迷参与井，触象（舄）更柔貔。十里木香激，中霄泉气熙。玲珑同复幻，淼沉助迤逶。回首从开辟，出冈启蔽亏。此中多造化，何往非网维。俯仰玄难状，精神动亦宜。王生思石髓，瘝瘵念冲夷。"

按：《游峪岣崖》载《本集诗》五言排律卷一。与手稿相异者均在"（）"中标出。另，下纸紧接《贺玄圃南年伯八十寿序》，时间当在其之前。《寿序》作于崇祯十三年（1640年）七月三日之前，故可知《游峪岣崖》作于本年六七月间。手稿中"夜迷参与井"一句，"井"字前有衍文"晦"字。

## （二）贺寿文

贺南玄圃八十寿，为作贺寿序文。

《贺玄圃南年伯八十寿序》

惟帝十有三载某月日，为渭上大冢宰玄圃南翁初度。辰秋七月朔三日，陈君某、魏君某、胡君某某某诸君子执贽谓余曰：冢宰翁通籍六十年，今年春秋八十矣。天佑兹老成人，逊于山椒，礼家叙旧物，身拯厄县邑乡鄙，兵者弊之以御侮，饥者弊之以粮糗，骼者弊之以椟木，涉者弊之以舟杭，驿者弊之以驰驱，拯眚救戾，劳之休之，城郭山薮林麓之人，无不被其惠殖。故汪是渭土也，渭之利哉！微诸子即关以西，欲觞吾翁，亦犹夫是也。子大夫其有言王铎曰：诸君子之言笃矣，然而用絜新尊，仅于斯而已乎？诸君子未知其大翁之行，如农有畔，不有越思，譬之川原，以邛浦大也，其道宜自得寿也。余请为言之：翁蕴道敦固，于天之休，有善迓焉者。翁登庚辰第，念祖母范夫人大耋，请终养。时江陵相内煽用事，方夺情震叠，缙绅无敢以终养请。江陵乃大恚，移文西安，察之眈眈，欲以螫翁矣。久之，以职方历文部考功、文选、稽勋，居四年，吏不得为奸科，覆疏殿最人者累以千计，业业然聪明颜色不少借。

戊戌，计群吏治蠹涤惑，所飏言皆誉斯髦，所黜皆憸墨蝮鹜。秉成者之私人也，独渭之利耶？及为冏卿司农，曾以匿故借冏寺马价，久不偿，翁疏斜之，相诟争于午门外。又疏论吏刑大臣不法状，碌碌骫循，媚政府以苟取悦，宁失一时擅权者之指，而不欲怫天下是非之公。政府谦之，自是言者食岑草忍默，而政府日以重。公用伉直，削籍归。翁所争马政、戒备、用人、淑慝，三就鸥义，斯独渭之利耶？繇是二十年不肯起翁。翁之侃动中外矣。

意庙初始，起太尝卿。为珰祸，徙南请告。今皇帝初，起翁为户部尚书。时征发烦多，冠盖望道路，县官求心计于缗钱盐铁之故，而用不加饶。翁厘其弊，孔外解念分督之，生节有经。南部之仓廥，骎骎有蹲积，竟可佐国家之急。己巳，虏北犯，如浯阳，南都集议需，魏国徐公有吝色，翁叱之曰：江淮之民敛衽而租于汝，汝世受高皇帝、文皇帝之瞵禄，今日临危急，不欲出多钱以为辆车镞矢之费，胡此两端首鼠欤？徐公为之肃然。及为南冢宰，署大司马，逾自修饬不阿倚，一如文部卿寺时，斯独渭之利耶？然则翁之寿盖有道焉，通籍六十年，中间家食者半孝于亲，惠于里，施于政，自斯以谈翁之身，天固厚之，进足以鼓其休明，退足以不辱泉石。神庙后，天下习于巧进，而翁自若也。天下习于私贿，而翁自若也。天下习破逢时，而翁自若也。至当时之权势者，能使人吞镞食刃，缚舌鞭齿，人人喘息，纵能以大事之忤，遽逐翁，置翁于爪吻之上，究不能以一念笼络，令翁受其煦沫而隳其操也。于戏，翁蕴道自得为何如哉？余尝思神庙之休，暇则辄思翁，思翁而不易觏，其后起则辄日夜。幸翁之鲐背长久，而食夫匡弼斯世、休庇斯民之报，翁之身世运所借以熙隆，天之私畀翁以久长之寿，与国家冈陵昌炽，借翁引重其平格，岂偶然也耶？况翁席累世光显，易骄易汰，姜泉公、瑞泉上某公，某公，二泰公，长君礼部某公，次君祭酒中干公，可谓盛矣！天岂独偏畀其休，惟翁有谷以来之故耳。

夫翁之出处，天以之为天下重轻，霖雨苍宙视乡鄙之兵者、饥者、骼涉者、驿者，不仅仅汪于渭土欤！今矍铄八十，无有抑天下之议而绌翁，翁尚健，遂能忘情天下，不出以答龙光乎！昔郑公、潞公居雒，以道自物，皆享遐寿，其辈尝举动，保厘心事，与翁多类。史家谓宋真、仁时，人才瑰玮，多博大期颐，辅世忧恂，而为国家之利。过此，天下欲兴治，而有沉播弃之叹，不复老成典刑矣！是故翁之康济似郑、潞，而累世光显厥后，又能继被禄有，皆翁之利也，引其煦沫而随其操契也。于戏，盛矣！郑、潞所不能兼得者，翁以燕衍迂而得之，斯不尤盛乎！

王铎于是与诸君子拜稽曰：翁之得寿，诚自为挹注，非如雨泽必降于天也，天亦不能不因而培之之深节，谓天未尝私惠殖翁也，奚不可。陈君、魏君、胡君某某，庚辰为祭酒公门下士，望翁出之殷。

按：文载《本集文》卷三十五，与手稿出入处颇多。南玄圃，即南居仁的父亲南企仲，字伯稚，陕西渭南人，万历八年（1580年）进士，累迁南京吏部尚书，时以老致仕。详见张颖昌《王铎手稿〈贺玄圃南年伯八十寿序〉录考》,《中国书法》,2021年第4期。

## 三 手稿三

### （一）七言古《赠龚生禹锡》

君不见,汉室才子贾谊狂,古笔崚嶒世无双。洒泪忧时遭绛灌,至今千载知洛阳。古来奇士不易识,俗缶易眩古彝惑（藏）。如子之才当此时,寻常口角岂沾臆。欹崎历落自为撰,白日纸翻滟灏变。蛟斗雨旋风与鸣,自然震动骇人见。小目气弱不敢前,令予一瞋（瞻）为三叹。如此反遭官长嗔,墨花无情欲投砚。嗟夫世事不可料,蛇短龟长鳅在峤。题石讵堪石相品,我辈观之付一笑。此道千载藏神骨,畴知其中畴皮肉。灵文秘册珊瑚光,不徒炪燿回华屋。皇帝陛下好文章,眼前谁咢阳春曲？班固羞从窦家铭,谷永误与王氏逐。嗟夫世事不敢道,臣今已老偏爱少。我家南崖有寿松,松下水光可舞翻,有人一言辄悟宦,有人白首还不调。噫嘻哉,著作巉岩何怨尤,况子卢弓待日酬。古人震世非浅薄,未见缨带馨千秋。仰看燕山不尽云,雪销海射天光流。

按：诗载《本集初》七古卷四。与手稿相异处均标于"（ ）"中。

龚九畴,字禹锡,武进人,前癸未（1643年）进士,官至中书。[①]

### （二）《寄题龙山兼讯马、邢、王诸君》（残）

春风春草发,诸子自依依。酌酒生情性,（下缺,据诗集补）看

---

[①] 参见邹祗谟、王士禛辑《倚声初集》卷四《韵辨一》。

山入隐微。雪山千里映，雁影数行飞。定忆京华里，花朝梦几归。

按：诗载《本集初》五律卷十八。据《年谱长编》，该诗作于庚辰（1640年）春，故《赠龚生禹锡》亦作于稍前的时间。《年谱长编》将《赠龚生禹锡》定为崇祯十二年（1639年）春，未知何据，待考。

马、邢、王诸君，为王铎乡友。《本集初》五律卷二《过饮邢玉华园屋，同马肖石》："秋杪林光薄，悠然到野园。况逢岩下友，对此月明樽。花气留人酌，鸟声逐景喧。幽情天共远，脉脉欲何言？"《年谱长编》将其定为崇祯三年（1630年）九月事；又，《本集初》五律卷十八收《寄李门河姑父》《寄马肖石》《贻邢玉华》《柬王德玉、王平宇忆小园》《问李衡岩兄弟》等，均为庚辰（1640年）春日之事，据此可知"马、邢、王"诸君名讳。

## （三）《咏天马》七古（残）

善马天马凡几匹，图中见之神光逸。染毫渍红龙为驯，吐舌牧人嗟第一。何因欻尔得此驹？迅飞奇姿惊北都。不但降饮目瞳异，中夜不卧蹄鬣殊。似能迈乎鲁之冏，又似出乎华之阳。屼若半山驰且勇，无人识尔真昂藏。国君之富以马对，厮养不同应几倍。俯仰乾坤独郁陶，枥前慨慷只流泪。英雄重马命相依，血汗向我生光辉。凡群与伍实羞之，倔强真怜知己稀。世人贵同不贵异，骢裹过眼反猜忌。按图□然辨色毛，以貌取者毋乃是。今乃正告尔马曰，方欷觅尔立伟功。□与不知一笑中，肯……

按：由"善马天马凡几匹，图中见之神光逸"句，知此诗或为题画马。手稿残，与上稿皆为残稿，装帧时收罗在一起。以"寅六九""寅七一"标记，当有所据，故两稿时间亦当相近。故暂定为庚辰（1640年）春所作。

## 四 手稿四

《檀雪斋集序》：青莲为人（文集无）介直，不屑纤趋媕婀，与人坦然，其中有大过人者乎？一踬于珰，再踬于蛮，而诗文之洒然自乐如故，何欤？夫诗之道关于治化，大手笔根荄三才，渊荡（盈）万有，自崇虚者忘雅颂，有风在（则）朝庙郊社可以雨笠渔竿，边塞阵战可以绨葛乎？不知敦厚，诗至此弊矣。青莲厚（存）理而守以气，轻物而不求助（拔异而不强本），无所矫拂，文质有所，复洒然自乐如故，何欤？盖有之，施诸景物者温柔，施诸朝庙不见琐细，且不乏龙旂鸾辂之度，于以救弊起弱，青莲有吹其竽，不相厌者何不乐耶？是故诗文泠然为云外之箫（仙音），又悠然（文集无）为烟峰，为鹤唳（羽），又忽而为睨柱秦庭，不辞危险，燕市击筑，傍若无人。或亦不纤趋媕婀，有蓬勃内藏，不尽现于事功者，洋洋现于此欤？昔之诗文自命者，遇所踬则有物懥之，郁郁何有于乐？青莲乐此，所谓青莲有大过人（者），非耶？噫，根情理，关治化，诗文可以必传无疑（允也登），恐旦暮需公（之）以权，古大臣忧时体国，青莲遂恝然忘乎世哉？以其关治化者，为治积其敦厚，与万智斟酌，谓青莲之得无忧，抑又何耶（欤）？世有能知青莲厚理守气，闻吾言必不独以诗文目青莲矣。（门弟王铎撰。）

按：此为王铎为同年胡敬辰《檀雪斋集》所作的序，手稿与文集相异处均标在"（ ）"中。手稿"诗文可以必传无疑"一句中的"无疑"被朱笔划去。文末"是以表而序"一句涂去。

胡敬辰，字直卿，浙江余姚人，天启二年（1622年）进士。官至江西驿传道，终光禄寺录事，著有《檀雪斋集》四十卷。其文故为涩体，几不可句读，诗格只是公安之末派。"青莲"为胡敬辰之字。

《檀雪斋集》卷五收《报王觉斯》，原缺。王铎与胡敬辰有同年之谊，交往颇多。

## （五）手稿五

《神乐观提点高习政父》：敕曰：朕闻鹤息崆峒，抱神以静，幽人自守，殆类于此。尔寿官高，乃太常寺神乐观提点某之父。上善若水，常德如溪，行表乡间，志循矩矱。不苟合于流俗，惟自得于逍遥。（手稿中删：忍辱厥躬，教训尔子。今典乐之勋，下荣亲之纶。）兹以子考成，封尔云，（删：为承德郎）尔齿及耄，尔眉近期。（删：老莱子尔）道家（删：之）宗风（删：也）。尔以绿瞳黄发，婆娑岁月，其授丹砂与玄箓哉。

敕曰：鹿邑之母，灵溪浴家，所深惜者，尔刘氏乃太常寺神乐观提点高（删：之）母，鸡鸣簪佩，燕处丝麻，（删：孝节芬芳，阃德清净。兰之陨矣）馨香尚余，（删：墓且草焉）兰之陨矣，（删：机杼可念）兹（删：以子考成，赠尔为安）人云，存菡萏于珠灯，贲琳琅于宝笈。

按：首页朱笔标"百廿九"。手稿删改颇多，凡朱笔删减者均标于"（ ）"中。"封尔云"中的"云字"、"兰之陨矣"四字、"兹人云"中的"云"字三处均为朱笔所添。

此为封诰草稿。依书迹看，当为侍书者草拟，王铎朱笔修改。《本集诗》五言排律卷五收《病数月，口占，授侍书者书》："数月都无意，悠悠想遂初。……长年雷雨共，颠发不须梳。"由此可知王铎有侍书人，此稿即为一例。

《敕命太常寺神乐观提点高习政》亦为王铎所撰，见《本集文》卷五《制诰》："敕曰：古者云门奏于太容，今圜丘祀天享帝，肆奉常，和元音，朕将莅郊坛，升中合漠，非赖于大乐正乎？尔太常寺神乐观提点高习政，律董六鸣，歌谐万舞。陶匏蒲席，百工宣于咸池。凤辇龙游，九奏献于帝座。朕格于神明，尔劳在奔走，兹以考成，晋尔阶承德郎，锡之诰命。夫乐以象成，朕务兵戈偃息，太平升中，俾四海还时雍之治，燔柴上行，有日矣。尔益励于考慮，无怠于心，以鸣盛化。钦哉。"

王铎时为礼部左侍郎，起草封诰文书为其所辖公务。该文由侍书人代为起草，俟王铎朱笔圈改后再行誊抄，亦属常例。为官者视封及父母、妻子为荣耀，因属常例，故此类文书多由侍书人代拟，不足为奇。

## 六　手稿六

### （一）《太保大司马黄梓山奏议序》

余为诸生时，辽事溃，即闻梓山公争勿轻战，欲以全力蹙夷（敌）。后二十余年，始交御史黄公鹤岭、金吾黄公孟坚。孟坚示以（文集无）《梓山公奏议》佗文份份别载（文集无），余受而肆之，计二百二十篇，乃于边事之难不胜深感焉！

嗟夫，人臣刚塞，不顾其身。处觳觳之时，盖亦难矣。居中者，从容于华胹，即慷慨撄鳞，岂其无神（政事），然效茋一端耳。至身任疆场，一旦敌人压军，而陈七尺躯捐之何憾！惟谋（其）不臧，机不先，数万命，数十城，皆以一意之坚瑕为死生，决策千里之外，而版图系之以吉凶。苟非老谋叡几，忘身家、报朝廷者，保无事足矣，求臻厥成功，能数数见乎？

即墨梓山黄公之守云州也，声已闻于力兔、宰僧诸部。至廉宪，取贺兰之材，筑城堡、缮器具、定哗伍，犁然可观。而中使梁永请以寺人填抚，且税花池（文集无）庆阳之盐。公引夙沙卫鱼朝恩军中无全绩，以壬人荧惑争之，乃罢。此何时也，此（文集无）可谓易欤？

虏部王忽率万骑伺边外，公素（数）造甲火攻阴备，而佯以牛酒劳之，示之以抚，虏觉夜遁，远侦深藏。延、宁、甘三镇捷，获首虏一千二百，此何时也，可谓易欤？

神宗皇帝曰：都哉，允汝猷，不能忘汝丕劳，赐飞鱼服，加本兵陟戎政，引疾归。

后辽左震，强公出。时有黑龙江之役，一时相争，多躁图瘦噬，冀收其利。公独不可，恐驱市人，徒麋鱼散惊耳。果陷北关，嗢开铁搯，辽沈跳宽，嫒事岌岌，无复兴师问罪矣。会神宗皇帝、光宗皇帝大渐，公与受顾命，与一时诸君子决大疑、定大议。此何时也，可谓易欤？

夫国家悉天下之力，西备火筛虎敦，东备肃慎阿骨（诸部）。往往好悦于朝廷，而自贪其懈也，此奚以故哉？无论汉骠骑数数得志于虏，即杨文襄、项襄毅、刘忠宣、余肃敏、何文肃，其槎伐若巨斧劈山，又何其易耶。梓山公制敌料胜，皆在掌握中，间妒而相蘖，犹不免也。嗟夫，人臣处功名之际，信难矣。

夫百万之虏，远夺其胆于虎狼之暴，女直伐谋，善虑（御）于呼吸肘腋间。树功如梓山公者，文之用亦可知矣。加公太子太师，又加少保，先后荫二子，金吾指挥佥事孟坚（并坚）泪弟埴，世其官。

皇帝酬公之难（勋）也，岂云薄哉？而世之论文臣者，多短其折冲，不几文经武纬，令杨、项、余何（文集无）诸公皆介胄，可与绛侯、博陆同日共噱之欤？

请肄习此二百二十篇，远猷辰告，自可担天下之难事，不避囏危，以攘外内（内外）。噫，斯编也，但（能）窥黄公之全而已耶（全豹也耶）？

按：次页朱笔标"百廿一"，疑装裱时乱序。《黄梓山奏议序》收录于《本集文》卷二十八，与手稿相异处均标于"（ ）"中。

黄嘉善，字惟尚，号梓山，山东即墨人。万历四年（1576年）举于乡，万历五年（1577年）中进士。初授叶县令，历任大同知府、宁夏巡抚、三边总督等职，累迁至兵部尚书、柱国少保、赠太保，官极一品。天启四年（1624年），黄嘉善病逝。讣闻，熹宗皇帝辍朝一日，赐祭九坛，外加一坛，造坟安葬；赠太保，荫一子。崇祀名宦、乡贤。

明代"大司马"为兵部尚书的别称，故手稿称"太保大司马黄公梓山"。

手稿作于崇祯十三年（1640年）春、夏间，详见张颖昌《〈太保大司马黄公梓山奏议序〉录考》，《中国书法》，2023年第5期。

## （二）《可闲斋记》（残）

维扬给谏珠岩顾公曾谓余曰："吾有园一区，不求其丽，不求其多，赞以石，泽以花，俎以书，锶以水，药以鱼舫、壶觞，族以蕉梅柳桂橘栌（文集无）枇杷（文集无）樱桃菊兰榴椒之属，吾取以自媚（娱）焉而已。若求其丽且多，惧以役吾心、劳吾形（神）也。当其时，字之曰'可闲斋'。夫人之一身，其为万物凿而日斁斁也，闲者几人欤？天地劳万物，天地与万物皆有情以寄内，皆不能闲也。吾可闲，而闲之，奚不可乎？"

王子闻之，愀然曰：珠岩氏，何易言闲耶。天下惟有道者不求，有意者不闲。琴瑟无意也，鼓之则不闲矣；风云雷电无意也，用之则不闲矣。不闲者，不必贪逐势利以硋其心，即清净独处，而余谓不得闲者，即在此。珠岩氏，何易言闲耶？试为子明其訜焉。

神宗时，天下无事，四十八年一字一播，如吹水沤，五风十雨。农桑外，户兵不蹙，饷不加，刑不用。于是士大夫休息于嘉石、清湖、杨柳、蓁莽之间，与田农、山樵逍遥以老其天年，即欲不闲不可得。而今非其时矣，天子宵旰，日夜忧边恤民，恨不即铲大寇而镬燔之。物力不瞻，天下大残，天地亦思咬此而七福之畀也。

珠岩氏，谏官也。僝工以济需，忱柴以匡其不逮，与二三有心救市者，东扫松花江，西詟白龙堆。数百日劳之，数百日役之。治乱保邦，摧虎豹之吻以遏封疆之祸，然后一日佚之，非士大夫所望于鸿才远志者乎？而斤斤于一区之园，怀安而不悔也，独何欤？公即有石花竹水渔舫壶觞蕉梅柳桂橘栌枇杷榴椒菊兰之属，能不劭于大事以媚于圣天子，劻勷之为王室，除难四海，求救中外，望公日钜，而公一丘一壑以取闲，可欤不欤？此吾之所繇愀然也。

噫，一园林耶，从前之时，则明月时至，好风自来，壶觞啸歌以豫乎太平。从今之时，辚辚焉，棼棼焉，念营四方，言弼本根，耳目梦寐，皆为朝廷。有而非已？有也。令贤人君子皆肥遁隐鳞，自比于田农、山樵以善一身，祖宗尊贤敬士之报岂至今？而人赋考槃闲桑之幸也，不亦世道之一大忧哉？

于是知一园林之细，足以观天下之风俗，觇先王之治道。士大夫之闲不闲，亦曰时焉而已，而岂易言闲乎？虽然，有珠岩氏之劳，佗日厥功逦臻，天必终以闲偿之。功集俗恬，予可偷安于崝嵘之山。木不愿社主，兰不愿王配，余可取闲以自娱也，珠岩氏何得以诮让我？

按：首页朱笔标"百廿三"。文亦载《本集文》卷四十一，与手稿相异处均标于"（ ）"内。

顾国宝，字元善，天启二年（1622年）进士。知平湖、嘉兴，以廉声行取吏科给事中，主试浙江，称得士，卒于官。[①] 另，1983年季修甫先生捐赠给南通博物苑"顾国宝石套印"残印，外面一印印文为："顾国宝印""别号廓庵""壬戌进士""给谏之章""世德作乘"；中间一印印文为："顾氏元善""国宝之印""廓閤居士""壬戌进士""古黄门氏"；内里一印已缺失。由此可知顾国宝字元善，号珠岩，别号廓庵（閤）。

王铎与顾珠岩有同年之谊，二人交游颇为密切。《可闲斋记》与《太保大司马黄公梓山奏议序》卷帙相连，可知该稿亦拟于崇祯十三年（1640年）春、夏间。

## 七　手稿七

《奏为剧病日深旷职是惧恳乞天恩赐臣回籍调理微躯事》：礼部左侍郎兼翰林院侍读学士臣王铎谨奏，为剧病日深，旷职是惧，恳乞天恩（赐臣回籍）调理（微躯）事。

臣以愚蒙，不即捐弃，沾被（浩）荡之泽，白首竭力，（何敢自恤），此臣夙夜自矢也。然臣丙子疟疾九月，丁丑血痢八月，因致怔忡之病。不意（八）月（初十）日（夜），口吐血水，昏迷不省

---

[①] 参见《（光绪）通州直隶州志》卷十二《宦迹》。

人事。次日稍苏，心动目眩，昼夜不寐，饮食不进。延（医生）赵、（陈）诊脉，皆谓臣（病后）过劳心血，湿气、冷气深入骨髓，（颇）有性命之忧，必需（数年）静养，非旦夕所能疗也。伏念臣何才何能，奚足比数仰荷皇上洪恩，渐历今职，即捐糜一身不足报答。臣病在骨髓，痰火不断，四肢浮肿，伏枕呻吟，如坐炊甑，以沟壑不保之命，喘息待尽，茕茕邸中。若复不知自止，恐朝露之躯，不得遂首丘之愿。不惟仰负皇上作养深仁，无以效于犬马，少展尺寸，（旷职良多），真一夕不能自安也。部事繁杂，非庸臣可以高枕，禄饩空叨，又非奄忽病体所可竭蹷而从事。臣自度性命莫保，而又徘徊一官，是臣务图报之名，而阴行其恋位之实也，慕位忘身，臣何人斯！皇上安用此（性命不恤）、嗜位贪禄之臣为乎！是以不得不哀鸣于君父之前，伏惟皇上俯怜（积劳）之（病），曲垂帷盖之仁，（赐臣致仕，臣得家园调理。傥臣余）生得以苟延，或可咏歌圣化；不幸遂填沟壑，或图报于异世（，啣恩无地）矣。臣无任激切，恳乞之至。

按：首页朱笔标"百卅"，第三页朱笔标"百又卅"。为侍书人代拟，王铎改易处均录于"（）"内。

此稿为侍书人"王书班"代拟，王铎墨笔修改。据考，该草稿书写时间是在崇祯十二年（1639年）八月十二日至九月九日之间。详见张颖昌《新见王铎手稿署衔礼部左侍郎考》，《书法研究》，2022年第3期。

## 八 手稿八

按：手稿八为五律二十七首（七十二至一百），时序相连。所记行程路线明晰：是自北京返乡，经保定至石家庄、新乐、正定、栾城、赵县途中所记。考证其时间为崇祯十三年（1640年）十月中旬至十一月中旬。

## 1　庚辰冬日，《终日》

《终日》："终日在夷庚，区区岂为名？弟兄消息少，朋友死生惊。有意防云火，留情搴玉英。选潭宁不韵，微馥雨中生。"（七十二）

按：原稿已删"列公吹古笙。弟妹闻消息，交游半死生。交情有意传，……选潭尤有趣"等句。

王铎所标诗稿序号为"七十二"，前缺。

## 2　《路傍古庵》

《路傍古庵》："化城僧亦稀，客过念西晖。竹院双钟动，松花一鹤归。国惭尺寸报，家赖梦魂飞。南土宁吾土，莫言恋石矶。"（七十三）

按：手稿末句原为"且莫感离徽"，已删。"国惭尺寸报"句原为"国无尺寸报"。"南土宁吾土，莫言恋石矶"句，或言所行非所愿，感慨宦途流离。

## 3　《昼色》

《昼色》："烟尘昼色冥，不敢怨飘零。兰酒过蒙泽，梅花开敬亭。南朝多少寺，原庙岁时馨。枕卧云柔处，空山内景经。"（七十四）

按：蒙泽，古泽名，在今河南商丘东北一带。另，蒙泽古县，隋始置，寻废，唐复置，亦废，故城在今山东曹县南。《大清一统志》云："商丘县北至山东曹州府曹县界七十里。"诗中所言，当为途中忆旧游。

### 4 与家乡诸友

《与马、邢、王诸社友》："柏冈草五茸，羡尔得从容。书读如袁豹，赋成胜士龙（"盘中盛苜蓿"改）。都中悬贝毂，磵下狎芙蓉（"磵外醉芙蓉"改）。老绿今皆罢，约酹第几峰？"（七十五）

按：山东博物馆藏王铎手稿《寄题龙山兼讯马、邢、王诸君》为本年春日所作，此为冬日途中再次寄怀之作。手稿中"赋成胜士龙"一句原作"盘中盛苜蓿"。"磵下狎芙蓉"一句原作"磵外醉芙蓉"。

### 5 途中闻噩耗，哀李门河姑父与表弟一家八口

《哀李门河姑父与表弟》："久别正销魂，开书堕泪痕。庭梅空自落，墓柏复何言？八口依何国，千峰惨故园。伤心烟寺景，风雨易黄昏。"（七十六）

按：手稿中诗末有小注"西烟寺少同读书处"一句。西烟寺以里名，又称报国寺，在孟津小集镇。建于元世祖二十八年（1291年），明正德十一年（1516年）募修。王铎少时于西烟寺读书多年，居鹤亭庵。通籍后，王铎数次游西烟寺，并多有诗忆及。

李如桂，字门河，王铎姑父，李际期伯父。诗言"久别正销魂，开书堕泪痕"，知王铎于归乡途中得闻李门河姑父一家的噩耗。

崇祯十三年（1640年）春，王铎有《寄李门河姑父》（《本集初》五律卷十八）："京居恒远念，别后与谁群。尚记西烟聚，却从南浦分。梅窗朝听雪，茶鼎夜烹云。待我锄灵药，鹤声醉里闻。"本年秋，王铎有诗《哀孟津寇火》，李门河姑父一家即于此际罹难。

崇祯十四年（1641年）四月十七，李际期父如标卒，王铎嗣为作

墓碑。《本集文》卷六十三《文学李君连霞墓碑》,"如桂,字门河,君兄也,予之姑父。……予游宦南北,过里约门河姑父与君共二三贤豪饮酒。……",再次叙及李门河姑父。

王铎与李际期为姻亲,李际期长子沆娶王镡之女为妻,次子烺娶王镛之女为妻。据《(雍正)河南通志》卷五十九《人物三》:李际期字元献,孟津人。崇祯十三年(1640年)进士,国(清)初授户部主事,历浙江学道,擢刑部侍郎,升兵部尚书,予祭葬,谥僖平。又据《淡友轩文集》卷十三《兵部尚书太子太保谥懿僖庚生李公墓表》:李际期字应五,号庚生。生于明万历三十六年(1608年),卒于顺治十二年(1655年)孟冬,得年四十有八。

### 6　送陈河洲之边塞

《陈河洲之塞》:"边城一步兵,不肯逊甘英。烈火胡儿马,屯烟汉将营。春深何草绿?战后几人行。虽有思乡梦,惊闻石鼓声。"(七十七)

按:陈河洲,生平不详。

### 7　晚宿新乐官署中

《新乐晚署》:"征夫问九鸿,物役有何功?车马人同倦,西南路稍通。醽波宽客盏,灯燄照神丛。方谜如宦事,无心慰转蓬。"(七十八)

按:"可得似溇中。……官事休重诘"句已删。据"车马人同倦",知归乡途中情状。新乐,位于河北西南部。

"洛缑岭",即缑氏山,在河南偃师县,涂去。

## 8  伏吴村

《吴村》:"五瓠将安用,朝朝历几丘。世途方坎壈,吾道恐沉浮。叶尽茅篱冷,云生土坞秋。劳劳勤恁处,欲饮故山牛。"(七十九)

## 9  伏城南破寺

《伏城南寺》:"古寺无人迹,寅丘曲折深。纵然多野意,未必缓归心。雁沼金沙合,龙堂宝树沉。天光玄汭去,魄魄见栖禽。"(八十)

按:两诗名均有"伏"字,可见王铎一行于途中躲避兵乱之情状。

## 10  次真定北野路

《真定路》:"残灰不忍见,板屋尚斑斑。尽日言防虏,频年远犯关。牛羊皆已剿,桑柘不堪攀。日暮冬风紧,得无损客颜?"(八十一)

按:真定,河北省石家庄市正定县古称。明时与北京、保定合称"北方三雄镇"。"尽日言防虏,频年远犯关"句,即言沿途中所见兵乱过后的凋敝之状,并讽刺官兵剿乱无能。

## 11  《思春》

《思春》:"思尔春何往,明年淮水湄。虚灵桃萼丽,妩媚柳条私。作宦谁先觉?为农独后期。重阴谅有转,斋楸谢三仪。"(八十二)

按:王铎行于途中,尚在规划、畅想来年春天南京之事。他对此后的诸多变故尚无丝毫察觉。

## 12  《望西山》

《望西山》:"委宛崇青嶂,若无西去天。可容营处所,永与弄云烟。几杖白猿上,匏尊古佛前。人惭从此绝,岂不念幽玄。"(八十三)

### 13　《车上》

《车上》："道路未能了，骎骎如梦行。愁边双杵度，意外一马鸣。日月风华减，江湖金革生。审身胡溅溅，孰敢贱山英？"（八十四）

### 14　怀同年孙徵兰

《怀孙睡足》："耿耿思孙楚，凄凄惊旅魂。此时松际月，犹忆竹园罇。荣辱鸿飞远，悲伤虏战昏。腰间雪刃吼，堪可洗花门。"（八十五）

按：孙徵兰，字睡足，一字九畹，河南淇县人，天启二年（1622年）进士。官御史，以直言弹劾权贵常德，外转少参，驻嘉州。时流贼日炽，勤简练，治战具，地方特以无患。会常德怒未解，罢去。①

### 15　五律《滹沱》二首

《滹沱》，其一："河边多感慨，此地恕东夷。疆界华离损，饥荒青陆迟。焦心惟圣主，食禄负明时。血泪中流洒，狂情息六螭。"（八十六）

其二："王师虽不战，觖觊善虚声。克敌古怕有，和戎事不平。滹沱终夜火，渤海几年兵。头白干戈里，心伤少蚌城。"（八十七）

按：滹沱，水名，即滹沱河。出山西省繁峙县东的泰戏山，穿过太行山东流，入河北平原，至天津入海。

### 16　行栾城道

《栾城道》："苔龛闻磬响，归路远依依。已觉心无系，尚看

---

① 参见《（民国）乐山县志》卷八《官师》。

尘满衣。壕空蝼毕集，天远鹜孤飞。岁月催吾老，修词耻四飞。"（八十八）

按：栾城，在石家庄市东南。

### 17　访杜道士房

《杜道士房》，其一："房内翠山重，吹烟有铁龙。今朝非我到，此路只云封。礼斗多灵咒，斋身却病容。尘鞿还自笑，砂养冀芙蓉。"（八十九）

其二："可惜桃花早，迟迟湿径干。烟凝从鹿卧，书就借人看。久乱灵陶缺，多闲药杵寒。为从海外去，高卧枕香栾。"（九十）

### 18　叹世夐

《世夐》："正是寂寥候，鸹鹏白昼呼。一朝从世夐，数载念文无。宇宙偷安少，关山旅食孤。远游蹑万里，谁欲重晨凫。"（九十一）

按：夐，远、营求意。首句"不雨尘如雾"，删。

### 19　《入栾城》

《入栾城》："余烬留城郭，萧骚破屋边。逢人谈往日，掩泪对残年。鬼泣灯皆灭，天昏月可怜。古时遭乱世，几处遂生全。"（九十二）

### 20　《赵州》

《赵州》："沙涨助严寒，何心复就宦。居人无面色，野鸟自声欢。薄俗经心憪，他乡为客难。朝中望贾谊，流涕对龙銮。"（九十三）

按：赵州，即今石家庄市赵县。

## 21 《阻修》

《阻修》："不欲言迟莫，江干叹阻修。心从身外遣，家在梦中求。腻鼎腥瓯味，残山剩水游。此行庵虎豆，烧却蓼花舟。"（九十四）

按：阻修，谓路途阻隔遥远。

## 22 途中，闻将与亲家梁云构相遇

《闻眉居亲家途中将遇》："南来欣一晤，别去即伤心。况是孤臣虑，能无游子吟。邮亭同醉少，雨雪独行深。各勖重华事，勿劳泪满巾。"（九十五）

按：梁云构，字匠先，号眉居，河南兰阳人。崇祯元年（1628年）进士，擢御史，巡按宣大、庐凤，皆有伟绩。崇祯十四年（1641年），为少京兆，升操江佥都御史。会左良玉兵自湖广南下，江南震恐，云构安戢撄胄，力率诸士伍御于上江，移书以大义责之，左帅中止。国初授左通政，转大理寺卿，户部侍郎。开创之始，筹划咸宜。卒，赐祭葬，谥康僖。[1]

## 23 想念南京

《想白下》："长江无外事，古处雾冥冥。床下分青箓，牖中落翠屏。烛龙牢地轴，侨客寿山灵。不必蓬莱往，心心烟海汀。"（九十六）

按：白下，古南京别称。

## 24 十月廿五日

《十月廿五》："杨柳无颜色，苦风吹我归。何心闻牧唱，有

---

[1] 参见《（康熙）河南通志》卷二十五《人物一》。

泪点征衣。人与坚冰渡，鹘盘冻日飞。几回瞻郒岭，天际淡霏霏。"（九十七）

　　按：郒岭，在洛阳市西北。瞻郒岭，即望郒岭、望家乡之意。

## 25　《夕照》诗

　　《夕照》："夕照易销魂，赵城感慨存。征南贤士少，直北羽书喧。古道闻雕虎，寒风入断猿。千言翘首望，多难那堪闻。"（九十八）

　　按：手稿"盗起趋洹水"删作"古道闻雕虎"。

## 26　途中，见亲友

　　《见亲友》："迁疏兼远宦，岂异海连岑。脉脉将何里，栖栖只此心。别来朋友损，老至子孙侵。预洗桃花洞，春风正可寻。"（九十九）

## 27　念薛所蕴

　　《念薛行坞》："读书三十载，宦达几相知？或敢为渔父，堪从读楚辞。白云随块鞠，红燧近京师。君去何康济，勿徒事陟厘。"（一百）

　　按：薛所蕴，字子展，一字行屋，河南孟县人。尝读书太行之竹坞，因自号"行坞"。崇祯元年（1628年）进士，授襄陵知县，癸酉（1633年）入觐，举卓异，擢翰林检讨。顺治二年，（1645年）补国子司业；次年（1646年），升祭酒，寻进弘文院学士，迁礼部右侍郎，寻转左侍郎；顺治十二年（1655年）春，屡请致仕，顺治十四年（1657年）冬，乃得谕旨以原官归里。子奋生、葳生、芊生、颖生。王铎一女嫁薛所蕴次子葳生。①

薛所蕴文名与王铎相垺,彭志古《桴庵诗》跋语云:"长安以诗名者王先生觉斯、刘先生宪石暨吾行坞薛夫子,所谓三大家者也。"

## 九　手稿九

**1**　庚辰(1640)十一月,修武至宁郭驿中所作

《修武至宁郭驿》:"寇垒惊心日,偷生亦可哀。病躯从困顿,羸马复尩羸。喜叛非无故,贪征有所催。各村俱鼓角,满目是尘埃。日死全凋色,林焚半铲荄。河山将割剺,怨怒竟风雷。一旦土崩见,百年人孽开。战争残郡邑,啸聚辟蒿莱。为政浑如醉,予戍不告灾。破房皆豹窟,古驿似龙堆。问仆殳依命,对妻泪作灰。九阊何岁慰,万骑几时来。短炬宵难度,危途路更猜。乾坤窄若此,倦访九英梅。"

按:诗载《本集诗》五排卷一。修武,即修武县,在河南西北部,焦作市东部。宁郭镇,今属焦作市山阳区。宁郭在修武以西,孟津东北,这是王铎回孟津的路线,而非自老家去北京的路线。《年谱长编》将此诗定为崇祯十年(1637年)八月王铎由孟津返北京时所作,误。

**2**　庚辰十二月于怀州,集冰壶、若水、雪崖、汇泽、心水园亭

《集冰壶若水雪崖汇泽心水园亭》:"想像名园趣,空令夙愿违。今初蹑展齿,不觉入灵晖。曲径开窗善,深房触树围。异书纷满架,

---

① 参见《(民国)孟县志》卷六《人物上》。

怪石错当扉。独引贝云宿，能勾翠潋依。怜君尊鬼谷，使我嗜禅衣。酌醴枯鱼瀪，吹香古鼎辉。逸情宗炳继，雅韵郑虔稀。日匿梅花笑，人闲星影飞。原来轻蠋绣，何必用麟韦。寂夜鸟音悦，空天瀣气霏。欲携桂桦隐，永息汉阴机。白首师藏壑，青霞学采薇。兵氛宁在眼，海戾与忘饥。身世杯中物，生涯山外碕。不嫌来往数，重践证渊微。"

按：冰壶，怀州友人，生平不详。

若水即朱常澺，字若水。朱载堉次孙，封辅国将军。王铎与之交往颇多，详见下编。

雪崖亦作雪厓，怀州友人，生平不详。《本集诗》七律卷六有《马坡同雪厓伯仲谈山趣》："……燕赵犹传烽燧事，江湖空寄杜蘅心。台州雁宕结庐卧，愁妒生香伴苦吟。"事情发生在崇祯十四年（1641年）秋，据手稿可知，王铎与其交游至迟应在庚辰（1640年）冬日。

汇泽，怀州友人，生平不详。

心水，疑为李清。李清，字心水，一字映碧，思诚孙。

诗即《本集诗》五排卷一《集冰壶亭》。时王铎毕父葬，移家怀州与友人集。此间手稿另有《登怀州北城同诸君》《同诸君登北城禹庙》《高台寺与冰壶若水用章诸公游》《龙冈寺偕冰壶若水雪厓张道士二衲》等。

## 3  庐江藩邸东园，与朱翊𫓧游览

《庐江藩邸东园与散木游览》："松（崧）桧青苍色，欣随杖履游。贤王（高贤）能好客，冬日暂停驺。门径多真意，琴樽与道谋。宽然忘雅雅，徐尔自秋秋。梅气幽还动，竹阴淡不流。小山移药院，玄圃胜鄞州。远度真（原）无际，冲怀奚所求。吟诗弹古剑，作赋响清球。谈笑忘（轻）轩冕，经纶望铁丘。良弓洶（新）作则，肯获善承休。屏翰天王地，笙镛仙子洲。固堪偕字蠹，亦可狎烟鸥。万化归齐视，一生遂逸休。春期天更晼，还欲醉云柔。"

按：诗即《本集诗》五言排律卷之一《东园散木游览》，诗集与手稿相异处均录于"（）"中。

"庐江"，即朱载堉长子翊橑，字散木。庐江王载堉，（郑）简王（祁锳）玄孙也。崇祯十七年（1644年）二月，贼陷怀庆，载堉整冠服，端坐堂上。贼至，被执，欲屈之。厉声曰："吾天朝藩王，肯降汝逆贼耶？"诟骂不屈，遇害。贼执其长子翊橑，拥之北行。三月过定兴，于旅店作绝命词，遂不食死。[①]王铎与朱翊橑交游频繁，详见下编。

王铎与藩王家族交游颇早。万历三十九年（1611年），王铎即与郑世子朱载堉的次子翊钦（竹斋）交游，尝过其寄园；《本集文》卷四十七《朱公竹斋传》，约作于崇祯十四年（1641年）夏；王铎有手稿《瞻竹斋同社像》（美国归远山庄藏）；又，《本集诗》五排卷一《吊竹斋》等。

崇祯五年（1632年）六月，王铎奉命敕封潞安六合王；崇祯十四年（1641年）九月，王铎曾为潞王朱长涝临王献之帖，款云："辛巳菊月，王铎。"上钤"潞国敬一主人中和父世传宝。"（国家博物馆藏。）崇祯十五年（1642年）六月，王铎为朱长涝书写贺寿诗轴，款云："壬午六月，恭祝潞国主贤殿下遐龄，孟津王铎撰草并书。"（卫辉博物馆藏刻石。）

崇祯十四年（1641年）正月，洛阳城破，福王朱常洵殉难，世子朱

---

[①] 参见《明史·诸王列传》。

由崧奔怀庆，幸有王铎兄弟子侄护卫左右，使其得以安全逃离。甲申国变后，朱由崧在南京即位，念这段旧恩，即拜王铎为大学士并荫及众人。

### 4　立春日，作五排《忧居立春》（残）感怀

《忧居立春》："旅客逢春至，凄凄岁序移。何堪言月驷，不欲问云螭。傲吏终难遇，耽书（不）易施。荒年分半菽……"

按：忧居，意即丁忧家居。辛巳立春当在庚辰（1640年）腊月中旬，时王铎丧父不久，移家怀州居忧。

## 山东博物馆藏王铎诗文手稿

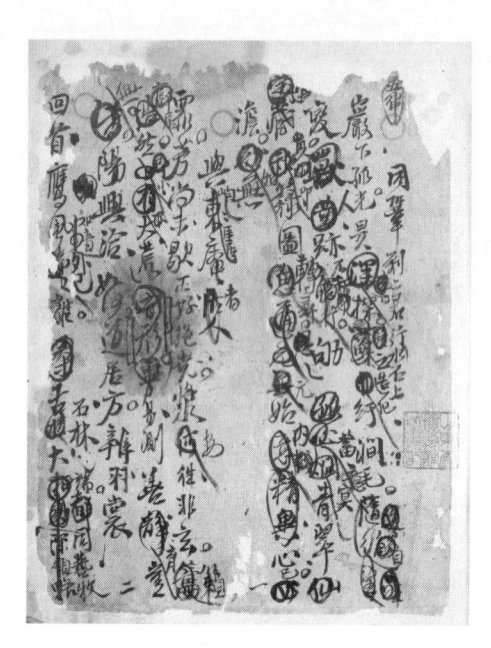

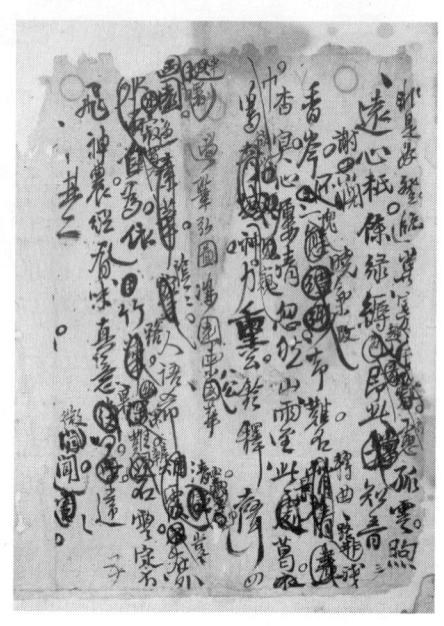

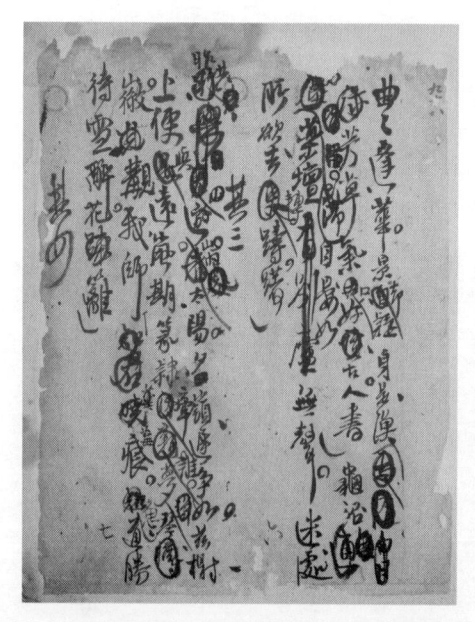

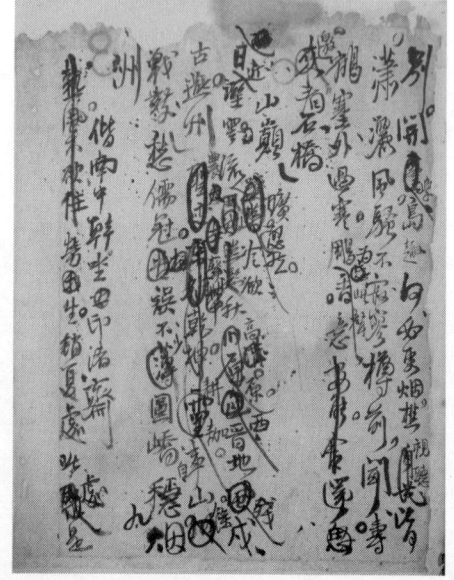

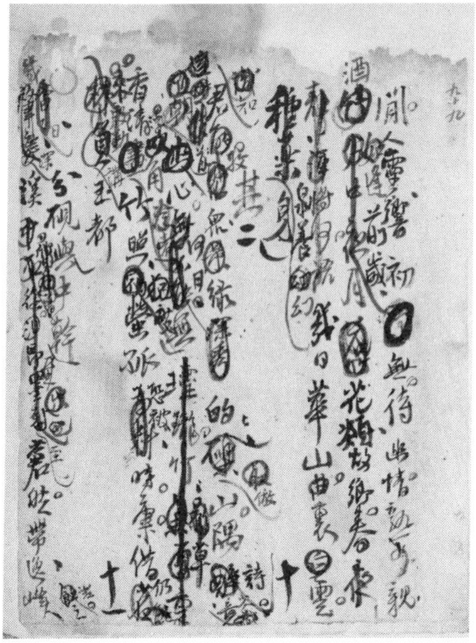

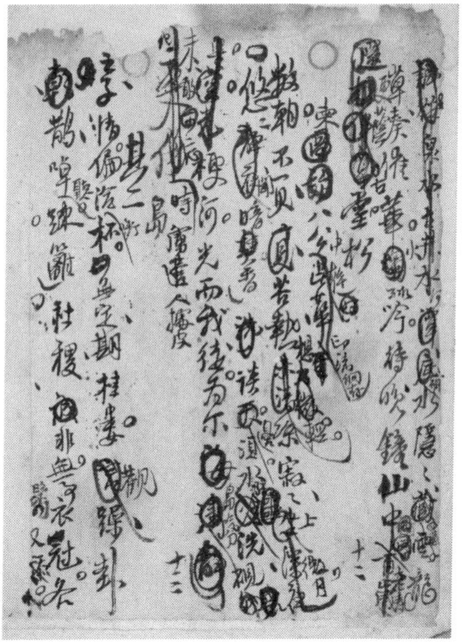

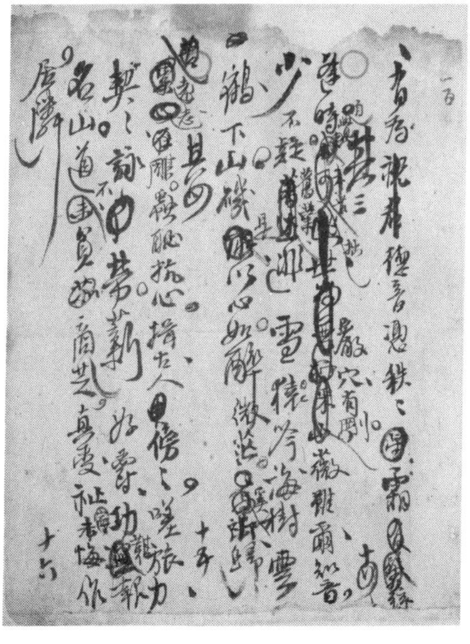

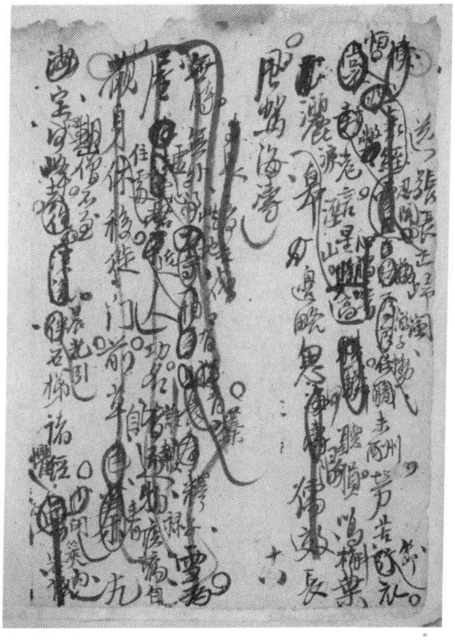

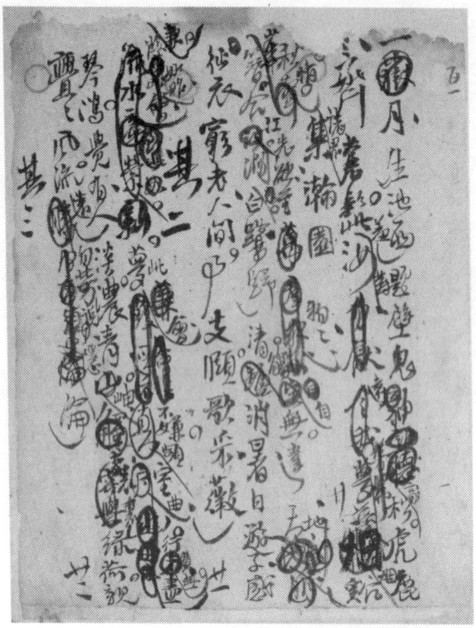

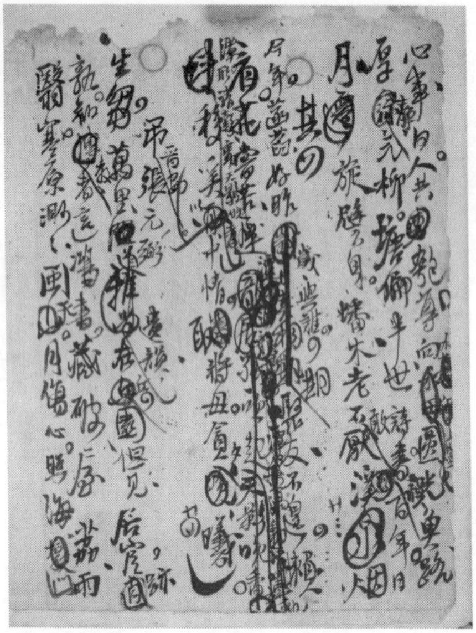

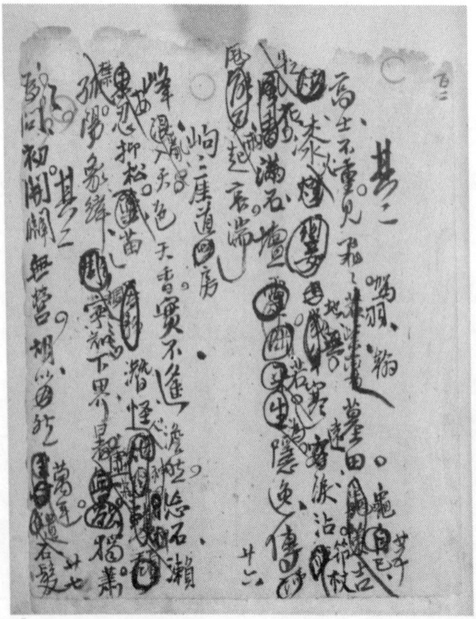

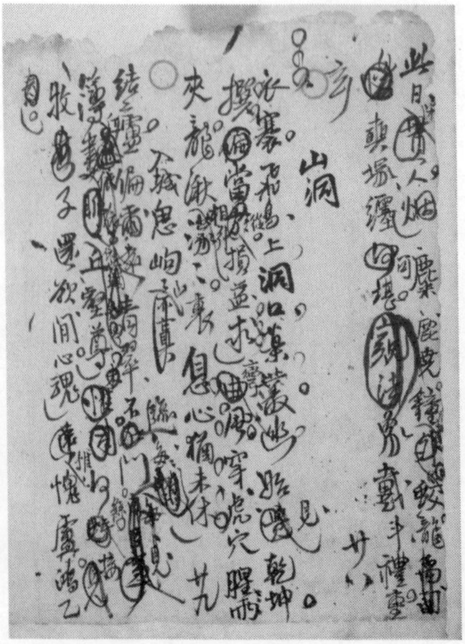

上编　山东博物馆藏《王铎诗文手稿》册录考　057

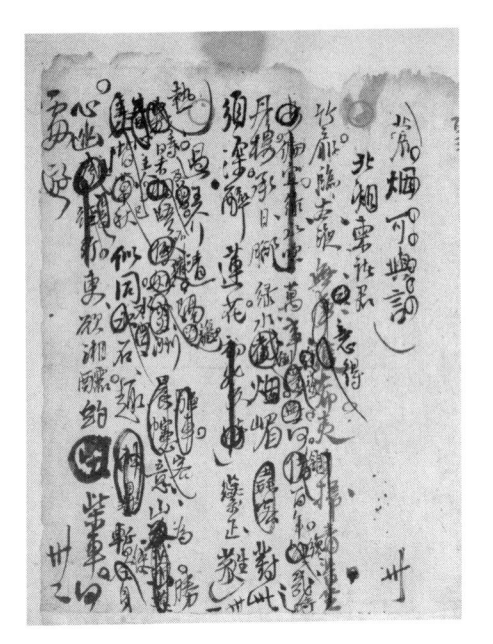

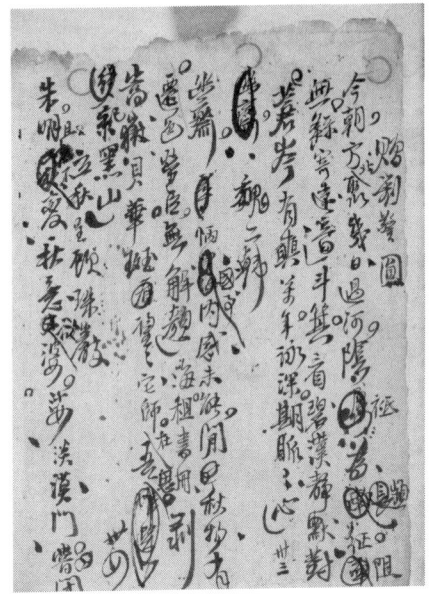

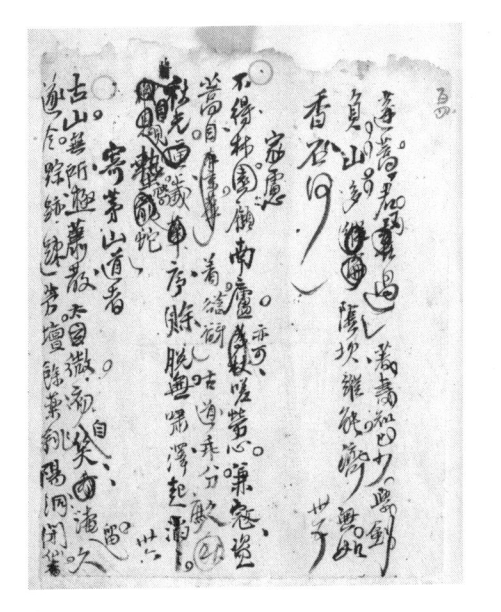

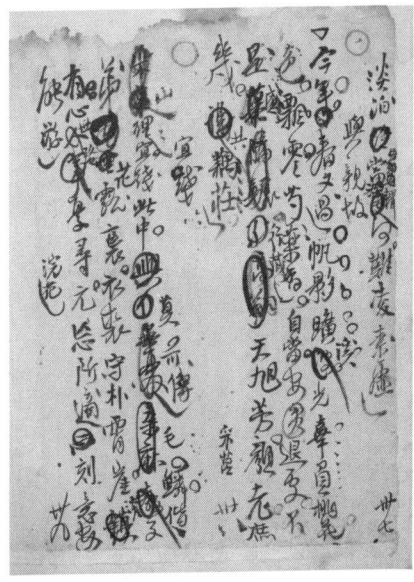

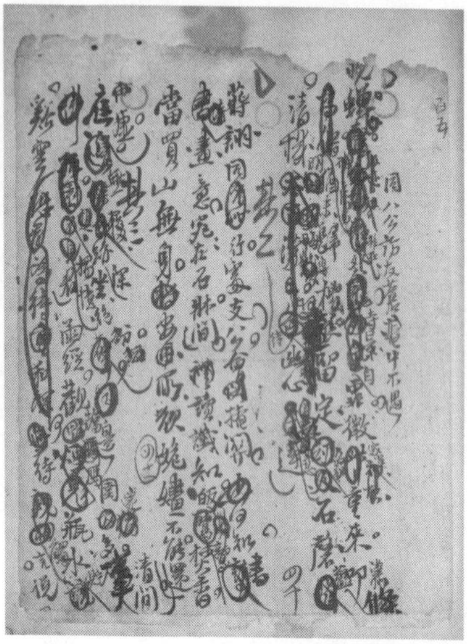

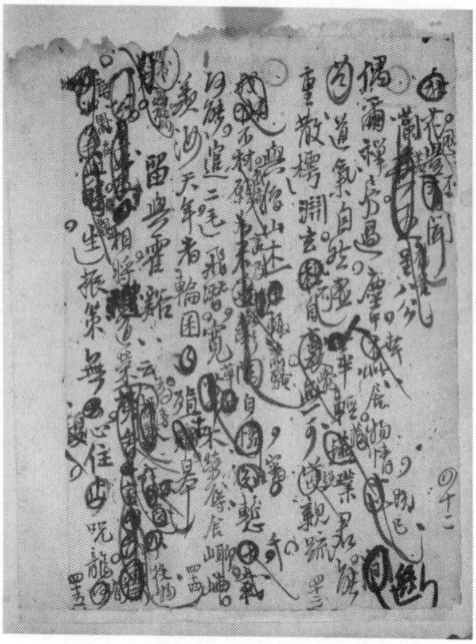

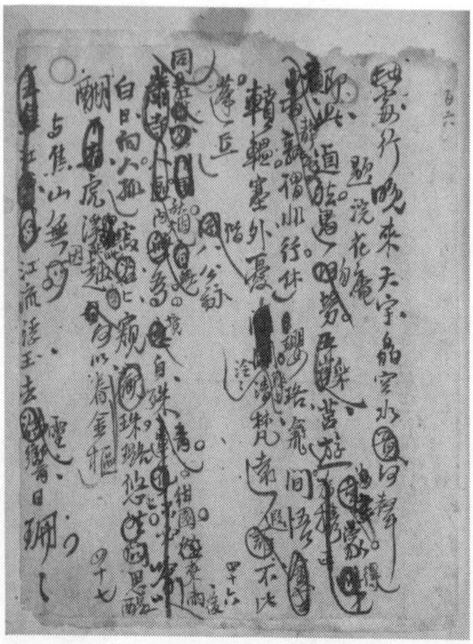

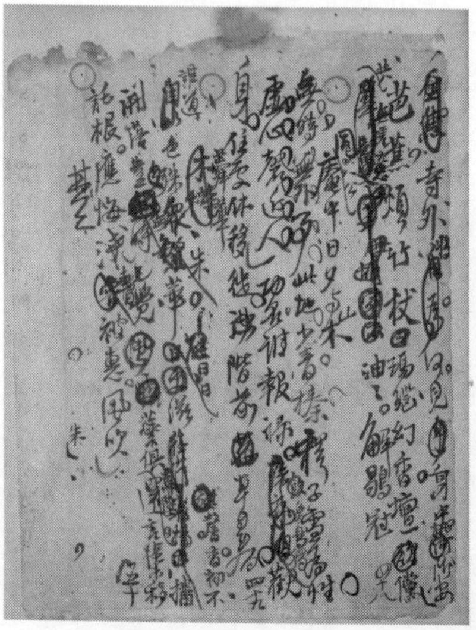

上 编　山东博物馆藏《王铎诗文手稿》册录考　｜　059

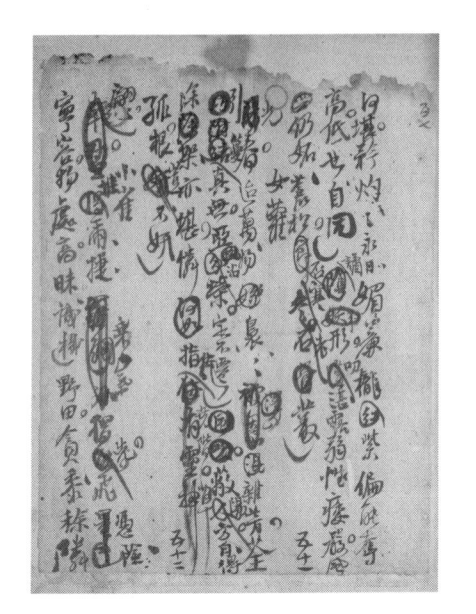

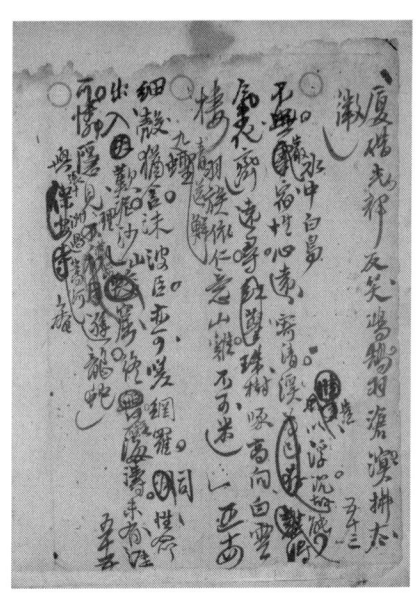

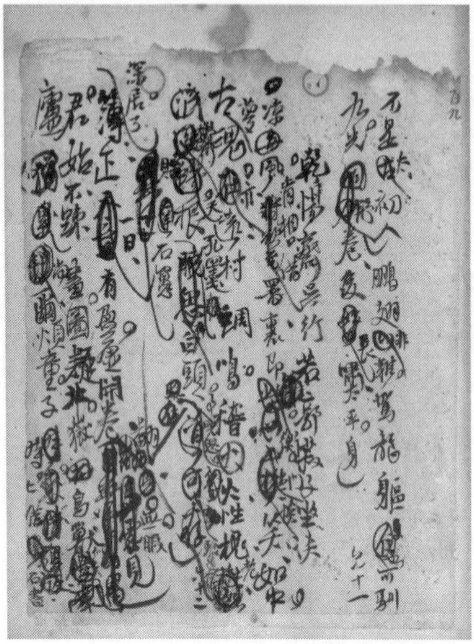

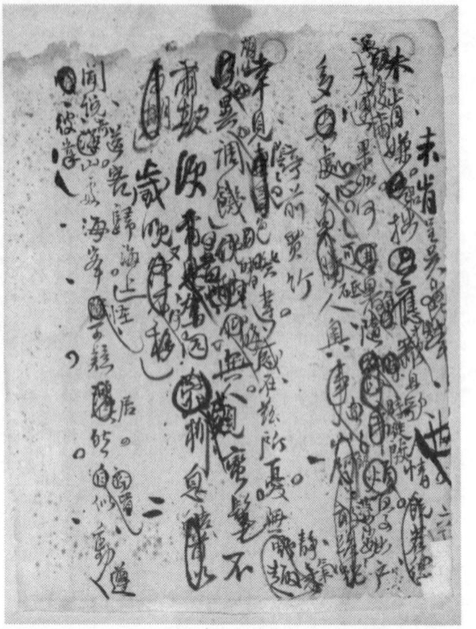

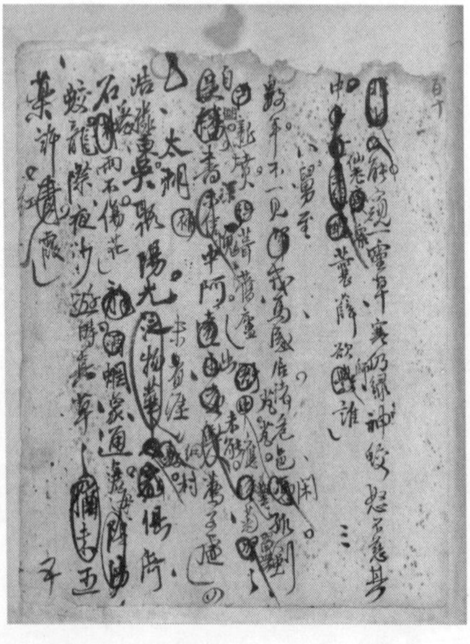

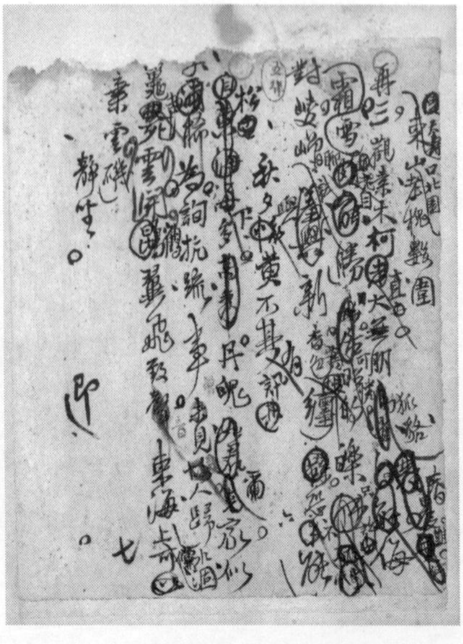

上编　山东博物馆藏《王铎诗文手稿》册录考 | 061

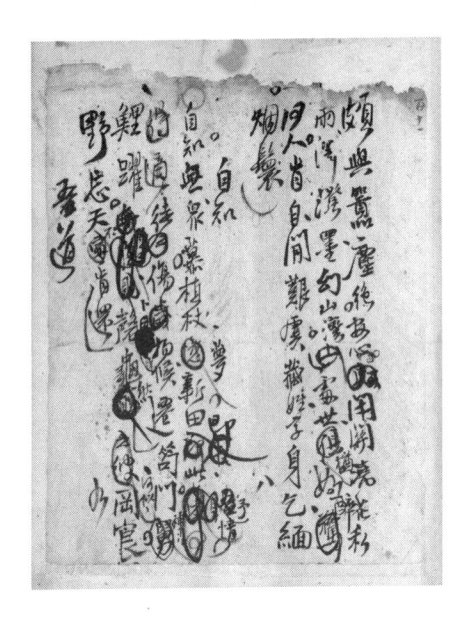

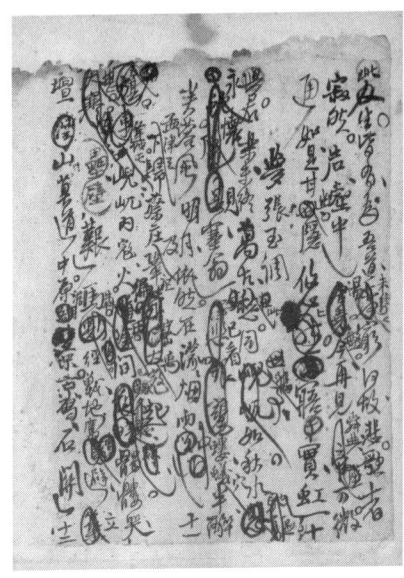

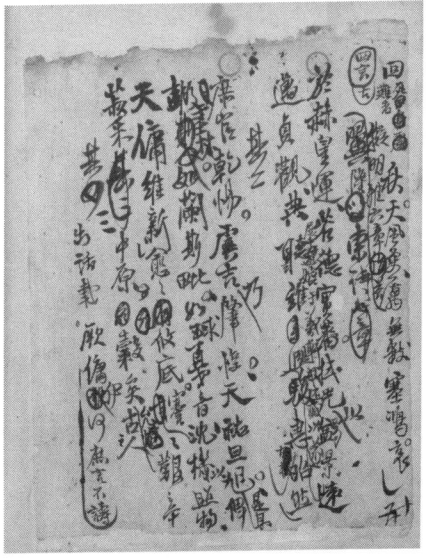

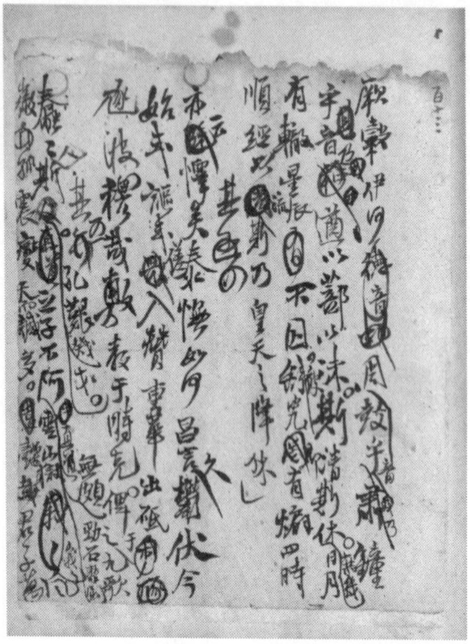

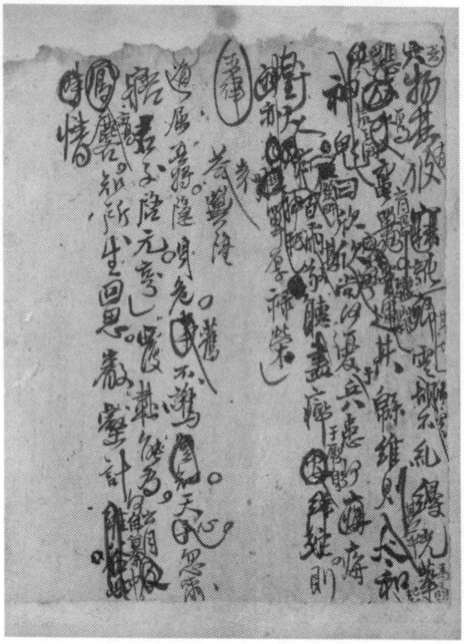

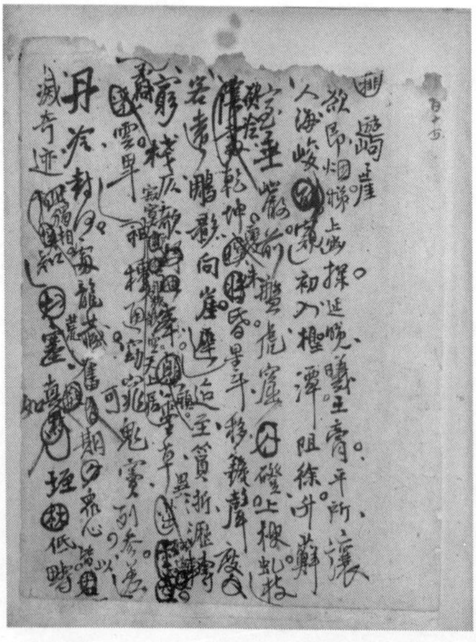

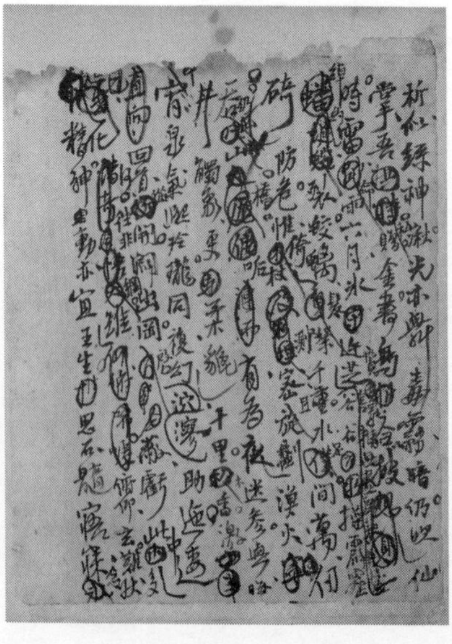

上编　山东博物馆藏《王铎诗文手稿》册录考 | 063

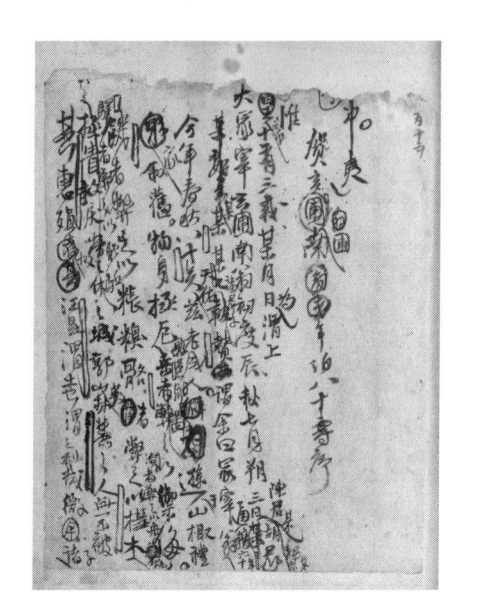

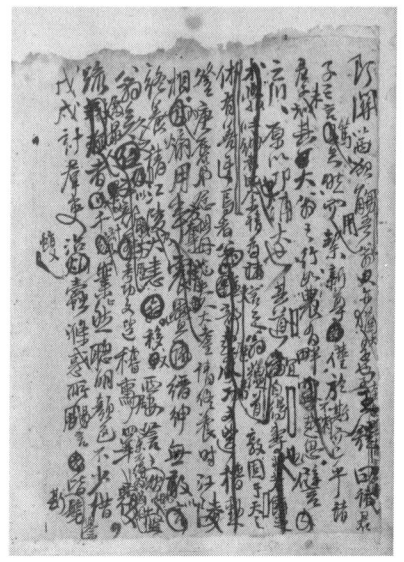

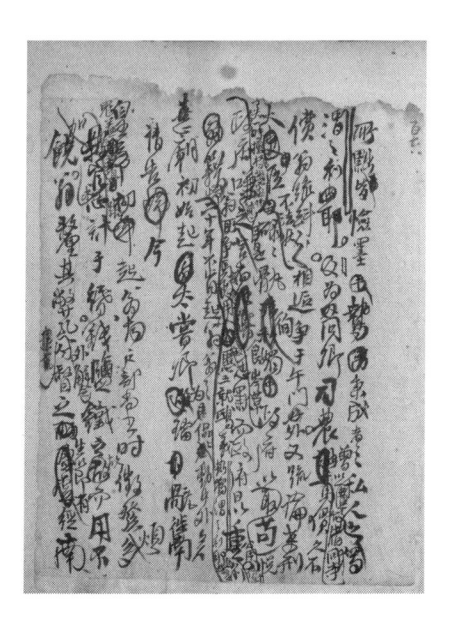

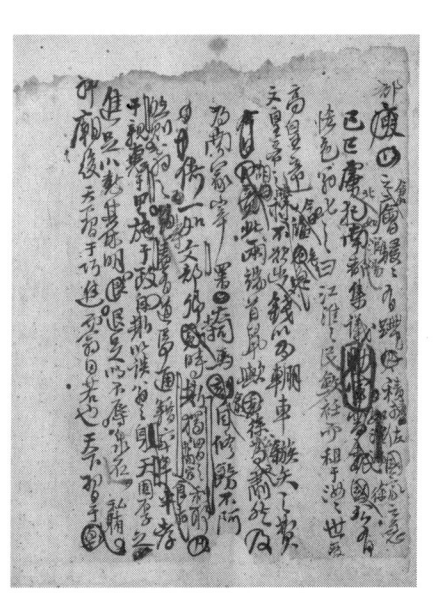

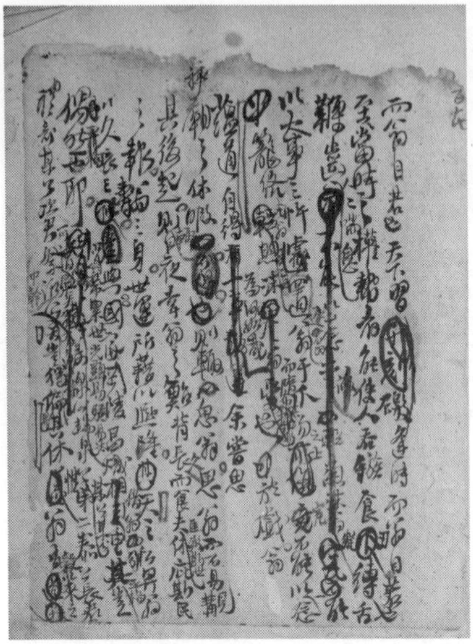

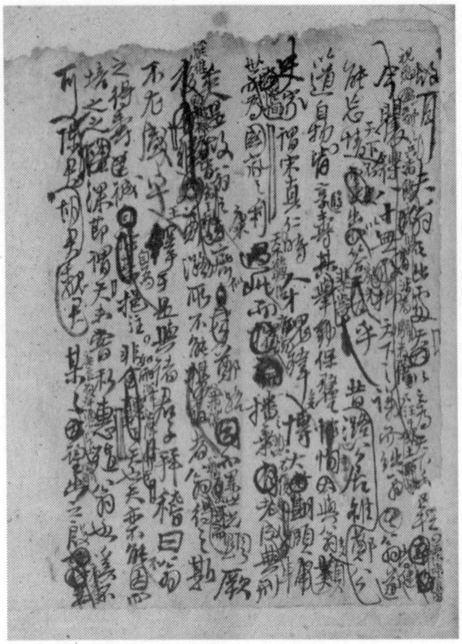

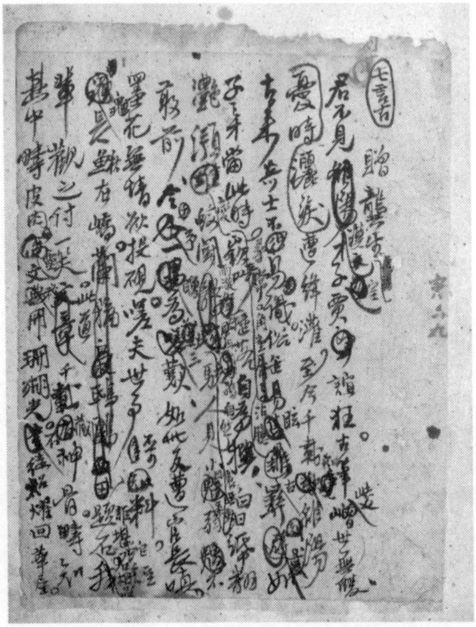

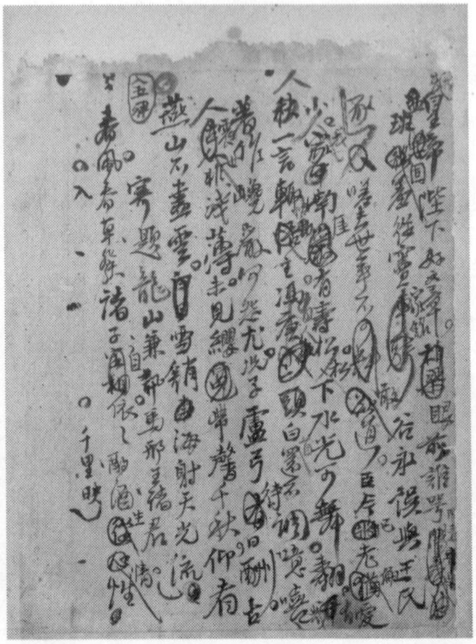

上编　山东博物馆藏《王铎诗文手稿》册录考 | 065

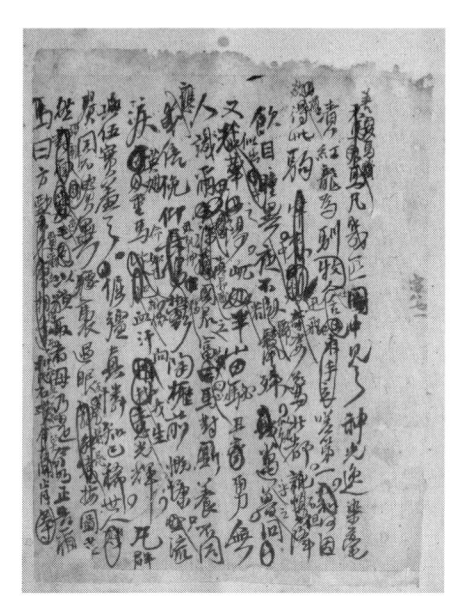

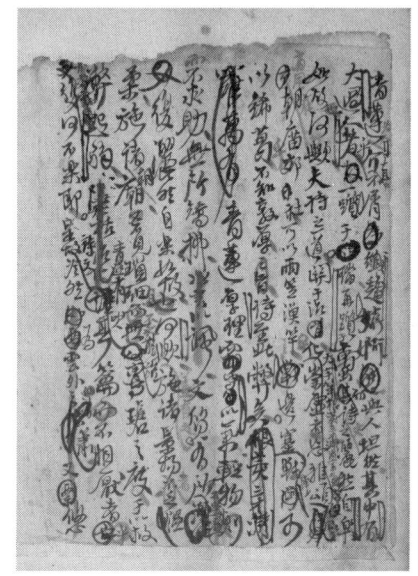

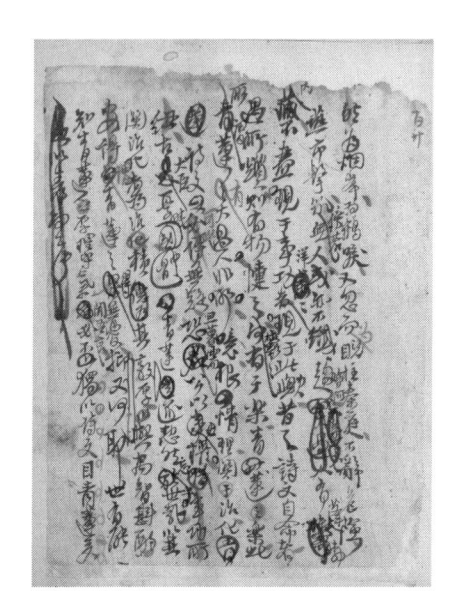

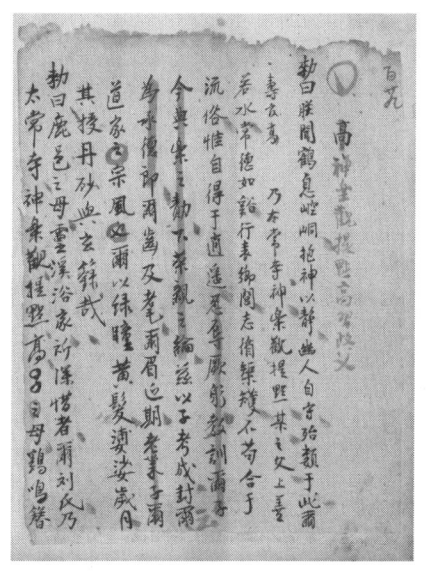

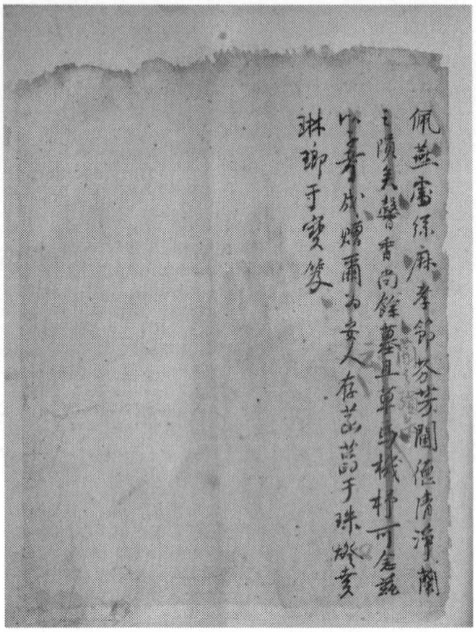

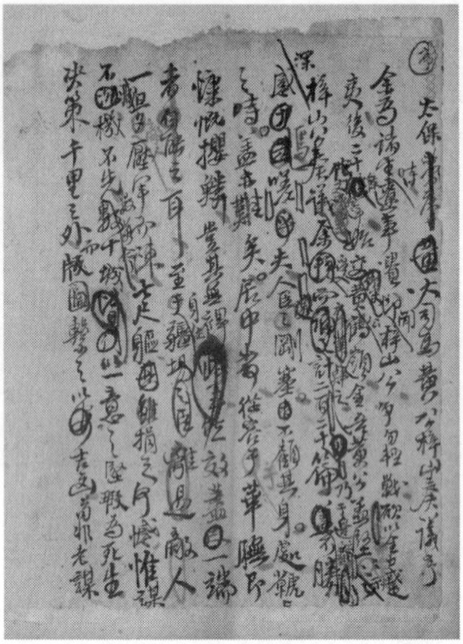

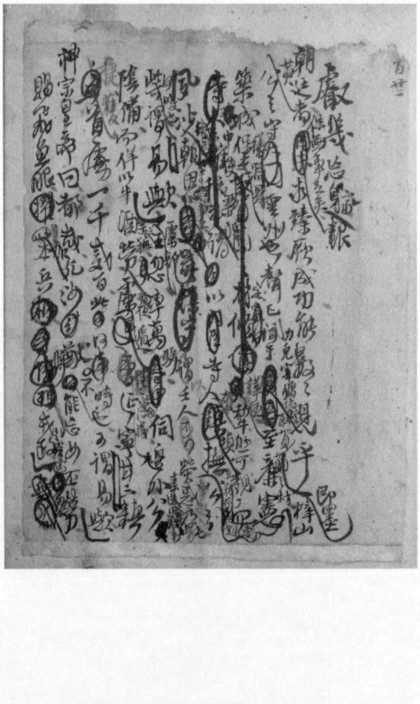

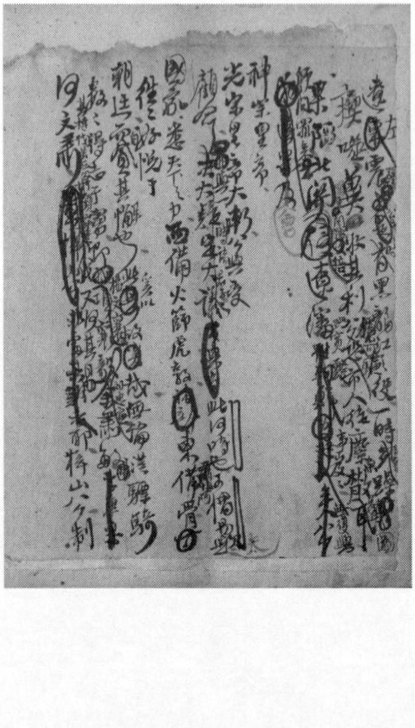

上编　山东博物馆藏《王铎诗文手稿》册录考 | 067

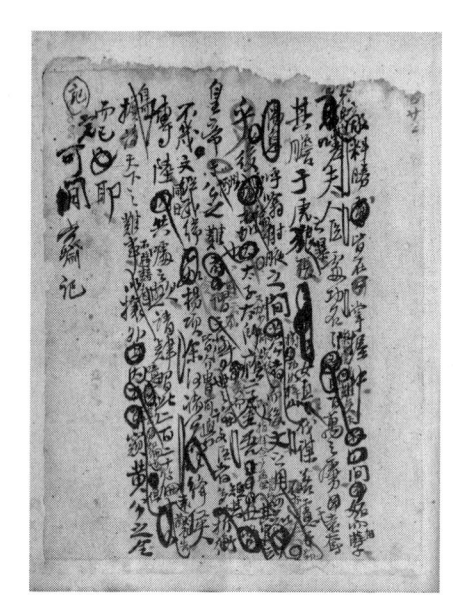

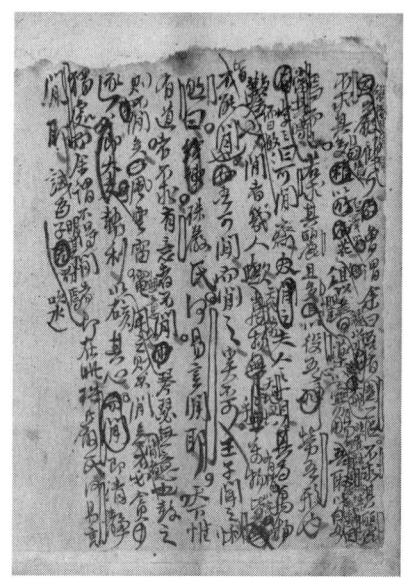

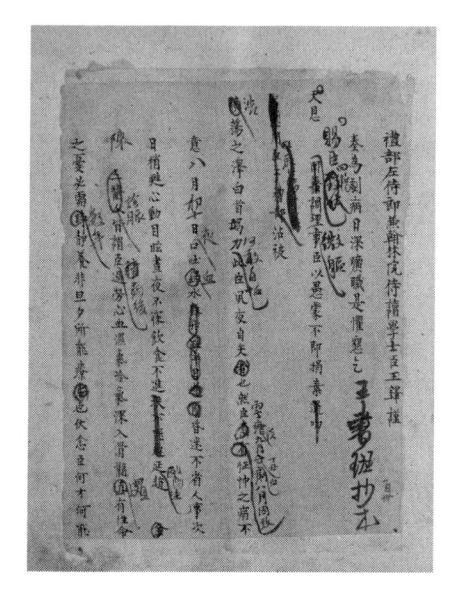

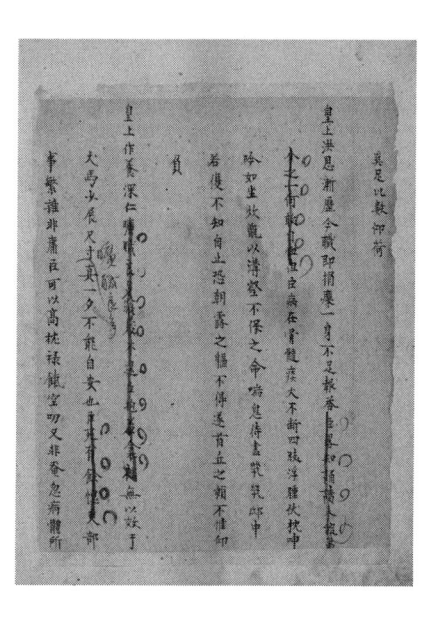

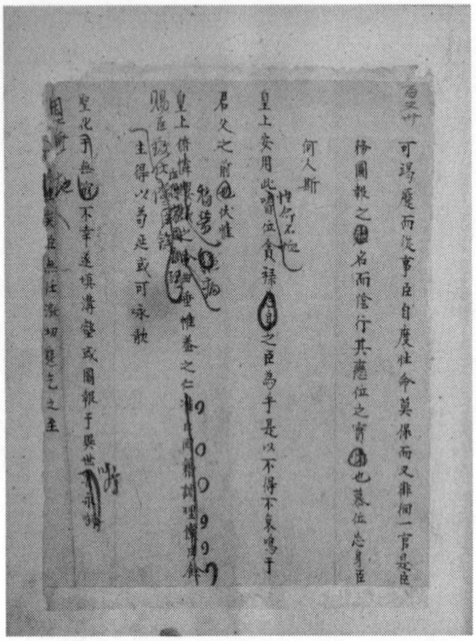

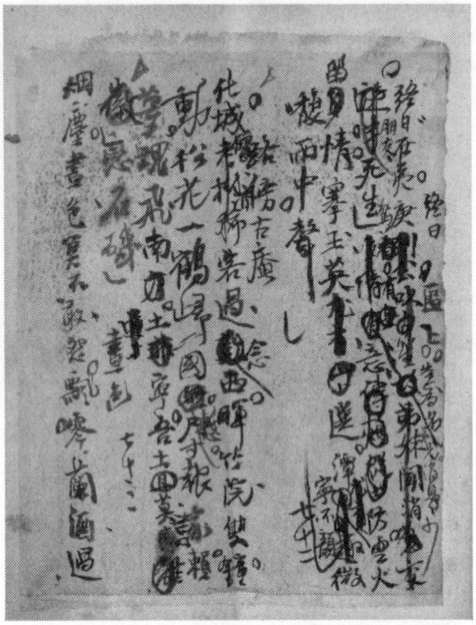

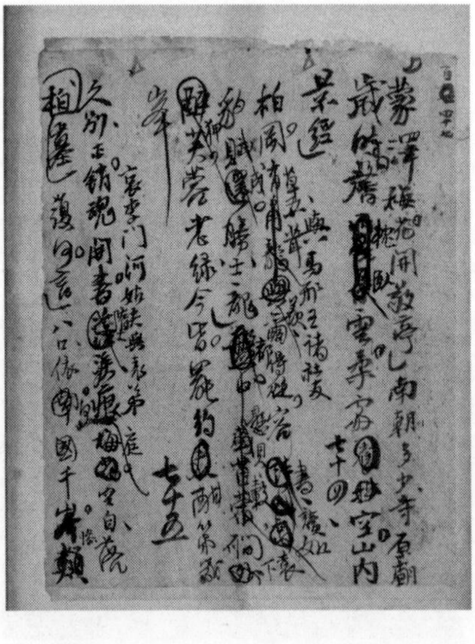

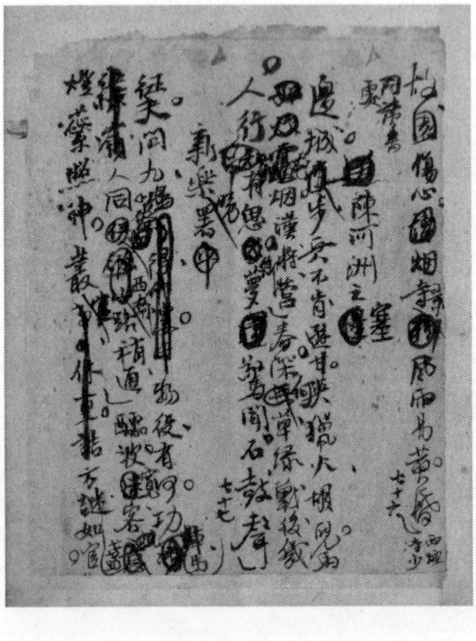

上 编　山东博物馆藏《王铎诗文手稿》册录考 | 069

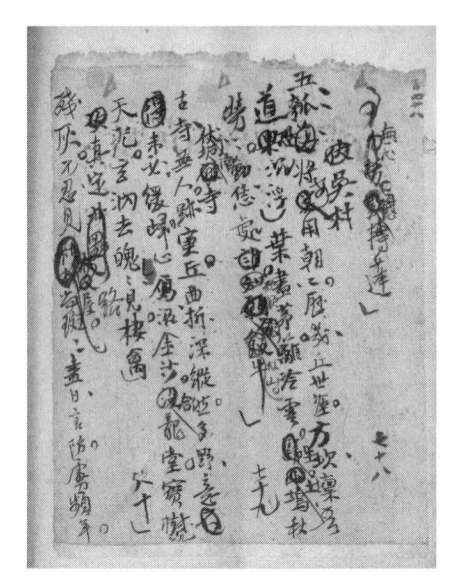

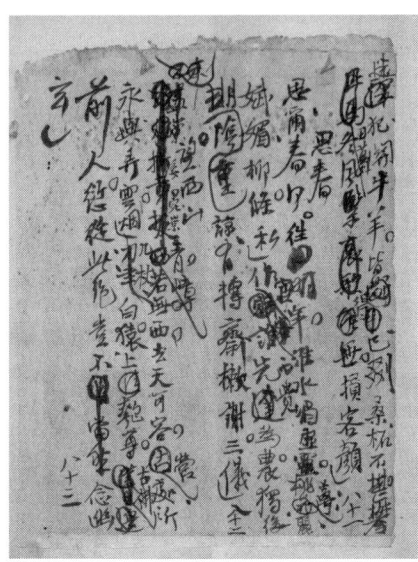

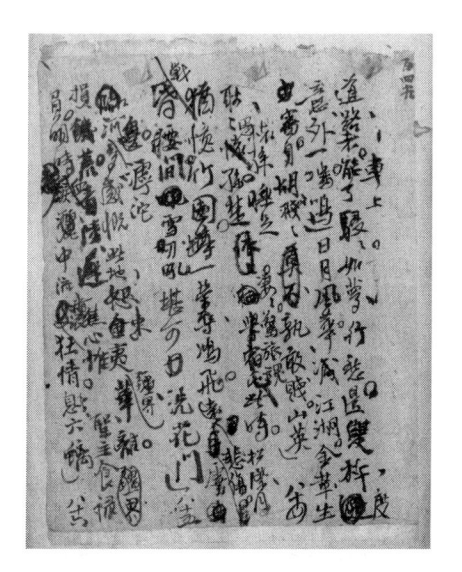

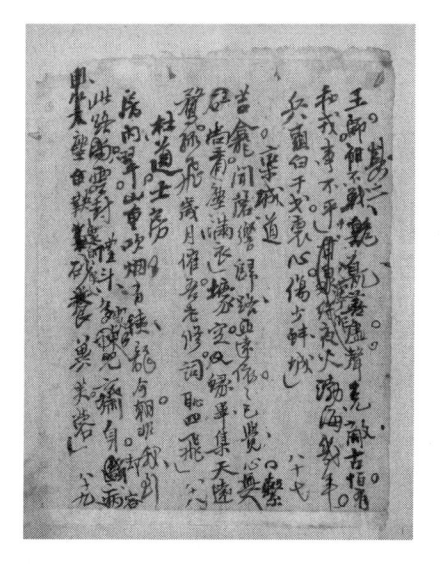

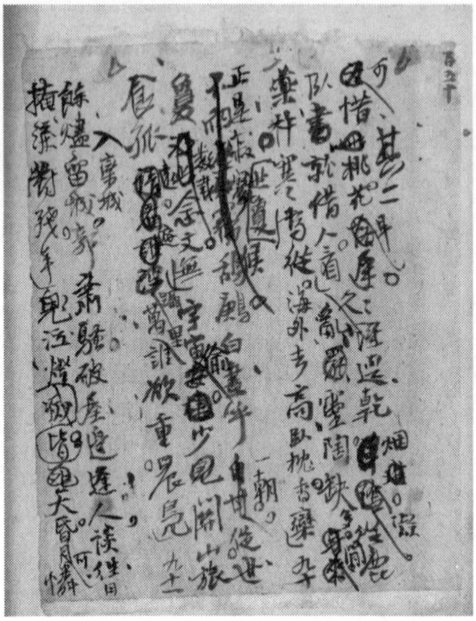

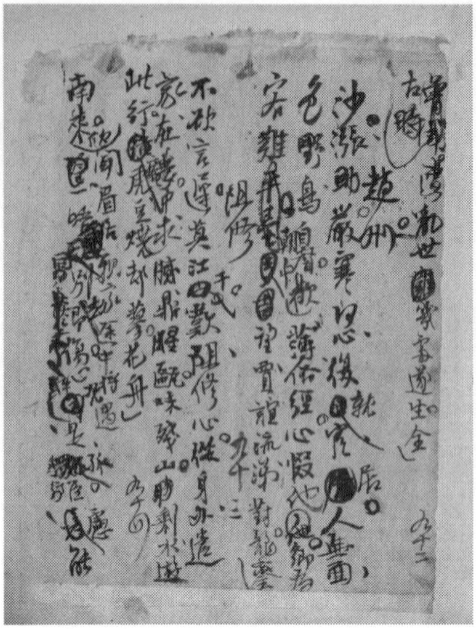

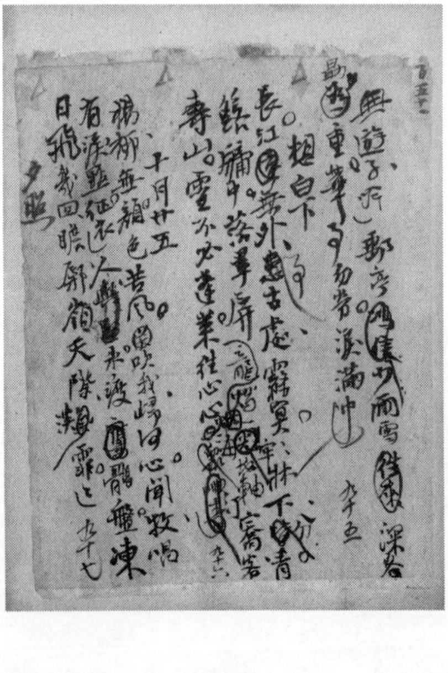

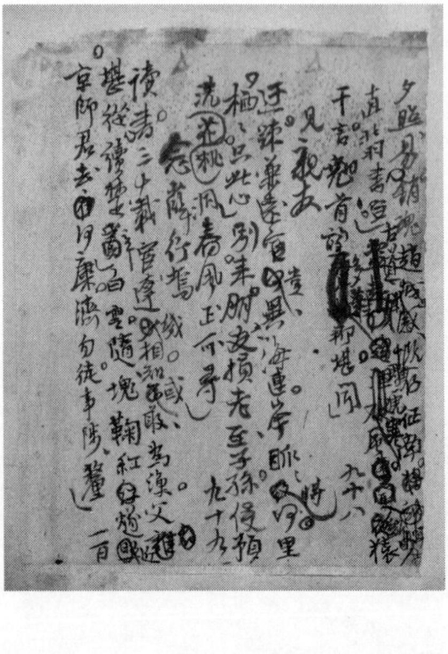

上 编　山东博物馆藏《王铎诗文手稿》册录考 | *071*

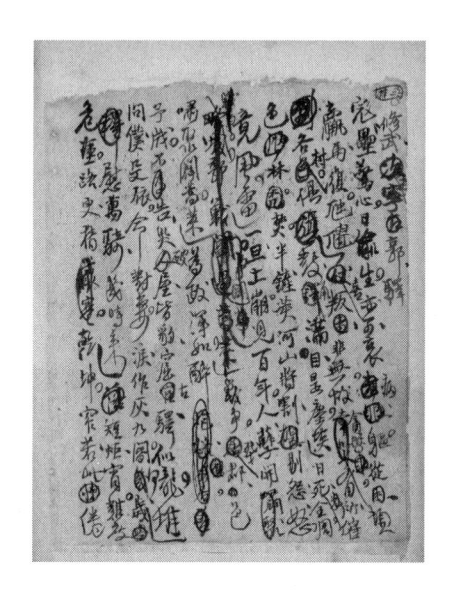

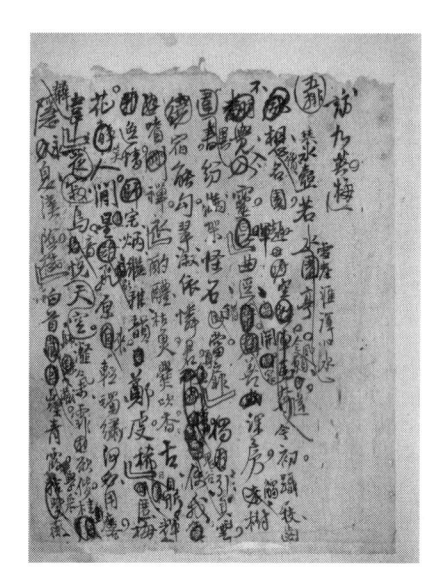

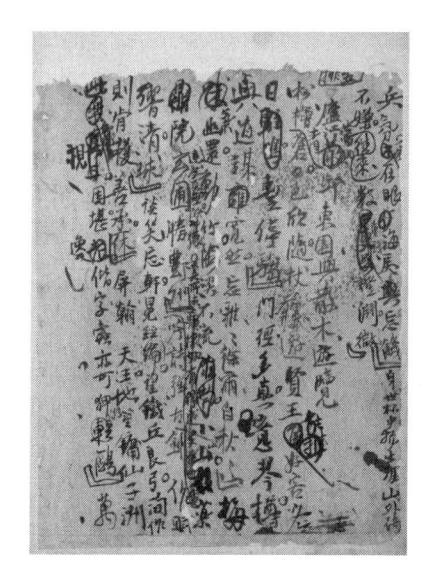

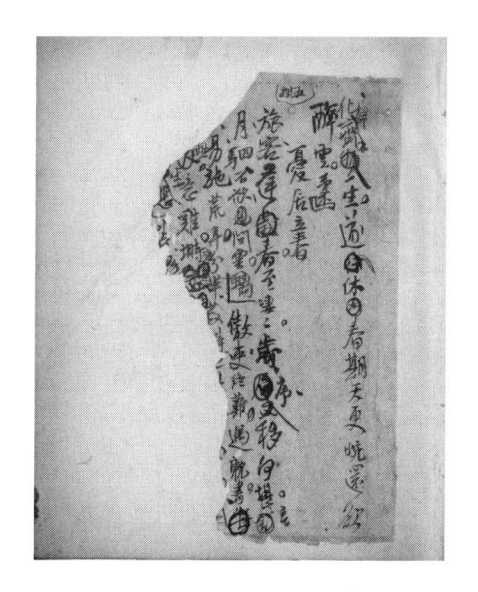

# 下编

## 王铎在庚辰

王铎出生于明万历二十年（1592年）壬辰十二月十日，去世于清顺治九年（1652年）壬辰农历二月十七日。王铎生于壬辰、卒于壬辰，他的一生和龙年或许有着某种特定的机缘吧。

人从出生开始就只能奔赴一个终点，他要沿着时间顺序来画出自己的人生轨迹。这期间无论有多少种可能的路径，但也只能沿着一条走下去，永无回头的可能。因为不能回头来过，所以每一个人的人生轨迹就有了不可避免的意味，这或许可以说是命运的安排吧。既往不可更改，未来更不可能预先安排。所以，人无论智与愚，世路也无论顺与逆，当他走到生命的某个节点时，对自己下一步的人生如何总是茫然无知的，王铎也不例外。

而在王铎身后四百年的我们，却可以轻易纵览王铎一生的轨迹，在他生命的每一个节点去前后回望，去了解他身在其中的悲喜忧欢与进退流连。追忆往昔，去审视影响他生命轨迹中诸事的因果关联，发现隐藏在其中的诸多细微端倪，自然也不是什么难事。从这个角度而言，我们或许可以比王铎更加了解他自己了。

崇祯十三年（1640年）岁次庚辰，是王铎的本命年，他四十八周岁。按照我们传统的计岁习惯，这一年王铎的虚岁是四十九岁（下文也按照虚岁来计）。庚辰岁闰正月，闰正月在历史中出现的概率很低。虽然这只是个巧合，但却似乎昭示着王铎的庚辰本命年会有诸多不平凡。

王铎的庚辰年在平淡中开启，虽然见不出与往年有什么特别的不同，但他还是决心去做出一些"改变"。

## 一 元日感怀

正月初一是一年的开头，也是易生感慨的一天。静坐书斋中，面对已经来到的本命年，王铎写下了两首五言律诗《庚辰元日》。其一："依然簪绂累，新历岁方赊。人事真如梦，春初岂是家？不思垂竹素，惟愿断胡沙。灵药终须采，何能负涧霞？"其二："为官无内务，颇惜道情稀。镇日身无止，深山云不飞。黄精经夏老，丹菌受春肥。讵谓荣禄少？跼蹐意已违。"①

困于仕途，游宦漂泊，王铎是在倦怠跼蹐中迈进了新年的门槛。战火依然随处可见，生灵涂炭令人痛惜。"宁为百夫长，胜作一书生"，王铎也曾有跃马疆场的平寇壮志，但拔剑四顾，如今不过是终日碌碌困在原处。深山烟霞、故园归隐，念念难忘却又缥缈难及。官不升也罢，俸禄不多也行，这些尚可接受。但回头想想，二十多年辛酸苦读，十九年坎坷仕路，当初的豪情愿景到今天还剩什么呢？"丹青不知老将至，富贵于我如浮云"，老杜的话是对的。折腾了大半生却猛然发现——初心已违。

一年前的这一天，王铎是在大明门上枕戈度过的。崇祯十一年（1638年）九月，新立国号"大清"的皇太极联合蒙古，从长城墙子岭、青山口南下。十月二日，京师戒严，在京的文官也被派前往城门参与守卫。王铎拖着病体守卫大明门，这一守就是四个多月，春节期

---

① 王铎撰，黄道周选：《拟山园选集》（2），台湾学生书局，1970，第724页。

间也未能休息。瑟缩在萧萧寒风当中,王铎亲眼见到北京城外兵戈满地,城中仕宦多如蝼蚁,"浊酒一杯家万里",此际的渺小与孤独感深深刺痛了他敏感的内心。这年的新年则可以在书斋中享受难得的清净,王铎在《闰正月》中写道:"昌运文明衍,非图万物滋。"① 这或许是个好兆头。他希望在新的一年里,自己能够运势旺达,万事遂意。

只是书斋中这方短暂的清净过后,孤独和忧虑随之而来。"每逢佳节倍思亲",过年本是一家老小团聚的时刻,但生逢乱世,游宦京城,年老体弱的父母尚在千里之外的老家,自己已经有三个春节没能在父母兄弟身边了。三年前由南京返回京城赴任途中,自己以病由在老家休养了近半年的时间。在那段时间里,王铎认真地为自己的归计做了打算。从南京到孟津有千里之遥,他不惜运力、人力之耗费,用车载回了两块南石,安置在自己的"拟山园"里。徘徊庭树下,悠然见南石,这是何等的景致!大热天里,他又出资请人筑造了"崭嵘山房",作为自己日后的闲居之所。转眼三年间,远居京城的他多少次梦回"崭嵘山房"啊!

故园千里,家乡久别,这一切的安排,其实都源自他这个寒门学子的人生梦想。

十九年前的天启二年(1622年)三月十八日,是个喜庆的日子。这一天壬辰科进士发榜,三十一岁的王铎金榜题名,成为河南孟津双槐里王氏家族的第一位进士。三个月后,他又被选为庶吉士进入翰林任职,这是何等的荣耀!学而优则仕,这条传统士子们的理想之路虽窄,但王铎依然成了胜出者。自幼受到大舅陈燿的影响,王铎在仕途上有着强烈的进取心。站在新起点,他渴望能一展抱负,光耀门楣。

---

① 《拟山园选集》(2),第729页。

然而在王铎初入仕途时，朝堂之上阉党与东林党早已水火不容，党争之势蔓延朝野。王铎的友人们有许多是东林党人，他们积极参与到党争之中。王铎虽与党人交往密切，但始终没有进入党系之中。他给自己的长子取名"无党"，多少表明了自己不愿参与党争的态度。所以，王铎虽然对阉党乱政表现出不满与不合作的态度，但却没有将自己陷于党争的漩涡当中。对于在夹缝中谋仕进的寒门士子来说，这是必须要有的坚忍与智慧。

崇祯登基后，即着手清除阉党，力图肃清朝政，再现大明中兴。但王朝面临着严重的官吏腐败、财政亏空、赋税苛杂等问题，百姓生活难以为继，从而激起民变，而关外的后金军队也在严重威胁着国家的安全。阉党虽除，但朝堂上的氛围并没有得到有效改善，言官们争吵无休，激烈而无原则的党争愈演愈烈。在这一时期，王铎除了赴福建主持乡试和到潞安册封六合王外，有大把的时间是在家乡休假和游历中度过的。往返途中所见各地民军叛乱和生民凋敝之状颇多，但王铎对于政事则少有参与。崇祯六年（1633年）五月间，王铎通过户部尚书侯恂向首辅周延儒私下走关系，谋得了南司成的闲职，这也是意在闲散读书的保身之举。终于在崇祯八年（1635年）八月，王铎被命署南京翰林院事，年底举家抵达南京，度过了一年多的快意时光。崇祯十年（1637年）二月，王铎离开南京，回北京赴任詹事府少詹事，途中便道回到孟津，在老家盘桓了半年多时间。大约九十月间，方才返回北京。

崇祯十一年（1638年）正月十四日，王铎升任詹事。一向谨言的王铎一反常态，将对时局的忧虑郁结之情转变为言行上的激愤慷慨。在经筵上讲《中庸》时，他在崇祯皇帝面前痛陈时局：近年来民间的光景已是"白骨遍野，人肉相食"，而政府还在催征加税，赋外加赋。民不胜赋而亡命绿林，现今只忧兵乱而不忧民生，天下如何不会大乱呢？其言辞激切亢厉，出言不讳，让崇祯帝龙颜大怒，左右大臣也都为之震恐。好在皇帝体谅了王铎的危言极谏之心，并未予治罪，但他的言行已经将自己置于杨嗣昌的对立面了。杨嗣昌时任兵部尚书，在内忧外患之际力主与清议和而专力剿灭农民起义，加征赋税用以强兵，深得崇祯帝的信任与支持。其实，崇祯接受杨嗣昌的策略也是无奈之举，国家财政尚不足以支撑军费，如果不加征赋税怎能支撑国家运转？与清议和，这样可以先腾出手来解决内部的农民军叛乱之患，或许这是王朝度过危机的最后机会，所以他决心支持杨嗣昌来搏一把。但是群臣并不买账，他们沉浸在天朝大国的幻想中，认为与清议和就意味着向夷族小邦低头，有失国体气节，并且加征赋税是置民生于不顾，有失爱民圣德，遂纷起反对杨嗣昌。

五月二十七日，王铎升任礼部右侍郎、教习馆员。六月，杨嗣昌为礼部尚书兼东阁大学士，入参机务。此时，杨嗣昌主导与清议和的策略已经公开化，更激起了朝臣们的强烈反对，以黄道周为首的奏劾杨嗣昌的运动更是势不可遏。而随着围剿农民军的形势向好发展，崇祯帝也逐渐改变了与清议和的想法。七月五日，崇祯帝召集群臣于平台，让杨嗣昌与黄道周来一场御前辩论。当然，崇祯帝仍然信任并袒护杨嗣昌。在他眼里，朝臣居官只求正直清名，于时政并无裨益。辩论的结果是，带头闹得最凶的、被称为"长安五谏"的黄道周、林兰友、何楷、刘同升、赵士春等一干人等被先后贬斥出京。但他们在出京之前就已清名满天下了。与黄道周的刚直激烈不同，王铎一直保持着谨慎与内敛，这一次的挺身而出显然不是王铎一贯的作风。能公开反对杨嗣昌的朝臣们都得到了天下清名，王铎也不例外。王铎上疏言与清议和之事为祸甚大，反对议和，退朝之后又与杨嗣昌相遇而张口放言、互不相让，彻底得罪了杨氏集团，有传言说他要被处以廷杖之刑。消息传来，家中大小都为之震恐，王铎好像也抱定了必死之心。事实上，廷杖这种羞辱朝臣的刑罚虽然屡见不鲜，但却极少施之于卿贰大夫。王铎身为礼部右侍郎，在卿贰大夫之列，应该无虞。果然，王铎并未受到传言的廷杖之刑，而是被罚降三级，照旧管事。王铎本来已经数次被推选入阁，这样一来，入阁之事大受影响。

杨嗣昌是孤独的，他的孤独不仅体现在与朝臣的对立上，更体现在一直信任自己的崇祯帝在政策大局上摇摆不定，不能坚定把握朝政的方向。月余后，清兵就南下临城，杨嗣昌的议和策略宣告失败。在这次清军入侵袭略的过程中，王铎的多位好友以身殉国。清军饱掠而去后，歇斯底里的崇祯帝严刑追责，对失职的封疆大吏痛下杀手，其严酷程度令朝野为之胆寒。国势飘摇如此，实在令人悲悯叹惋。

崇祯十二年（1639年）二月，薛国观代刘宇亮成为首辅。薛国观，字家相，号宾廷，陕西韩城人，曾附阉党集团，宿与东林党为敌。他登上首辅宝座后再掀波澜，致使党争升级，政局愈加混乱，这引起了王铎的再次爆发。王铎在写给薛国观的信中说："……恐天下传之，谓三百年旧制败坏决裂，自韩城始。……仆实羞死。愿为深山之农，不愿为韩城之鹰鹯也。……仆爱门下以德，望门下为萧、曹、房、魏，不望足下为贾似道、卢杞一流也。"[①] 他的这番挖苦指斥，自然与心底的悲愤失望之情相关，但也彻底表明了他与首辅大臣的不合作。不合作的结果就是晋升无望，此时同年张四知借助薛国观的力量成为东阁大学士，而王铎离入阁仅有一步之遥，却也就此止步了。

---

[①]《清代诗文集汇编》编纂委员会编：《清代诗文集汇编》（6），上海古籍出版社，2010，第577页。

王铎虽然在与权臣的对立中挣得了一些清名，但他实在没有黄道周那种凛然、忘我的决心与气质。既然过得很不顺心，那就请求归养吧。在这两年当中，王铎以身病为由接连三次上书请求归养。王铎病虐的开头是在南京任上，从那时起留下了病根，此后时时卧病。崇祯十一年（1638年）十月间，王铎守城御寇，因雨雪风霜导致旧疾复发，甚至吐血昏迷。他在《臣疾复发放归事》中述及父母书至忧思成病，急盼归家奉养双亲，悠游于家中园林以调养身体。此时正值清兵临城，以小病请求归养显然不会得到批准。他又再次上书请归，这次除了把自己的病情说得更加严重之外，还特别提到父母年高病情加重，实在让自己忧心思虑而无心于公务，只想速速归乡，在双亲面前尽孝，但这次请归依然没有得到批准。崇祯十二年（1639年）八九月间，王铎第三次上书请求归乡。这次上书请归，他把自己的病情说得极为严重："不意八月初十日夜，口吐血水，昏迷不省人事。次日稍苏，心动目眩，昼夜不寐，饮食不进。延医生赵、陈诊脉，皆谓臣病后过劳心血，湿气、冷气深入骨髓，颇有性命之忧，必需数年静养，非旦夕所能疗也。……臣病在骨髓，痰火不断，四肢浮肿，伏枕呻吟，如坐炊甑，以沟壑不保之命，喘息待尽，茕茕邸中。若复不知自止，恐朝露之躯，不得遂首丘之愿。……臣自度性命莫保，而又徘徊一官，是臣务图报之名，而阴行其恋位之实也，慕位忘身，臣何人斯！"[1] 病体既已不堪为用，所以"不得不哀鸣于君父之前"，恳求、乞求致仕归养。即便如此，王铎的哀鸣乞求依然没有得到崇祯皇帝的垂怜和批准。三封乞休之书上罢，照例就不能再上了，王铎只好暂且作罢。当然，崇祯皇帝明白王铎的心思与情绪，形式上也温情慰留了

---

[1] 参见王铎手稿《奏为剧病日深旷职是惧恳乞天恩赐臣回籍调理微躯事》，山东博物馆藏。

一番。在第三次上书之前，王铎已经担任了礼部左侍郎。明制尚左，左侍郎的职位是高于右侍郎的。王铎任礼部右侍郎一年多，在被罚降三级的情况下还能再进一步，想来这便是来自皇帝的安慰了。患病或许只是个由头，三次上书请归期间，他宴饮挥毫的兴致并没有受到多大影响。他接连请归，其实是在表达对政坛时局的忧虑与不满罢了。这种策略在王铎仕清以后也没少用过，"然常称病，病辄杜门数十日，友人以酒肴谒，则剧谈达曙"。由此看来，多番称病真的只是个由头而已。

　　仕途已然如此多舛，家事则更令人伤怀。崇祯十年（1637年），王铎的五弟王镡和侄子王无骄相继离世。崇祯十一年（1638年）冬，王铎又连丧两女：十一月十七日，第四女王佐以痘殇，年五岁；十二月二十二日，次女王相卒，年十六岁。在王铎的子女之中，王佐最为聪慧，也最受他喜爱。在王佐短短五年的生命中，曾受到过多次惊吓：先是随王铎宦途辗转，在黑石关马车遇险而受到惊吓；再因王铎上疏言边事得罪杨嗣昌，传言要被廷杖，家人、奴仆都担惊受怕，王佐更是受到惊吓；又因奸细燎火药，烟焰突起，地室撼动，王佐被乳母拉出，颠踬大惊；"医人曰（王佐）受骇深矣，方死犹怖。"而这一切都是身为父亲的王铎所带来的。功名迟滞，又不能早退，这是为父之失，他又如何能于自责愧疚中自拔呢？次女王相早年许字同年张鼎延的次子，本已到了出嫁的年龄，却因跟随王铎宦海漂泊、阻于战乱而未能完婚。"非予宦不致此，予之尤之憾，其何释与？"这又让王铎难以释怀。"二十二日女死，临死作一诗，握予手曰'命也'"[①]，

---

　　① 《清代诗文集汇编》编纂委员会编：《清代诗文集汇编》（7），上海古籍出版社，2010，第423页。

此情此景如何不让王铎痛贯心肝、长叹自责呢？两个女儿皆已归葬孟津故园，而王铎仍滞留在京城。在两位女儿祭日的十几天前，王铎写道："……女病亦寻常，竟尔以病死。……旧衣不欲观，旧言犹在耳。入庭似汝在，呼之则误矣。……汝埋孟津原，汝魂安所倚？"[①]病体迁延、仕途倦怠、游宦漂泊、哀戚思念，一一涌上心头。

本命年之际，在古人看来需要诸事小心，但求平顺，王铎此时决心小心谨慎行事。回北京三年来，在朝堂上言辞激切，直斥权贵，这让王铎的仕途进步大受影响。家中接连的变故和自己绵延不愈的病情，也似在暗示着自己正处于人生的逆境当中。从这一年开始，王铎一改往日在朝堂上的作风，不再有太多的言语，凡事淡然处之，这是不争的事实。在正月试笔的一件《韩文公答李翊书》小楷书作上，王铎钤有一方"用晦"朱文印，正是韬光养晦之意，也透露出他要收敛锋芒、小心处世的新年之愿。

日子匆匆而逝，王铎生命中的第五个龙年在庚辰岁开启了。

## 二 元宵欢会

### （一）"八仙"聚散终有时

此"八仙"并非传说中的八仙，只是王铎与七位同年对自己小圈子的雅称而已。

元宵节这一天中午，陈演召集了一个同年聚会。陈演本来就是个喜欢联络的人，又刚刚升任了礼部右侍郎，升迁逢佳节，可谓是喜上

---

[①] 参见《本集初》五古卷十一《思二女》。

加喜，便由他来做东了。席间，蒋德璟写下了《上元，掌院陈赞皇招同觉斯、絅存二宗伯，素公宫詹，印渚、中幹二宫坊小集》四首，其一云："星宿挨随十九年，重来款宴尚依然。直从瀛岛开三径，若算纶扉是八仙。"①诗中所提到的"八仙"就是指宴会上的陈演、王铎、黄锦、王锡衮、李绍贤、南居仁以及蒋德璟七人，还少一位，就是蒋德璟在诗尾注的"时阁中有张费县，亦同年"。这位张费县叫张四知，是此时"八仙"当中最大的官。

在依次介绍诸位"仙人"之前，我们不妨先来了解一下"八仙"的来路。天启二年（1622年）壬戌科进士共有四百零九名，其中选为庶吉士进入翰林的只有三十六人，"八仙"都在这三十六位翰林中。能进入翰林可是非同小可，在明代"非进士不入翰林，非翰林不入内阁"，要是想入阁当大学士，必须先当庶吉士进入翰林，这是科班的正途。当然，崇祯帝认为此举压抑了各方人才，使得高级官僚长期脱离于实际，不利于解决朝廷所面临的重大问题，后来他在用人上也努力去打破这一规矩。即便如此，这"八仙"在当时也绝对算得上是精英中的翘楚了。

虽然如此，"八仙"这个小圈子却几乎不为外人所知，它的由来或许只是一次酒桌上的戏言。酒酣之际，在酒桌上给大家取个雅号，本来是不足道的，但这不妨碍我们来认真地考证一番：其一，它产生的时间还很短。李绍贤和南居仁是前一年年底才返回北京的，由此可以推测大家聚在一起雅号"八仙"的时间，最早也就是在一两个月前，甚至可能是从元宵节这一天才开始的；其二，他们并非同年翰林中感情最近的，相反，他们中政见或有不同，且官职各异，各自的为

---

① 蒋德璟《敬日草》卷十二。

人更是有霄壤之别。"八仙"大概从诞生之初就已经走向分散了。

蒋德璟在诗中言："星宿挨随十九年，重来款宴尚依然。"这是对他们同年之谊的珍视。能在同一年登科成为进士，这是莫大的人生机缘。这年是他们通籍第二十载（虚数），为纪念这个特别的年份，南居仁也在张罗着刻《壬戌进士题名碑》。陈演招集元宵节的"八仙"聚会，当然也是为了拉近同年感情，进一步维护这个小圈子的团结。

但是，通籍二十年来，他们每个人的人生遭际不同，宦途浮沉也各异。当时的"八仙"当中，官职高者已经位居一品，而低者尚在六品徘徊。随着世事变迁，在此后的末世乱局当中，他们还会经历更大的荣辱浮沉，人生境遇也将富有太多的戏剧性变化。"八仙"的确在晚明的政治舞台上各自扮演着重要的角色，他们身上所折射出的也是末世翰林们的仕路缩影。

"八仙"不是铁板一块，从他们此后的经历和结局来看，可以分为截然不同的三种归途：刻意钻营者如张四知、黄锦，淡然守志者如蒋德璟、王锡衮、黄锦、李绍贤和南居仁，王铎则是与众不同的第三种。但在当时的情形下，王铎还是应被划归到守志者的行列，他对此后所要面对的人生荣辱无丝毫察觉。我们不妨按照前两类来划分"八仙"，以更好了解他们不同的人生遭际，同时也可以考察一下他们在王铎心目中的位置。

## 1 刻意钻营的"二仙"

（1）张四知

"张费县者"，即张四知，字诒白，号岩叟，沂州府费县人。张四知同王铎一样，也是出身寒门，以苦读取得功名，自然非等闲之辈。崇祯十二年（1639年）五月，张四知拜为礼部尚书兼东阁大学士，正一品大员，是"八仙"当中官职最高的一位。张四知的入阁之路颇经历了些波折：崇祯十一年（1638年）六月廷推阁臣时，张四知的名字赫然在列，这出乎很多人的意料。给事中张淳极力弹劾张四知在任祭酒时贪污，险些阻碍了他的仕进。张四知当廷极力辩解，说自己不是党人，保持中立，廷臣们是因嫉妒他才恶意中伤的。崇祯帝最讨厌拉帮结派，此前温体仁入阁之时就以"我不结党，所以孤独"的说辞打动了崇祯。张四知也用了这一招，并且依然相当奏效，"帝意颇动"。另外，权相薛国观也在背后支持操作，为张四知说了不少好话，才最终使他得以如愿入阁。

张四知此前的履历和王铎大致相同，从入籍之初，二人就共同选为庶吉士进入翰林一起共事：天启四年（1624年）正月，张四知与王铎等得授检讨；崇祯八年（1635年）八月，王铎被命署南京翰林院事，在南京度过了一年多的时间。此间张四知任南京国子监祭酒，二人共同游历南中胜景，结交当地官员，张四知也为王铎的《文集》作了序言。这是二人交往比较密切的一段时间。崇祯九年（1636年）十二月，二人同时受任詹事府詹事。崇祯十一年（1638年）正月，张四知为礼部左侍郎，协理詹事府，王铎为詹事。也就是从这次任命开始，张四知的职位开始高出王铎。五月二十七日，王铎升任礼部右侍郎、教习官员，职位依然在张四知之下。八月，王铎因奏劾杨嗣昌被降三级。崇祯十二年（1639年）五月，张四知升任吏部尚书兼东阁大学士，入直文渊阁。王铎任礼部左侍郎，应该就是接替了张四知空出来的职位。

张四知能在仕途上扶摇直上是有原因的，像这次入阁就是得到了首辅薛国观的力挺，很显然，他早就和薛国观攀上了交情。而王铎就不太"精明"了，崇祯十二年（1639年）年初他在《与薛韩城牍》里对这个新任首辅一顿痛斥，让薛国观很是恼火，从此结下了怨仇，到元宵节这天也一直僵持不下。张镜心评价王铎耻于以心机技巧构陷人，也确实不具备这个能力。这是非常准确的。本来他可以不必与薛国观公开唱反调，但"夫实有缺，乃曲情为媐耶"？这是王铎的本性使然，不吐则如鲠在喉。

此时张四知飞黄腾达，作为薛国观队伍里的人，和王铎的关系也就自然产生了微妙的变化，当然这种变化也在"八仙"里显现出来。这天元宵节的"八仙"聚会聚齐了七位，却单单少了张四知这位大仙，个中原因也颇值得玩味。

当然，张四知的仕途辉煌并不意味着他的人生之路就一片光明。这一年秋天，薛国观被调查处理。这虽然没有影响到张四知的大学士位置，但他在大学士任上碌碌无为，只是"庸劣充位而已"，遭到给事中马嘉植，御史郑昆贞、曹溶等人的屡屡弹劾。弹劾连续不断，但张四知还能在大学士的位置上稳居数年，不能不说是受到了崇祯皇帝的"袒护"。在崇祯皇帝在位的十七年间，表现最为活跃和"敬业"的文官当属言官。但弹劾来弹劾去，朝政却愈发不可收拾，崇祯逐渐失去了对言官的信任。在执政的后几年，崇祯怀疑所有言官的举动都有党争势力做幕后推手，干脆采取了"务抑言官"的态度，凡斥免大臣之言概不采信，谁被弹劾得多，谁的地位反倒越稳固。如是，张四知在大学士位置上待了四年，到崇祯十五年（1642年）六月，皇帝才终于看清了他的无能，令他致仕让位。躲过了甲申国变时北京城里的劫难，张四知降清，并谋得了济宁道御史的职位。但为时不长，张四知即被弹劾处死。

同为"八仙"中人，王铎与张四知的交情谈不上亲密，甚至只能说是淡淡之交。崇祯十五年（1642年）夏天，王铎在听闻张四知被弹劾致仕的消息后，写信与同年挚友张镜心谈道："众正汇升，阳道昌亨，天欲拨乱为治，故机局转至此耳。"①很显然，王铎认为张四知被参劾是"天欲拨乱为治"的表现，丝毫没有透露出对这位同年、同僚"不幸遭遇"的惋惜之情。到了顺治三年（1646年）张四知被弹劾处死之时，王铎也已降清并接受任职，以礼部左侍郎管弘文院事。对于张四知的死，王铎不可能不知晓，但我们看不到他有任何的反应。而在几乎同时，黄道周在南京殉难的消息传来，王铎则有诗《吊质公石斋》哀悼："回头交友多零落，棘路芜途泪湿巾。"②同样是同年之死，王铎悲悼人生殊途的黄道周，而对"降清同道"的张四知却不置一词，两相比较，轻重判然。除了王铎对自己降清之后形象的回护考量之外，我们也不能否认，王铎与张四知二人之间的淡漠与疏远。

（2）陈演

当天酒局的召集人陈演，字赞皇，四川井研人。就在这个月，陈演被提拔为礼部右侍郎，协理詹事府。

平日里王铎和陈演的关系谈不上特别亲密，此时陈演成了王铎在礼部的同僚，且是刚刚提拔的新人，为人又谦恭热情，他们自然会走得近一些。其实，陈演这个人工于心计，长袖善舞，这可是王铎不太了解的。而陈演接下来将要实现自己仕途的五级跳，恐怕就更是王铎所始料不及的了。

陈演一当上礼部右侍郎，就想方设法地结交皇帝身边的太监，为

---

① 王铎手稿《与人书》，北京故宫博物院藏。
② 王铎撰，黄道周选：《拟山园选集》（6），台湾学生书局，1970，第2742页。

自己的仕途进阶铺路。崇祯皇帝有个习惯，就是每次选用阁臣时都要亲自发策询问考核。而陈演早就暗通太监获取了策问内容，提前做足了准备。四月间廷推阁臣，待到崇祯发问之时，果然陈演的回答丝丝入扣，独合帝意，当廷就被拜为礼部左侍郎兼东阁大学士。崇祯十四年（1641年），陈演又被提拔为礼部尚书，改文渊阁大学士。崇祯十五年（1642年），陈演又加太子少保，改户部尚书、武英殿大学士。其间虽然遭到言官弹劾，陈演也"乞求"罢官归里，但崇祯皇帝坚持予以优旨慰留。还是那句话，谁被弹劾得多，谁的地位就越稳固。崇祯十六年（1643年）五月，首辅周延儒去位，陈演成为首辅，并以城守功加太子太保。周延儒罢官后，陈演就成为崇祯最倚重和信任的人了。以前趋附周延儒的朝中小人都纷纷来到陈演身边。当此国势危如累卵之际，陈演于国事无所筹划，只是忙着受贿而已。崇祯十七年（1644年）正月，陈演再加少保，改任吏部尚书、建极殿大学士，达到了他人生辉煌的顶点。

陈演的进阶之路简直就是个奇迹。他为人刻薄，才疏学浅，却扶摇直上，位极人臣，实在是王朝的灾难。在他达到仕途顶点之际，李自成在陕西称王，东进逼近山西。危亡之际，朝臣廷议撤回宁远的吴三桂来守山海关，以策应京师，这是非常之时的非常之计。崇祯的心里也动摇了，但陈演反对，结果错失了时机。等到局势恶化到必须撤回吴三桂之时，远水已难救近火了。李自成马上就要兵临京畿。陈演深感畏惧不安，以疾病为由请求致仕归养。失望至极的崇祯答应了他的请求，还给了他足够的恩遇，可谓仁至义尽。但群臣们义愤填膺，蓟辽总督王永吉，给事中汪惟效、孙承泽等人都坚请治陈演的罪。陈演向崇祯辞行，自谓辅佐无状，其罪当死，崇祯咬牙切齿地说："汝一死不足蔽辜！"将他骂出门去了事。陈演带着一大堆金银细软，影响了他出逃的步伐，结果被攻进城的李自成部将逮住。陈演为求活命，愿献银四万，四月八日即被释放。但到了十二日，李自成要出城抵御吴三桂，尽杀诸大臣，陈演也在其中被害了。

陈演身为末代首辅大臣，其德不足以配位，身死而气节全无，徒留笑柄而已。

在庚辰这一年，王铎当然不能知晓陈演以后的种种不堪，还是与他保持着密切的交往。十月，王铎离京之际，也特别作诗与陈演告别。离乱之际，地覆天翻，王铎与陈演的人生交集也很快就走向终结了。

## 2　淡然守志的"六仙"

与张四知、陈演这两位已经和即将飞黄腾达者不同，王铎的另外五位"八仙"同年的仕途并不顺利。当然这种不同并不仅仅体现在他们当时的官职品衔上，更体现在他们的人生方向和性情品格上。在晚明的政治乱局当中，他们都能保持文人士子的刚毅清正，成为滚滚浊世当中的一股清流。人品既高，志趣又相投，他们就自然成了王铎的挚友兄弟。这六个人交往非常密切，也只有在这个小圈子里，王铎才会把更多的心里话说出来。入仕与归隐，抱怨与期许，他们有着共同的心曲，彼此诉说，也更容易引起心底的共鸣。

（1）蒋德璟

蒋德璟，字申葆，号八公，又号若椰，福建晋江人，时任礼部右侍郎。时廷议限民田，蒋德璟上言"民田不可夺"，是为百姓生民计。崇祯十四年（1641年）春，杨嗣昌卒于军，蒋德璟上言"杨嗣昌聚敛加征，导致天下民穷财尽，群盗四起，应追其罪"，也表明了他一贯的政治立场。十五年（1642年）二月，值国家用人之际，蒋德璟请召还陈子壮、倪元璐等忠臣；六月，廷推阁臣，蒋德璟居首位,擢为礼部尚书兼东阁大学士。时首辅周延儒与吴甡各树门户,蒋德璟立身中正,不屑阿倚。此间黄道周召用、刘宗周免罪之事,也多靠蒋德璟之力。十六年(1643年),改任户部尚书、太子少保、文渊阁大学士。十七年(1644年)二月,国事倾颓在即,蒋德璟再言减饷之事,崇祯震怒,蒋德璟遂引罪辞官,移居城外。北京城陷后,蒋德璟逃亡南下。福王立于南京,招其为阁臣,蒋德璟自陈三罪坚辞不赴。南明隆武元年(1645年),唐王立于福州,招为阁臣,不久以足疾辞归。南明隆武二年(1646年)九月,蒋德璟病卒。

蒋德璟为人骨鲠刚直,深为王铎所敬重。自入翰林之初,王铎即与蒋德璟、倪元璐齐名,鼎峙词林。二十年来,二人意气相投,感情笃深。这年,二人同在礼部任职,分任左、右侍郎。公务之中、闲暇之时,他们都能相伴相随,或同访故交,或相约把盏,交往尤其密切。

秋天得闲时,王铎和蒋德璟结伴而行,一起到京郊的浣花庵游历驻足了数日,并打算同到友苍上人处一叙。蒋德璟早岁就与西方传教士艾儒略交善而入教,成为耶稣教信徒。与王铎到寺院游历访僧,应与其宗教信仰无关系,纯粹是为了游历散心。历来文人多愿与高僧晤对,暂时放下俗务的缠扰,在寺院幽静的环境中谈禅论道,启迪心智,荡涤心胸。

王铎与友苍上人私交甚好,浣花庵是他们常去之所。步履所至随行随止,每次前往都意兴悠然。只是这次友苍上人外出云游不在寺中,拜访叙谈之事未能如愿,让二人觉得有些失望。失望也当作一桩美事吧,王铎和蒋德璟分别赋诗记了下来。

王铎《浣花庵同八公》诗意为:"朝游浣花溪,暮宿浣花庵,秋色满眼,如在白龙潭。与八公对几赋诗,举杯畅叙,明月当空,此乐何极！钟声杳杳，绿烟漠漠，上人不在，知向何边？"并赋五律《同八公访友苍浣花庵中不遇》数首，其一诗意为："晚蝉之噪刚刚静下来，佛龛之外烟景霏微。今天我们再次来访，上人外出游历依然没有归来。上人的棕衣静静悬挂，悠然的磬音中清机无限。天光渐晚，我师未归，实在令人怅然。"其二："于高士同行拜会，不意上人不在寺中。书画经卷罗列石床，寂然无人会。礼佛读谶，我心已识飯鹭，焚香静坐，来者亦是高人。嗒然忘身，复有何叹？青春美好，既往勿念。"其三："庭边惟有鸟迹，深坐于此，万事纷纭不在眼前。边疆战事犹频，静处佛堂思念上人。函中经卷自含烟气，瓶中净水满贮溪云。花风漫吹，真意自在其中，又何必言语赘述？"①

蒋德璟步王铎之韵和诗，作《觉斯邀访浣花庵友苍上人不遇次韵》，正可见两人此时的心境。其一诗意为："寺门里蝉声稀微，恰如这梵音幽远。佛堂闲坐，体味这归来的秋意。庵中秋色漫漫，如在白龙潭边的清凉。万千风物里见万物初生时节，离欲之际自然会得玄妙天机。来访不遇，不必失望，乘兴而来，兴尽而归，又与相见何异呢？"其二："做官的人哪有僧人活得闲适？哪能时时闭关静修？我们只是忙里偷闲来消夏，转回头又要处理尘俗事务。桌几间怪石嶙峋，佛塔高耸如山。钟鸣幽远令人入定，心绪归处只在莲叶间。"其三："一塔矗立凌虚空，不知何人造化？传佛法者不立文字，心源开处自见佛心。寺中天机清旷，暂把万千俗务放下，随意行止，白云涤荡我胸。来此即是灵山，此中真意勿令逋客知。"②

此行，王铎另有几首诗写给蒋德璟。《兰若呈八公》诗意为：

---

① 参见王铎手稿《同八公访友浣花庵中不遇》，山东博物馆藏。
② 参见蒋德璟《敬日草》卷十二。

"偶得闲暇，与八公同过友苍上人禅房，尘世不远，幸有此处可寻。放下尘世杂务，自然就得到了心灵的清虚。世人大多轻视藏拙守朴之人，而八公独重散淡无欲君子。泯灭分别心，怡然自适，远近亲疏又有何异呢？"《留与霍溪》诗意为："八公是我的挚友，他的心事别人哪能知晓？我们相邀出行问道。君子役物为我所用，内气充盈，静默观照，足可审视人生。辗转仕路数十载，人生行止，当自有依归处。晚来天宇澄净，皓月当空，且静听空水潺潺。"《偕八公咏》诗意为："秋烟环绕，市声不远，心地无为，天地别开。山中风雨后，与兄同登佛寺，惟见白日映照，空寂无声。寂寂寥寥，悠悠淡淡，醍醐灌顶，心地豁然。遥想虎溪三笑，千载而然，何以滞留宦途、倦且不返？"[1]

（2）王锡衮

王锡衮，字龙藻，号昆华，别号素斋，云南禄丰人。蒋德璟诗题中言"素公宫詹"，知王锡衮此时已任詹事府少詹士。崇祯十三年（1640年）四月，王锡衮被提拔为礼部右侍郎，接替了陈演的位置。十四年（1641年）秋，尚书林欲楫出视孝陵，王锡衮以礼部左侍郎掌管部事。十五年（1642年）林欲楫还朝后，王锡衮调任吏部左侍郎。尚书李日宣下狱，王锡衮升任吏部尚书。时崇祯帝感念母后，打算以食素事佛来表达孝心和哀思。王锡衮上疏规谏，言语哀切，请求皇帝以国事为重，保重身体。崇祯深受感动，王锡衮加官一等，直讲筵。十六年（1643年），王锡衮丁忧归乡，躲过了甲申国变时的祸乱；国变后，王锡衮变卖家产，招募义勇抗清。唐王立、永明王立，都拜王锡衮为礼部尚书兼东阁大学士，但时局已无可挽回，王锡衮坚辞不

---

[1] 参见王铎手稿《兰若呈八公》《留与霍溪》《偕八公咏》，山东博物馆藏。

就。顺治四年（1647年），王锡衮忧愤而死，谥号忠节，加谥文毅。

王铎与王锡衮一别近三年时间。崇祯九年（1636年）腊月，王锡衮任南京国子监祭酒，见到了在南京翰林院事任上的王铎。但次年（1637年）二月，王铎就离开了南京北上，二人在南京相聚仅有两个月左右的时间。这次他们重逢，再聚又是何时呢？

（3）黄锦

黄锦，字孚元，又字存、絅庵，广东海阳人。黄锦博学能文，熟谙当代典故。天启六年（1626年）正月，黄锦与王铎、郑之玄相约辞修《三朝要典》，触怒阉党而不惧，体现出史官的凛然气节。崇祯十年（1637年），王铎返回北京，与黄锦同任少詹士，充经筵日讲官。在十一年（1638年）春的经筵上，王铎讲《中庸》言语太过激切，触怒了崇祯，而接下来黄锦讲《尚书》又声细而哀，同样让崇祯不悦。二人显然有一致的动因，那就是充满了对时局的忧虑与关切。四月，黄锦与王铎同进少宗伯。冬日，黄锦转任知制诰副总裁、吏部左侍郎。十四年（1641年），因王铎丁忧不能赴任，黄锦补南京礼部尚书。见政局已不可挽回，黄锦力辞入阁之请，以病乞归。甲申国变，黄锦哀痛不已。第二年（1645年），唐王立于福州，黄锦任礼部右侍郎，升尚书加太子太保。后抗清无果，黄锦归回山林隐居读书，不与清廷合作。康熙十年（1671年），黄锦终老山林，年八十三岁。

（4）李绍贤

李绍贤，字印渚，山西蒲州人。聚会的一个月前，李绍贤刚从老家返京，任左庶子，只是五品官员。李绍贤仕途不显，为人亦淡然自处，与王铎私交颇深。

崇祯十三年（1640年）秋，李绍贤的母亲去世，王铎作《蒲州李母挽歌》二首以致哀悼。九月一日，王铎为李绍贤的父母撰并书

《同卿慕劭公洎夫人合传》册。李绍贤的父亲李养质，字涵淳，一字从朴，号慕劭，万历十四年（1586年）进士。李养质官至陕西左布政使，崇祯五年（1632年）二月以劳瘁卒，享年七十一。李养质去世后，洛阳老者李邦宁到孟津，哭请王铎为之撰《洛阳令蒲州李公生祠碑》："当李公之自洛令为给谏也，洛人即祠而碑之矣。未几劾田珰，家居八年。补工部，迁大吏。又若干年，迕魏珰。珰败，起磁州兵备道，陟陕西左布政使，……以劳殁。……予叹曰：人有诚死有诚不死也哉！"王铎历数李养质为政之勤：万历十六年（1588年），洛阳大饥，人相食，李公省民财、立药舍、招医士、给仓粮，救百姓于水火，所活者以万千计。李养质离开洛阳已有数十年，当地百姓依然念念不忘他的恩德，要为其建生祠纪念，这大概是对他最高的评价了。所以王铎感慨"闻公之殁，哭而祠之，再筑而碑之也，不亦宜乎？……又安见五六十年死生异途，垂白之老衔泪而改卜，再为血食也耶？"①李养质去世后，王铎并有《悼函淳李年伯》诗，表达了对老人的崇敬与哀念之情。

  王铎为李绍贤父母所撰的合传，既是二人友情的见证，也大约见证了他们的最终别离。八月李绍贤回乡丁忧，十一月王铎的父亲去世，王铎也随即去职丁忧。李绍贤后官至户部右侍郎。十五年（1642年）五月，会推阁臣时，李绍贤在列，但未获提拔。后不知所终。时代鼎革，天各南北，挣扎在历史的漩涡当中，人生交集的终结只能在不期然间了。

  （5）南居仁

  南居仁，字思敦，号中幹。南居仁为人孝友温恭，能扶危济困。

---

① 《清代诗文集汇编》（7），第356页。

崇祯十二年（1639年）七月，南居仁被任命为左中允（六品）。其父南企仲曾官至南京吏部尚书，当时已致仕归养于乡里。南居仁不以仕进为念，大约也是"不与寒门子弟争位"，淡然处之而已。

王铎与南居仁私交极好。二十年来，二人虽然相聚不多，但牵念函问不断。渭南南氏家族声名显赫，六世间出过十位进士，是当地的名门望族。王铎与南居仁的兄长南居业、族兄南居益也都有很深的交情。

一别十余年，王铎与南居仁这年年前才得以重逢。在接下来十个月左右的时间里，两人的交往尤其密切。这中午的酒席散罢，王铎再邀南居仁和李绍贤到家中坐坐。三人促膝一叙，其乐融融。闲谈之际，南居仁请王铎为自己的友人朱珣挥毫作书，王铎自然是马上应命。笔墨备好，王铎在两米多长的板绫上款款叙来："吾闻朱君瑷度雅好文，吾未觏其度。南中幹兄过斋，同李蒲州印渚兄谈诗观文，颇洽甚。既为中幹友，应自嘉，又何必必觏始书也。"与兄弟闲叙之际挥毫最为惬意，即兴遣毫如轻松漫谈，纸尽则已，这也彰显了王铎的本事，不经意间巨幅通条便一挥而就。这种用情用意的书作必然是心手双畅，绝非泛泛应酬者可及。王铎另为南居仁临王献之《安和帖》行草轴，亦率意挥洒，尽显兄弟之情。

二月间，国子监祭酒南居仁张罗着选石材刻碑，以纪念壬戌科进士通籍二十年（虚年）。二十年来，大家宦迹南北，天各一方，相聚是短暂的，别离则是常态，更有一些同年已经离世，让人唏嘘感慨。刻碑是他们纪念活动的重大举措，既为了联络大家的感情，更为了传之久远、流芳百世。南居仁自然是把撰文和书写的任务交给王铎来完成。

夏日，王铎新得肇庆端石，隐然间有山林之气，是发墨的上品。

因受山水滋养，石质温润可人，暗藏云龙之气。王铎令人制成佳砚，相伴案首。无论是灯下草奏，还是在晚钟里沉吟赋诗，佳砚都可以激发雅兴，是难得的文房雅玩。砚石佳且寿，更荫古堂松，吉祥寓意也在其中了。王铎将此砚赠与南居仁，可谓是用心了。

秋日，王铎与蒋德璟到浣花庵一游，南居仁因事没能同去。山中景物佳，寺里乾坤大，王铎很遗憾南兄没能同去，相见时自然要絮叨一番。王铎有诗云："山中景物和畅，峰回路转所见各异，实在是动人心扉。山石草木，处处皆有会心。夜宿山寺闻风，朝看野鹿隐隐，直欲作农夫野老长居于此。体悟道经五千言，可得长生炼神魄。景物遍览，即得充盈之气，气既充盈，即可荡涤万有，清虚自观。"①

七月初三，是南居仁父亲南企仲的八十岁寿辰。六月下旬，南居仁的学生陈君、魏君、胡君就早早地请王铎为其写贺寿的序文。南年伯过八十大寿，这可是南家的大喜事，王铎也非常重视。王铎赶在南企仲生日之前，洋洋洒洒写下一千六百余字的贺文，好好表达了一下自己的心意。

德高寿长者必有天佑。南企仲，字伯稚，号玄圃，是万历八年（1580年）庚辰科的进士。自南企仲考中进士已有六十年，"通籍六十年"那也是一件了不起的事情。上天护佑老人家高寿，那是因为他多行善事："兵者弊之以御侮，饥者弊之以粮糗，骼者弊之以楦木，涉者弊之以舟杭，驿者弊之以驰驱，……城郭山薮林麓之人，无不被其惠殖。"

南企仲通籍后，念祖母年高，请求回乡奉养。时值首辅张居正任职，无人敢请求终养。南企仲的行为自然是触怒了权臣，但他凛然不

---

① 参见王铎手稿《自山归为思敦述》，山东博物馆藏。

屈；后任职文部考功、文选、稽勋，四年间政绩斐然。万历二十六年（1598年）后，南企仲在吏部任职，因得罪权奸削籍归。此后二十六年南企仲都不得起用，然侃侃之名已动于中外。天启初，南企仲起为太常卿，为避阉党而自请任职南京。崇祯元年（1628年），南企仲任南京户部尚书。南企仲在任期间革除积弊，开源节流，为国家财政解决了许多问题。崇祯二年（1629年）因兵饷事，南企仲面责魏国公徐弘基，令其以国家大义为重，凛然正气令徐氏折服。后为南京吏部尚书，"逾自修饬不阿倚"，清名满朝野。南企仲立朝六十年，不习巧进之术，不贪私贿之利，不惧权势之威，所以他得高寿是"孝于亲，惠于里，施于政"的结果。

南居益、南居业、南居仁等人都是当朝栋梁，这都离不开南企仲的德行庇佑。像南氏这样的名门世家，在历史上也是极少见的。王铎与南氏兄弟亲如手足，对南企仲执礼甚恭，视同自己的父亲。序文用心用情，并作《赋华山为南年伯介眉》："曾见华山绢素间，幻化拱立出云烟。渭南相望几席物，一杯对酌自欣然。南翁时时骑白鹿，修髯大啸秋云边。"① 这都可见他对年伯寿辰的重视。

崇祯十五年（1642年）闰十一月一日，王铎举家避乱行至江苏，收到了南居仁寄赠的隶书诗扇。此时南居仁已经致仕，不久即离开人世，卒赠礼部侍郎。崇祯十六年（1643年）十月，李自成攻陷渭南，威逼南氏供饷一百六十万，南企仲不屈骂贼死，南居业和南居益亦绝食而死。南氏一门忠烈，浩气永存。

十一年后的顺治八年（1651年）六月，王铎祭告华山毕，途经渭南时，独饮于南居仁的瀑园故居。故人已亡，物是人非，王铎赋诗

---

① 《本集初》七古卷四《赋华山为南年伯介眉》。

叹曰："他人有此地，不善取高霞。……辋墅思今昔，非徒哭此花。"①七月间行至凤翔时，王铎也专程前往南企仲的墓地凭吊。次年（1652年），王铎即在孟津老家去世。可以说，王铎对南居仁的深厚感情一直延续到了他生命的最后一刻。

王铎与蒋德璟、王锡衮、黄锦、李绍贤、南居仁志趣相投，感情至深。在十月份王铎离京之前的这段时间，他们的交往非常密切：

李绍贤的家是同年们常去的地方。正月二十九日雪，王铎与蒋德璟、南居仁退朝后并马同行，一起到李绍贤的斋中饮酒赋诗。酒酣之际，王铎挥毫泼墨是必不可少的。在兄弟圈中当众挥毫，自然少了平日里应酬的心思，激情一点即燃。绢素成卷、嘉墨成池，睁醉眼、捻巨管，小豁胸中之气，更能把宴会的气氛推向高潮。蒋德璟在诗中记到："从观泼墨同惊剑，绝爱非花数点杯。附火寒梅嫌不吐，梯空写竹更欺梅。"此夏某天，王铎与南居仁再次到李绍贤斋中聚谈。李绍贤回京的时间虽然不长，但已经把小园子打理得很有意趣了。园内各色绿植环绕，再摆放上几块奇石点缀，就颇有些山林的意趣了。劳生消夏，这当然是个好去处。三个闲人往这一坐，捧上一樽酒慢慢叙来。醉眼看花，相期华山之游，以云泉养幻身，深感禅道才是人生真正的依归。

同样是在夏天，王铎过访蒋德璟，叙谈之时王锡衮也来了，三人把酒畅叙多时。回到家后，王铎有诗四首，问讯蒋德璟、南居仁、王锡衮、李绍贤、黄锦诸同年。所思所想随笔记来，真切反映了王铎此际的心境。其一诗意为：天气炎热异常，我们已数日不见了。暗香浮动月黄昏，正好与诸位兄弟笔谈。清虏至义州，守边将士登城御敌，

① 王铎撰、黄道周选：《拟山园选集》（3），台湾学生书局，1970，第1452页。

辽东前线的局势再度紧张起来了。我们又能做些什么呢？对边事之忧不敢忘怀啊！其二：兄弟们感情融洽，时时相邀喝上一杯。掩门一聚，暂且放下身外杂事，稍安勿躁。但值多事之秋，身为士大夫又怎么能置身事外呢？善言为公，为国进言，忧瘁头白又有何妨？其三：我实在是拙于世故，但愿自守岩穴之志、不违本心而已。虽说知音难觅，但也不疑初心。雪猿云鹤、山林岩泉，思之令人心醉。然世事微茫，终不知何所依归。其四：我虽寒微，但耻于雕虫小技，志趣只在力追古人。旅宦劳顿令人心力疲倦，微薄的俸禄也让人愁闷难安。高官厚禄我是难以得到了，但名山访道之志弥坚。商芝虽寒微，得上天眷顾而有清名，我心在岩穴，愿与之长相为邻。"①

同游当然尽兴，不能同游也要诗文函问。夏日里，王铎与巩弘图自山中归来，宿在巩弘图的园林。次日一早园中游罢，王铎即作五律四首，柬问蒋德璟、国华诸位朋友。巩氏西园近山，遍植绿竹，清虚幽静。王铎诗言："西园黎明，翠色阴阴，竹林间道路明灭，晴空上白云漫飞。芳草馥郁，莓痕处处。随意行止，自有真意。昨日与巩君山中归来，已是夕阳西下。不意君有如此园林，可与远山美景相抗。人语寂寂，架列古书，钟鼎彝器点缀其间，琴声绕梁时到耳畔。居于此间，视听皆潇洒，风骚独会，巩君自是高旷人。徘徊不忍去，且邀花篱侧、石桥边，兄弟们把酒一醉吧。"②

十月，王铎将赴南京礼部尚书任。临别之际，王铎有诗赠别王锡衮，并柬蒋德璟、黄锦等诸位在京的"八仙"："独怜淡漠久，不解别离中。"这次别离与以往并无不同，但挥手一别后，大家天各南北，

---

① 参见王铎手稿《柬八公、中幹、昆华、印渚、緺存》，山东博物馆藏。
② 参见王铎手稿《过巩弘图鸿园，柬八公、国华》，山东博物馆藏。

又有谁知道数年之后的江山易鼎、人生殊途、生死两隔呢？

"八仙"只是他们同年圈子里的小圈子，因为特定的人生机缘而走到了一起，或许也曾共同寄托过许多人生期许。但人生各异，聚散也本是常事。这一段不为人们所关注的"八仙"往事，早已湮没在历史的尘埃当中了。偶然翻出，再次走进他们的离合聚散，或许也会平添一段人生感慨吧。

## （二）赏灯

元宵节这天，王铎可是够忙碌的。中午参加了"八仙"的聚会，又邀请南居仁和李绍贤到家中论诗挥毫，不觉间就已到了傍晚，他还有个同乡的酒场要去参加呢。

明朝时过元宵节有特别的规定，从正月初八上灯后要一连张灯十夜，到正月十七才落灯，是历史上最长的灯节。而真正的高潮是在元宵节这一天，皇家也要组织盛大的庆典来赏灯，增添节日的气氛。虽然国势飘摇，但元宵节该有的气氛还是要有的，重头戏当然就是这晚的赏灯了。

赏灯的宴会是袁枢安排的，地点就在袁枢的西斋，参加人员还有王铎与李梦辰。人已聚齐，有必要先介绍一下李、袁二位。

李梦辰和袁枢都是河南睢州人，是王铎的同乡。

李梦辰，字元居，崇祯元年（1628年）进士。他的父亲李汝成官至光禄寺署丞，叔父李汝华曾当过户部尚书。李梦辰虽然生于富贵之家，却无纨绔恶习，为人清介刚正，素喜诗书。他在兵科给事中和吏科给事中任上均能廉洁自持，后被怨家所构陷而罢官归里。两年后的崇祯十五年（1642年）春，农民军攻打睢州，罢官在家的李梦辰散尽家财招募兵勇抵抗，事败被抓，不屈自尽，是条铁骨铮铮的汉子。

袁枢，字伯应，又字环中，号石寓。他的父亲袁可立官至兵部尚书，为官刚正不阿，是位忠臣廉吏和抗金名臣。袁枢二十五岁以父荫得官，美仪观，多大略，颇有父风。对于科举一事，袁枢尝言："大臣子不当与寒士以科目竞进。"也就是说，袁枢具有科举之才，为了不与寒门仕子争名额，才放弃科举而以任子就选。

王铎与袁枢的交情密切而绵长。二人的交游大约始于王铎中进士时，王铎在《兵部尚书节寰袁公夫人宋氏行状》中写道："予为史官时，盖与夫人子户部山西司主事袁公石寓讳枢周旋晨夕。"[①] 他们二人能这么早就"周旋晨夕"，还要从袁枢的父亲袁可立说起。袁可立是天启二年（1622年）壬戌科的主考官，按照习惯，这一年的进士都要拜袁可立为座师，执弟子礼。因此，王铎算是袁可立的学生，又是河南同乡，关系自然就更近一层。袁枢比王铎小八岁，王铎对老师的独子、自己这位小兄弟关爱有加，也是情理之中的事情。其实除了这层关系，袁枢本人也是个非同小可的人物，他工诗文书画，精于鉴定，家中收藏相当丰富。袁可立和董其昌是同年，也雅好收藏。袁枢从小受父辈熏陶，眼力天分既高，手底的笔墨功夫又好，早就负有盛名。在他的家藏中，如荆浩、关仝、董源、巨然、黄公望等名家画作皆为世人所重，当朝名公笔翰更是举不胜举。董其昌去世后，他的"四源堂"名画也转为袁枢收藏，更充实了袁氏的家藏。自袁可立至袁枢，再到袁枢的子辈，袁氏家藏在明清之际绝对称得上是首屈一指。王铎出身寒门，虽然具有极高的天分，但到他三十一岁考取进士之时，所能见到的古人真迹是非常有限的。他的取法范本也多为《集王圣教序》《淳化阁帖》等当时习见的拓本。与袁枢交往，王铎得以

---

[①]《清代诗文集汇编》（7），第490页。

见到袁氏所藏的诸多名家真迹，在鉴赏品评之余，也极大地提高了自己的眼力和艺术水准。而袁枢也由衷地尊重王铎，不仅与他切磋鉴定技艺、交流思想，更是钦佩他在诗文书画上的精深造诣。王铎为袁枢精心创作了许多书画作品，连同他的信札等，都被袁枢留心珍藏了起来。袁枢还斥巨资集刻了《石仙堂帖》，来大力宣扬王铎的书法。人生相伴同行、感情相依，袁枢在王铎生命中的分量是自不待言的。

崇祯六年（1633年）八月，王铎为袁枢作花卉册，款云："王铎。癸酉八月灯下三更半，可以不画而画者，亦谓之疣。"① 从中可见他作画时的率性状态。九月，王铎与张鼎延、袁枢三位同乡同饮于京中报国寺松下。并为袁枢行书《自作诗》绢本册，款云："王铎。癸酉九月夜，用圣教、兴福、夫子碑，为环中老亲契。"王铎过访并住宿在袁枢于刑部街的书斋，论诗画，咏斋中海棠；袁枢又过访王铎绿雪园，王铎为之作山水一幅；王铎数次以书信致袁枢，谈及袁枢所藏米芾书作的装帧和题跋等，并为其藏砚作长歌，袁枢则以佛手柑和绫扇等赠送王铎；王铎又作行书诗卷赠送袁枢，款云："幸赐和章，将刻入海内交游唱酬一帙，迟必罚也。"② 十月，袁可立病重，袁枢回乡省亲，王铎有诗《送袁石寓省觐》。十一日，袁可立病卒，王铎为作《太子少保兵部尚书节寰袁公神道碑铭》③，并真书《尚书袁公像赞》，以致追思之情。

崇祯八年（1635年）七月，袁枢的母亲去世。王铎为作《兵部尚书节寰袁公夫人宋氏行状》，述老夫人善心义举，并致追悼之情。

---

① 王铎《花卉》册，见《王鐸の書法》册篇。《王铎年谱长编》，第250页。
② 王铎《自书诗》卷，见叶元封摹刻《湖海阁藏帖》。《王铎年谱长编》，第256页。
③《本集文》卷二十六《太子少保兵部尚书节寰袁公神道碑铭》。

十一月，王铎携家人赴南京，途中有诗《怀袁石寓兼呈元居》，有句云："乖离已数年，望望在远道。远道多寇患，之子力为保。……""缄书千里至，寸心挚以微。君今枕块中，念我还依依。……"① 由此可见他们之间的牵念之情。

崇祯十年（1637年）十二月，袁枢父母合葬，王铎为正书《明资政大夫正治上卿兵部尚书节寰袁公偕配诰封夫人宋氏合葬墓志铭》，款署"通家乡眷生王铎顿首拜书丹。"（按：通家之好，指两家交情深厚似一家。"乡眷生"，是对他们乡情、亲情的真实写照。）

崇祯十一年（1638年）秋，袁枢丁忧期满，奉使宁远饷军。王铎作《送袁环中郎中奉使宁远饷军》为之壮行："……宁远郡告饥。选才干者往理之，皆畏其危，图其安，而不肯往。袁郎中石寓公枢乃慨然不辞。公曾破产散金守睢阳而睢守，今又不辞。"②

崇祯十二年（1639年）八月，王铎病起，为袁枢临《九成宫》正书卷，款云："石寓老亲翁改指。已卯八月灯下，临欧阳询《醴泉铭》。痴庵王铎。"③ 并有诗《投石寓》。冬日，袁枢归自宁远，王铎有诗《夜坐，袁石寓时从宁远入都》，其中有"此聚何容易？回头非少年"④等句。慨叹时局变乱、年华易逝。并作《袁石寓诗序》，盛赞袁枢功业诗文曰："……一御寇，再御边，以为石寓只此乎？不几负其胸次之磊落哉，则果足以知石寓欤！"⑤

这年（1640年）闰正月，春寒料峭，王铎为来访的袁枢作山水

---

① 《本集初》五古卷四《怀袁石寓兼呈元居》。
② 《清代诗文汇编》（7），第64—65页。
③ 王铎手稿《临阁帖》，首都博物馆藏。
④ 《本集初》五律卷十七《夜坐，袁石寓时从宁远入都》。
⑤ 《清代诗文汇编》（6），第16页。

画,并题五律于其上曰:"春至留寒意,阳山气乍晴。人来如有约,水伏欲无声。……"①春日,王铎与袁枢、薛所蕴雪中饮酒,作长歌咏袁枢所藏陈道复花卉奇石幛子。五月里,王铎到袁枢斋中小叙,观袁枢所藏杜衍《仙山楼阁图》,并作跋于绫边。还是在五月间,袁枢赠给王铎一件瘿木杯。瘿木是指生有"瘿结"的木头,有一种病态美,制成杯子可作文房雅玩。王铎对这件瘿木杯很是喜欢,赞曰:"狂来每每欲浮家,得尔悠游卧紫霞。……梦里相携挹与注,九疑云内有胡麻。"②诗歌咏之不足,王铎还书写《瘿木赋》册页来表达谢意,闲中信笔,自得别样风致。陈夔麟评曰:"气息顿挫沉郁,笔端似有千钧之力,而气敛神完,锋芒不露,的确是经典之作。赋中好用古字,文奇字亦奇,古意盎然,览之如对商周鼎彝。"③六月,王铎再为袁枢作《欲往石经诸胜不果》行书轴。

袁枢居处不远,可以时时往还。秋凉无事,二人谈书论画,当然是最惬意的事情了。王铎有诗《贻石憨》云:"深居不出户,了却官家事。一日之间自有盈虚,此正天意使然。展卷翻览,忙无暇时,非为他故,正是为了可以与君频相见。观君山水疑为北岳神迹,而花鸟走兽则得南庐三昧。袁君自有金石癖,数日不登门,便要打发童子跑来,借我的碑版,镂你的石书。"④袁枢赠端砚一方,极精雅,深合王铎砚癖之意。王铎以七古作答:"我本具砚癖,君赠佳砚正合我意。有此佳砚相伴,可甘心沉浸于诗书之中,不复以公卿为意矣。佳砚忽

---

① 《本集初》五律卷十七《予为石憨作山水画遂题于隅》。
② 《拟山园选集》(6),第2741页。
③ 参见陈夔麟《宝迂阁书画录》卷二。《王铎年谱长编》,第568页。
④ 参见王铎手稿《贻石憨》,山东博物馆藏。

来，端溪之胎，喜而作歌，意兴徘徊。……"①

十月中旬，王铎有诗《长路语石寓》辞别："叠折赴江门，冒寒销旅魂。何时居石窦？随意卧云根。杀气长天蔽，笳声大陆昏。所亲篱畔水，不欲隘乾坤。"②对袁枢这位小兄弟，旅途中的王铎再次吐露出自己渴望归隐的心曲。然而此次一别，兵火遍地，他们也要各自经历一段无法预知的人生逆旅了。

崇祯十六年（1643年）二月，王铎携家避乱至南京，因芜湖兵乱，欲往吴门访袁枢。三月，王铎至吴门，与袁枢同游阳山诸胜，榜书"仙坪"以刻石，并题袁枢所藏巨然《层峦丛树图》："层岩生动，竟移参泉、日华诸峰于此，明日别浒墅，心犹游其中。王铎题为石寓亲契。癸未三月夜，同观者吾诸弟与朱五溪，时雨新来未滂，吾占验，诸占否否。崇祯皇帝十六年。"③四月，王铎与袁枢、张定志、徐波等同游天池、天平、支硎、莫厘峰、虎丘、太湖诸名胜，灯下为袁枢作《苍雪精舍诗》行书卷。并为袁枢跋所藏顾恺之《洛神赋图》。五月，王铎举家离吴门，袁枢于舟中远送，依依惜别。行舟中二人同饮，王铎为作《雪景竹石图》，并跋袁枢所藏董源《潇湘图》、吴镇《画竹》卷。六月二十四日，王铎有诗《喜立秋，然舫中如甑，书其所历》《舟中投卣臣、石寓》。十月，祁彪佳到访浒墅关，袁枢拿出了王铎的书迹与祁彪佳共赏，足可见出他对王铎书画的殷殷推举之情。

南明弘光元年（1645年）五月，王铎在南京列名文武献城降清，跌落到人生的最低谷。七、八月间，王铎挐舟访袁枢于水中楼不遇，

---

① 参见《本集诗》七古卷七《石寓寄奇砚歌》。
② 王铎手稿《长路语石寓》，见《王铎诗稿卷》，日本骎骎堂，1959。
③ 王铎跋巨然《层峦丛树图》轴，台北故宫博物院藏。

怅然在诗中写道："君向何处去？但见云烟满路石螭虬。……在家定留举觞回白眼，仍使奴子清讴弦箜篌。"①王铎心里非常清楚，对于自己的"失节"，袁枢会以白眼相对。但即便如此，袁枢如果在家，也依然会留自己举觞赏乐的。八月，王铎将往北京，临行前有诗《料前路告石寓、芝三，不胜黯然》曰："颠毛丧乱今凋尽，痛哭三垣夜夜看。"②其情哀切，令人动容，但他又能否得到袁枢的理解和同情呢？文献未记，但袁枢当面谅解他的可能性并不大。九月四日，袁枢去世了。根据田兰芳《前明分守河南大梁兵巡道布政司右参政兼按察司佥事石寓袁公合葬墓志铭》所云："……行至杭，而天兵已渡江矣。公返卧白下，阅两月，竟以疾卒。"③知袁枢返回南京大约在七月间，卧不见人，忧愤而死。人生两途，王铎赴北京时，袁枢也未必会有送行之举了。时代鼎革，生死两途，一切都成过往了。

五年后的顺治七年（1650年）夏天，在京城颓唐度日的王铎忽然梦到了袁枢。醒后，王铎在《梦石寓子》中记道："忽然同寤语，花木晚相依。静处寻虚白，行来上翠微。扫坛星宿摘，越海蜃龙飞。醒后悲时事，悠悠生死违。"④两人的悬隔又岂止阴阳呢？梦醒之后的悲凄，大约更是王铎对自己人生遭际的一声长叹吧。

袁枢、李梦辰和王铎相处得非常好，二人虽然是世家子弟，却对进士出身的王铎尊重有加，把他当成可敬的大哥。袁枢、李梦辰二人品行端正，日后以悲壮结局而收场也证明了其凛然气节，二人家族延续下来的基业在当时也颇具影响力，王铎没少受他们的恩惠与眷顾。

---

① 《本集诗》七古卷三《挐舟访石寓水中楼不遇》。
② 王铎手稿《料前路告石寓芝三，不胜黯然》，北京中汉2012年秋拍。
③ 《（光绪）续睢州志》卷十《艺文志》。
④ 王铎撰，黄道周选：《拟山园选集》（4），台湾学生书局，1970，第1803页。

漂泊在外，游宦京城，能有这两个清雅脱俗的小兄弟陪伴左右，对王铎来说当然是莫大的幸福了。

每逢佳节倍思亲，三兄弟把酒观灯，谈诗论书，很有过节的氛围。王铎有诗为记："书室尘相远，先春夜著花。漏深若有际，月正更无涯。兵弱忧心醉，音灵道器赊。娑婆龙马里，九坐忆风华。"[①]

## 三 清明咏叹

### 大风歌

过了正月，年就算过完了。但是这一年正月过完，跟着又来了个正月，这可是很少碰上的事，但过年的气氛却是一丝一毫也没有了。

从崇祯十年（1637年）开始，全国遭受大旱。这场大旱持续时间长，影响范围广，其危害程度是五百年来所未见的。干旱最初集中在北方，河北、河南、山西、陕西、山东等省份都连旱五年以上。地处干旱中心的河南更是连旱七年，而七年当中又以这年为最甚。大旱之下，瘟疫流行，蝗虫遮天蔽野，所到之处寸草不生，哀鸿遍野。

灾荒还在持续。闰正月初三这天，皇上下诏煮粥赈济饥民。京城尚且如此，其他地方就可想而知了。京畿、河南、山东、陕西等地，早已是饿殍遍野，人吃人的现象时有发生，各地都在告急，需要朝廷赈济。

朝廷财政早已是入不敷出了。无奈之下，崇祯帝拿出了自己的"内帑"来赈灾放粮。"内帑"是崇祯的私房钱，之前朝臣们已经多

---

[①]《本集初》五律卷十八《元夕与李元居饮袁石惠西斋观灯》。

次打这笔钱的主意，但节俭吝啬的崇祯对自己的钱袋子就是不松手，这次真是别无他计了。皇恩本不够浩荡，又经过各级官吏的层层盘剥，能到饥民手里的钱粮就所剩无几了，老百姓的日子还是不好过。

这种年景，老天仿佛也看不下去了。闰正月的下旬，大风和严重的雾霾又多日不止，且席卷直隶、江浙多地，到处都是天昏地暗。王铎记录了这一反常的天象，《大风行，闰正月廿四日大风震骇》："万历太平昭禁止，忆昔风伯不鸣条。……"①《苦风》："数日风为厉，阶前轻策迟。笑书兼酌酒，逃客只删诗。凋敝无鸡犬，艰虞更鼓鼙。暗吞忧国泪，能不望畴谘？"②一连数日的飞沙走石，震骇人心。时值飘摇乱世，人们很自然地将大风与国事联系了起来。万历年间承平日久，哪里见过这等天气呢？一段时间以来，王铎对公务并不积极，趁此天气酌酒消磨、闭门删诗，倒也乐得轻松。但门外是千里凋敝、战乱频仍的景象，又如何不让人心生忧虑呢？

二月十四日是清明节，大风雾霾天气已经持续了二十多天，还是毫无减轻的迹象。这种反常让人惶恐不止，王铎又作《烈风赋》以记之。

古语说"天垂象，圣人则之"。反常的天象往往被当作灾异的征兆，是上天对为政者刑罚失度的不满，这让敏感的崇祯帝心里犯起了嘀咕。二月二十七日，崇祯帝谕曰："连日来风霾大作，致土地干旱，麦苗即尽枯槁，甚至京城南郊的树木也已枯折。上天夙怀仁爱之心，这是在给我们频频示警呀。究其缘由，要么就是为政出现了太多失误，导致奸猾贪腐肆虐；要么就是刑狱处罚失当，以致豪右侵夺横

---

① 《本集初》七古卷五《大风行，闰正月廿四日大风震骇》。
② 《本集初》五律卷十八《苦风》。

生。凡此种种，都是有违天道之和才造成的。兹许文武人等直言无隐，指陈朝政利弊，以裨时政，匡扶社稷。"皇帝的焦虑不安还在加重，二十九日，又谕曰："朕于三月三日开始深居简出吃斋祷告，以祈求上苍护佑；尔等大小臣工，也要痛加修省，为国分忧。"①

崇祯帝立志作"千古名帝"。他率先垂范、事必躬亲，单就勤勉而言的确是帝王中少有的。但执政十三年来，他的中兴之志非但未能实现，国家局势也越来越朝着失控的危险境地滑去。党争纷沓、官吏腐败、财政亏空、军事败颓、内外交困、人心离乱，面对这一盘乱局，他对自己的文武臣工越来越失去了信任。在初登皇位之时，有鉴于阉党乱政的教训，他严禁内臣干政，也一度得到了文武官员们的信任和拥护。但随着对官员们失去信任，他又重新启用内臣来监视臣民、干预朝政。宦官集团的庞大早已超过了前朝，乱政现象也时有发生，这引起了朝野的强烈反对，皇帝与大臣之间的隔膜、对立越来越严重。崇祯帝自尊心极强又极自以为是，他不愿承认自己的过错，凡事只是诿罪他人，谴责朝臣误国。现在遇上了这么反常的天象，那也一定是因为"天和有伤"，于是他责令朝臣们自我检点、共同反省。而自己则要代朝臣受过，吃斋祷告，为天下黎民祈求上天。

光靠皇帝一个人吃斋念佛还是不行，连发两道谕旨之后，朝廷还得要拿出更为实质性的举动。朝廷派遣成国公朱纯臣、镇远侯顾肇迹去祭告南北郊，礼部尚书林欲楫去祭告社稷坛，礼部左侍郎王铎去祭告风雷坛。如此兴师动众，也算是以国家礼仪来祈求上苍，护佑风雨飘摇中的大明王朝了。祭告的规格非常高，但效果究竟是如何呢？我们知道，风霾天气总是要过去的，但飘摇中的国势却难以挽回了。

---

① 参见《明崇祯实录》卷十三。

其实，大明王朝气数将尽，早已有多次反常天象的警示了。前一年（1639年）二月，"庚子，晨刻，日旁有白丸，色微红；申刻，又黑气掩日，日光磨荡。久之，黑气始散。乙巳，保定天鸣"①。一个月后，清军即深入两千里，破七十余城饱掠而去。四月，已经接受招安的张献忠部再次叛乱，起兵于谷城。天象变，刀兵四起，这引起了言官们的不安，户科给事中葛枢就上书言星变，提请朝廷自省。

葛枢，字居所，一字锦阆，镇江丹阳人，崇祯四年（1631年）进士。葛枢在言官任上恪尽职守，进言也多被采纳，但这次没能赶上合适的节点。崇祯帝自幼接受理学教育，天象反常早已经在他心里留下了阴影，他也曾私下告诫锦衣卫在刑罚上要把握尺度，不要再触怒了上天。但首辅杨嗣昌对天象反常却有不同的看法，他引经据典，说历史上的反常天象并不都是灾异，有些还是祥兆，"天变不足畏"，关键是采取什么对策。杨嗣昌此举当然是在为议和政策找理论支持，但却无法让崇祯帝焦虑不安的心情缓解下来。偏偏葛枢又冒了出来，拿天象说事影射朝政，且言辞激烈。崇祯帝认为他惑乱朝堂，影响极为恶劣，一怒之下将其贬官。

葛枢因言致祸，最终受到了贬职离京的处分。一年过去了，临行之际，葛枢前来告辞并请王铎作书。国事动荡，葛枢身为言官，挺身抨击时政，虽于时局无补，但至少落得了个清名。士大夫以"名节"相尚，大凡因言被贬者都会赢得朝野清名。离京之际的唱和投赠、送别壮行活动，照例都搞得声势浩大。被贬者昂首挺胸上路，绝无落魄之感。王铎对葛枢表达了激赏之情："苦心非为己，直道果如

---

① 《明崇祯实录》卷十二。

何？……凭谁匡救力，且浅入烟萝。"①依依惜别之际，万千言语难表，唯有执手勉励："爱惜保光荣。"光荣！这大约是此际士大夫们最可珍视的个人财富了。知其不可而为之是谏官本色，回归山林更是得其应归了。葛枢此行还乡，除了带着些许的行李，还载回了满满的清名！

葛枢的身影很快消失在雾霾笼罩下的道路深处，他的事件不过是死水当中偶尔泛起的一个气泡而已，气泡裂了，连一丁点儿的声音都没有，一切又归于沉寂。风沙漫天，雾霾笼罩下的大明王朝还在酝酿着更大的危机。

## 哀思无尽时

又是清明节，哀思无尽时。王铎作长歌怀念亡友吴阿衡、孙承宗和卢象升，向他们致以深切的哀思。

崇祯十年（1637年），国内为剿灭各地农民军的战争已经进行了多年。明王朝为之投入了大量的人力、物力和财力，但叛军却越剿越多，军事上的颓势令人失望。为了扭转颓势，换帅已是势在必行，崇祯帝不拘一格，考察提拔杨嗣昌出任兵部尚书。在崇祯帝召对之时，杨嗣昌分析了内忧外患的时局，提出了"攘外必先安内"的策略，主张与清议和，先稳住边防，再腾出手来全力剿灭各地的农民叛军。与朝臣们的一筹莫展相比，杨嗣昌的战略思想深深打动了崇祯帝。杨嗣昌力主"四正六隅，十面张网"的剿匪策略，计划可谓非常周密。崇祯帝决意支持杨嗣昌，大刀阔斧地改革军事。十一年（1638年）六月，崇祯帝正式提名杨嗣昌入阁。

---

① 《本集初》五律卷十七《送葛锦闻左迁便道归丹阳》。

应该说，杨嗣昌的战略眼光的确高出时人，在随后的剿乱行动中也一度将张献忠、李自成等部逼入了绝境。但是官兵内部互相掣肘，抚战政策也摇摆不定，最终导致农民军以诈降逃离了险境，日后又卷土重来。"安内"尚且如此，与清议和也是不了了之。议和之策提出之后，朝臣们便蜂起反对，认为此举是向夷族低头，有损国体气节，是误国之举。而崇祯帝也在剿乱行动取得了初步成果后，开始飘飘然地考虑翦除清虏了。他认为清不过是王朝的属国，和番实属下策，他此时已经听不进杨嗣昌的谏言了。朝臣中就更少有人能理解杨嗣昌了，以东林党为首的反杨派又趁机给他加上了一条"通敌误国"的罪名，掀起了弹劾杨嗣昌运动，王铎也站在了朝臣一方奏劾杨嗣昌。众口铄金，一时间，杨嗣昌款虏误国的声调甚嚣尘上。

其实，关外的清政权也多次表达过愿意接受议和的意向。但在这种形势下，明方却对议和之事置之不理了。此时清政权的面积和明王朝相当，军事实力早已超出明军许多，而明朝君臣却还沉浸在自己的天国大梦里，根本看不清现实。政策的摇摆不定必然会导致时机的丧失。

杨嗣昌"十面张网"的政策虽然沉重打击了农民军，但关键时刻的犹豫摇摆又给他们留下了起死回生的余地。明王朝大量用兵于内地造成了边防的空虚，议和既无望，清军自然不希望看到明王朝彻底"安内"的局面，出兵也就势在必然了。

崇祯十一年（1638年）秋，皇太极联合蒙古部，绕过明军坚固的东北防线，向西运动上千里，从布防薄弱的长城墙子岭、青山口南下，再度入侵内地。九月，清军至密云，蓟辽总督、兵部侍郎吴阿衡殉国，鲁宗文同日死节。十一月，清军袭高阳，前兵部尚书、东阁大学士孙承宗被执，投缳而死，其子孙殉国者甚众。十二月，总督宣大、陕西军务的卢象升麾师抗清,力战死节。

吴阿衡、孙承宗、卢象升三位殉国者都与王铎交谊深厚,他们的死难让王铎为之悲愤扼腕,哀痛之情久久难以平复。

(一)

吴阿衡,字隆霨,河南裕州人,万历四十七年(1619年)进士,官至兵部右侍郎、蓟辽总督。

吴阿衡比王铎大四岁,二人是同乡,情意深重。崇祯四年(1631年)春,王铎在孟津休假期满,准备返京赴任。听闻吴阿衡母亲去世的消息后,王铎打算去裕州吊孝,但简书催发不能前往,遂作《吴太母哀辞》:"……况我辈兄弟,当蹈古人拜母之礼章,执犹子金寿之亨利。一闻凶讣,其怛恸哀缠有何如乎?……与隆霨引绋图事,圭影合善,庶几不忝儿女亲家之谊……"①从文中可知,二人早就义结金兰、情同兄弟了。非但如此,他们还有意结为儿女亲家,永续今世之好。

多年交往下来,吴阿衡的慷慨义气深为王铎所激赏。王铎有诗《简吴隆霨》:"霜斧横驱沙漠开,马兰天险护燕台。一身气激文星壮,八阵风高塞雁回。儒将旌旗真有用,建奴部伍莫相猜。勒铭选石贻长策,羌笛胡笳薄暮哀。"②此诗作于吴阿衡任蓟辽总督期间。王铎盛赞吴阿衡的儒将正气,祝愿他能建功沙漠间、名勒凌烟阁,早日凯旋。然而世事难料,吴阿衡的归来又会是怎样呢?

崇祯十一年(1638年)秋,清军从墙子岭越长城进犯。墙子岭地势险峻,易守难攻,清军蚁附攀援而上,历三日夜才进入内地。这时的清军人困马乏,如果明军能奋勇阻击,清军或许很难前进。但守

---

① 王铎手稿《吴太母哀辞》,北京保利2015年秋拍。《王铎年谱长编》,第183页。
② 《本集初》七律卷二《简吴隆霨》。

军根本没有料到清军会从这里进击，布防薄弱、斗志低迷，清军未遇有效抵抗就长驱直入了，清军很快就到了吴阿衡的防区。守墙子路的总兵吴国俊一战即溃败走密云，把正面之敌交给了吴阿衡。吴阿衡孤军被围，战败被执，大骂不止；被斫去鼻子和双足，割舌剚腹，死后仍然僵立不倒；清军又砍断了他的双膝，尸体才最终倒下。吴阿衡死得悲壮，惨烈之状令人震动！

死者何其悲壮，但关于他的死却有着太多恶语传言。据《崇祯实录》记载，墙子岭防御失当，皆因将帅擅离职守。清军袭来时，吴阿衡和总兵吴国俊正在给监军太监邓希诏过生日，二人都喝醉了。吴阿衡仓促间返回营地，但酒后指挥失措，最终导致了自己兵败身死。《明史》也说，吴阿衡是因为临阵醉酒，指挥失当才死的。事情的真相究竟是怎样的呢？我们有必要去探究一番。

吴阿衡喝多了酒仓促上阵应属实情。我们知道，酒醉之人上阵会有两个问题：一个是不怕死，会比清醒时更勇敢；另一个就是头脑不清醒，容易指挥调度失当。不幸的是，这两个问题吴阿衡都有。但问题的关键不在这里，主帅临阵醉酒是兵家大忌，他为什么会醉酒呢？是因为内臣监军，明军内部互相掣肘。当时的军事指挥权由监军太监、总督和总兵三方管理。监军太监虽无指挥权却有监督权，他代表着皇帝，是实际上的一把手。要调度官军形成合力，得先做通这个太监的工作。监军太监邓希诏按兵不动，忙着给自己过生日。作为总督的吴阿衡必须得去给他祝寿，然后请求他发兵配合。但邓希诏本来就持观望态度以求自保，大敌当前，他更是以过生日为由迟迟不发兵。吴阿衡一直陪着喝酒却看不到发兵的希望，一时间酒气上头，顶撞了监军太监。随后他一杯酒干下去摔杯而去，带着自己的少量部队迎敌去了。而约好同时进击的总兵吴国俊又怯战而逃，只剩下了吴阿衡孤军奋战。败是已成定局的，酒醉的吴阿衡选择了慷慨赴死。战后追究责任时，太监邓希诏被判处死刑立即执行，这也印证了他对战场失利负有不可推卸的责任。

壮士阵前死，偷生之辈却在捏造事实推卸责任，给死者抹黑。王铎非常愤慨，他在《兵部侍郎隆媺吴公传》一文中记道："巡抚方一藻数次遣周元忠到敌营讲和，边防疏于防范。监军太监邓希诏但求索贿不知备战，吴阿衡对之言语冒犯，让邓希诏怀恨在心。待吴阿衡孤军力战之时，邓不予救援，遂至城破兵败身死。"①死者长已矣，而朝堂之上谣言四起、黑白颠倒，他们将责任全部推给了不能再说话的死者，这又让人情何以堪？王铎必须为此奔走呼号！

王铎在《祭吴隆媺文》中言："假使臣子们都能像吴公一样去慷慨赴死，天下又何患不能扶治而除乱呢？我要编纂《明书》，为吴公立传以传之不朽。吴公的著述，我要为之传播！吴公的子女，我要为之抚养成人！"②[按：数年后的顺治三年（1646年）正月，王铎接受了清廷的任命，以礼部左侍郎管弘文院事，充《明史》副总裁。朝代鼎革，大势已定。吴阿衡是因抵抗清军而死的，王铎虽然在《明史》副总裁的位置上，也难以为他立传宣扬了。]

吴阿衡死后没有得到应有的恤葬与追赠，灵榇也一直寄放在京西的慈惠寺。崇祯十二年（1639年）秋，值吴阿衡的周年忌日，王铎到寺中为吴阿衡开棺换衣服。看到死者的面色须髯还一如生时，王铎百感交集，赋诗哭诉："报国心方妥，封侯祀典中。杲卿今足亚，李

---

① 参见《清代诗文集汇编》（7），第223页。
② 参见《清代诗文集汇编》（7），第500页。

广岂无功？旅榇千军泪，殉身一剑雄。方城嵘万代，风雨有冤虹。"①他将吴阿衡的凛然气节比之颜杲卿，然而"风雨有冤虹"，壮士只落得身后凄惨，满腔忠忱无人理会，忠魂得不到追恤，实在令人悲愤难抑！王铎所哭，既为亡友，更为这混乱颠倒的时局世道吧！

这年正月里，大雪寒天，王启睿、薛所蕴和冯子介到访，四人于斋中把酒叙谈。王铎初次见到王启睿是在崇祯四年（1631年）冬的酒宴上，在座的还有吴阿衡、许世苌、李梦辰、张应星等人。酒酣之际，吴阿衡执宝剑起舞，壮怀激烈，令人血脉偾张。彼时情景犹在眼前，而此时却是阴阳两隔了。王铎感慨万千："对酒道夙昔，酒热感伤多。初交吴隆媺，共君相吟哦。低头忽十年，世事多蹉跎。……隆媺齐杲卿，议者反苛刻。仁成复奚憾？勿哭遇坎坷。……隆媺得表扬，光气遇嵯峨。"②再次谈起吴阿衡，大家无不悲愤难抑。死者长已矣，友人们还在为他的身后事感愤难安。"隆媺得表扬"，这成了永远无法实现的愿望了。

崇祯十七年（1644年）春，明王朝土崩瓦解了。冬日，身居南明次辅的王铎上《中州死难节事》，还在期望着为吴阿衡建庙表彰，恢复名誉。但是，南明政权刚刚建立就已经濒临倒闭了，无人也无心再去纠结这些往事了。

朝代鼎革，江山易主，吴阿衡还躺在慈惠寺的棺椁中，但已无人再去过问。顺治八年（1651年）冬，王铎祭告华山毕，在归途经过裕州时，专程前往凭吊吴阿衡。然而墓地空空，吴阿衡去世已有十四年之久了，他的灵榇却还漂泊在异乡。不能归葬祖茔是对死者最大

---

① 《本集初》五律卷十六《哭吴隆媺榇慈惠寺中时开棺易衣面色须髯如生》。
② 《本集初》五古卷十《酬王玉烟》。

的羞辱与不敬，这令王铎怒不可遏。他当面痛骂训斥吴阿衡的长子："你父亲的遗骨还在千里之外的寺庙里，你的庶母已经在那守护了多少年？！你不念及亡父，不安排归葬之事，实在是连禽兽也不如！"①王铎的愤怒是可以理解的，英雄之死何其悲壮，身后之事何其悲凉，他的后人又是何其令人失望！大骂一通之后，王铎拿出了百金，严令吴阿衡的长子购置短辕，马上安排他父亲归葬之事。此后，王铎还多次写信给次子王无咎，令其予以协助，安排好吴阿衡灵柩的归葬事宜。月余后王铎即去世于孟津，这也算是他临终前为吴阿衡所做的最后一点事情吧。

（二）

吴阿衡死后月余，十一月九日清军开始进攻高阳，辞官居乡的前兵部尚书孙承宗率家人聚守城池。第二天高阳城破，孙承宗朝着京城的方向叩头后，自缢身亡。他的五个儿子、六个孙子、两个侄子、八个侄孙全部战死，巢倾卵覆，满门忠烈。孙承宗一直主张对清用兵，战功赫赫，没想到会在家乡死于清军之手，而且是如此惨烈悲壮！崇祯帝闻讯嗟悼，命所司优加抚恤。但由于杨嗣昌、薛国观等人在背地里压制，也仅仅是恢复了孙承宗的旧官，准予祭葬而已。

孙承宗，字稚绳，号恺阳，河北高阳人，万历三十二年（1604年）中进士，初授翰林院编修。天启元年（1621年）擢为礼部右侍郎，协理詹事府。天启二年（1622年）二月，拜兵部尚书兼东阁大学士，专理边防战守。战功赫赫，威震宁远，加太子太师、世袭锦衣千户。天启五年（1625年）十月，受魏忠贤排挤而解甲归乡。崇祯二年（1629年）十月，后金军入大安口，攻陷遵化，逼近京城。孙

---

① 参见彭而述《读史亭集》文卷十三《吴中丞张夫人传》。

承宗临危受命，诏以原官并兼兵部尚书驻守通州。崇祯三年（1630年）五月，率部收复永平、迁安、滦州、遵化等地，将后金军队尽逐关外。崇祯四年（1631年）正月，六十九岁的孙承宗再出山海关东巡，抵松山、锦州一线，又西巡，遍阅三协十二路返朝。所上疏论边政八事，都得到了崇祯帝的采纳。后皇太极围困大凌河，因战机贻误互相掣肘，致孤立无援的祖大寿投降后金。权臣纷起弹劾，孙承宗遂引疾辞归。到清军攻陷高阳之日，孙承宗赋闲已有七年。

孙承宗对王铎有知遇之恩，张镜心曾说："孙太师高阳公位居阁臣兼枢密要职，有知人善任之名，但不轻易推重别人，唯独对王铎另眼相看，说他一定是日后的宰相。"[①]崇祯四年（1631年）三月，孙承宗督师辽东，尝为王铎的诗文集作序，并给予极高的评价和奖掖。对于孙承宗的推举认可，王铎受宠若惊，专门呈信"指水萌心，称谢不已"；崇祯五年（1632年）五月，值孙承宗七十寿辰，王铎作《太师孙相公七十寿序》为贺，盛称孙氏的文章功业，表达了自己的钦仰追随之情。王铎对孙承宗执弟子礼，尊敬有加。他与孙承宗的儿子孙钥、孙鉁都有很深的交情，彼此间诗文往还，情同手足。

一年前，孙承宗满门殉国的消息传来，王铎为之哀痛不已，作诗文多篇寄托了对孙氏一门的哀思。

（三）

清军攻略北地，如风卷残云。孙承宗死后仅一个月，宣大、陕西军务总督卢象升也为国殉难了。卢象升的死，对明王朝来说是一个重大损失。

卢象升，字建斗，号九台，江苏宜兴人，王铎的壬戌科同年。

---

[①] 参见张敬心《云隐堂集》文卷十四《赠太保礼部尚书王文安公神道碑铭》。

崇祯二年（1629年），皇太极率军绕开了袁崇焕坚守的宁锦防线，从喜峰口突入关内，京师戒严，史称"己巳之变"。崛起于北方的后金与明王朝对立已久，但一直以来只是在关外袭扰，关内尚且太平。这一次突然间兵临城下，令明王朝朝野震动。崇祯帝一边组织京城驻军防御，一边号令各方军队赴京协防。年仅三十岁的卢象升招募了一万兵马，号称"天雄军"，第一时间赶来。天雄军能行动迅速且战斗力强悍，这令崇祯帝大喜过望。卢象升从此进入了皇帝的视野，成长为一代名将。

卢象升虽然是文士出身，但善骑射，能治军，是难得的将才。在此后数年里，卢象升的天雄军围剿各地叛军，所向披靡，战功赫赫，显示出他卓越的军事才能。崇祯八年（1635年），卢象升被擢为右副都御史，总理江北、河南、山东、湖广、四川军务，兼湖广巡抚。他治下的天雄军也成为明军中声名赫赫的铁军。

吴阿衡死后仅仅一个月，清军就再次逼近京师了。军情万分紧急，焦灼不安的崇祯帝再次想到了卢象升和天雄军。这时卢象升的父亲刚去世不久，他已经接连五次上书请求丁忧了。但国难当头，崇祯帝坚持"夺情"，三赐尚方宝剑，命他督天下援兵，与杨嗣昌共同制定作战方案。情非得已，卢象升身穿孝衣，再次跨上了战马。

卢象升和杨嗣昌可以算是明廷可用的最杰出的军事人才了，崇祯帝期望他们能够精诚合作，帮助国家度过这次危机。可惜卢象升对杨嗣昌的成见极深，囿于朋党之见，他们的合作从一开始就互相拆台。此后，杨兵部与卢督师各行其是，再加上关宁军团的监军太监高起潜从中搅局、互相掣肘，明军的战况急转直下。

清军源源不断地南下，他们的目标显然不是北京。杨嗣昌急命卢象升与高起潜部汇合，以便合力对敌。但卢象升怀疑杨与高是一伙的，不愿被他们算计安排，于是拒不从命，选择了自行出击。但分头对敌的结果，就是被各个击破。卢象升虽名为督师，但他所辖的军队却只有宣大军团而已。以宣大军团当时的兵力，上阵对敌已是捉襟见肘了。但就是这仅有的一点兵力，还要被不断分散以应付突发情况，实在是难有作为。连日的激战已是死伤惨重，卢象升开始意识到，清军的实力已经远非昔日可比了。但是皇帝又严旨切责，勒令出击，陷入绝境的卢象升深感悲愤无奈，决心以死殉国。十二月十一日，卢象升就力战殉国了。

听闻卢象升死节的消息，王铎在诗中悼念："……战骨不随江草朽，英魂犹逐蓟云飞。符鸠未唱长城折，欲问巫阳泪满衣。"① 对这位比自己小七岁的同年兄弟，王铎表达了深切的哀思。晶莹的泪光中，还依稀闪现着卢象升在京城东楼上把剑大骂权倖的情景。此情此景如在眼前，转眼却是阴阳两隔了。王铎虽然好武，时时有挥剑斫阵的豪情涌来，并多次上疏献策，但是他心里明白，与满腹韬略的卢象升相比自己要逊色得多。

（四）

清明节，王铎把笔作长歌。歌声起时，距离三人殉国已有两年的时间了。

在三人死后这些日子里，王朝所发生的事情更让人触目惊心。崇祯十二年（1639年）正月，清军破济南后饱掠而去。清军此行的目的并非颠覆明朝政权，他们只是纵马袭掠，北去的队伍绵延千里，劫掠的财物更是不计其数。清军袭掠数月，如入无人之境，狼狈不堪的明朝军队只能再次目送他们回到关外。清军退去后，大明北部疆域已

---

① 王铎手稿《吊卢九台》，《明清书法丛刊》第二卷。

是满目疮痍了。崇祯即位以来，虽然对清军作战方面较为颓丧，但还从来没有失陷过一座省城。济南城破，十三万民众被屠杀，皇室亲藩被杀被俘者无数，这是何等的奇耻大辱啊。痛定思痛，痛何如哉！悲愤交加中，崇祯帝除了大骂群臣无能、降旨惩办失职官僚之外，也只有去太庙乞求列祖列宗的原谅和保佑了。战后，朝廷对失职的官员严加惩处，大批官僚被处斩、遣戍、削级、罢官、降级。崇祯十二年（1639年）夏天，规模宏大的集体处决在北京城执行。数十位封疆大吏被一同正法，这在明朝历史上还没有出现过，一时间观者如堵。依照惯例，官员们被皇帝斩首前，需有向宫阙方向行叩头的谢恩仪式，以表示对皇恩浩荡的感激之情。可这次的情况却不同，在即将被杀的罪臣队伍中竟然有几个人破口大骂，而骂的正是崇祯本人，这真是骇人听闻！似乎一切都在表明：明王朝大厦将倾，已经难以挽回了，而曾经至高无上的皇权威信也已经空前滑落了。

吴阿衡、孙承宗和卢象升为国而死，惨烈而悲壮，但活着的人又是怎么对待他们的呢？追恤和表彰是几乎没有的，铺天盖地的诽谤和污蔑倒是紧随而至了。战场上的功败是非其实是对人性的考量，获胜者尚难免被人嫉妒而饱受攻击，战败殉国者则更容易成为推卸责任的直接靶标。

王铎在《三人歌为吴隆媺、孙恺阳、卢九台》中慨叹："孤城围逼，贼臣不救，千古颜杲卿，此之谓吴隆媺乎？父陷子死，巢倾卵覆，高阳弹丸地，怎承得起孙氏满门英魂？天雄百战，麻衣草履，帝王三赐剑，徒落得折戟沉沙卢象升。""三君之死不是死，羞煞握枢谈虎鞹。无数材官饱酒肉，白首只梦封侯相。""列位汹汹之言者，且不要再评说三人如何了。如果刀锯临头，你们的脸色又会是什么样子呢？三位都是真正的豪宕之人，是我的平生知己，哪像你们蝇营狗苟之辈只知道追求个人富贵呢？请问诸位，你们中谁肯为国舍命？你们贪生怕死活得好好的，却都跑来诽谤苛求殉国的壮士们。我只想再问一句，将来强虏来袭，你们究竟是何形象？"①

愤懑满腔骂不退汹汹小人，哀思无尽也唤不回逝去的故人。清明时节，风雨犹寒，飘摇中的大明王朝，又将走向何方呢？

## 四 月是故乡明

对于一个游子来说，家乡永远是自己的回望之地。家乡不仅仅是一个地理上的存在，还是情感上的寄托。在那里有自己祖先的坟茔，有自己的父母家人，有世代生活在那里的亲戚故旧，每一片山林居舍都承载着太多的人生记忆。

"月是故乡明"，这是游子的诗句，是绵绵无尽的乡愁。"富贵不还乡，如锦衣夜行。"飞黄腾达之人，考取功名、仕路晋升的莘莘学子，无不把衣锦还乡作为自己最为看重的事情，因为家乡有自己的祖宗和门楣。其实不论发达富贵，还是坎坷贫贱，家乡总是游子们魂牵梦绕的地方。叶落归根，家乡是根须所在，是游子们梦寐以求的人生归宿。

王铎三十一岁考取进士，此前基本上生活在孟津老家。双槐里王家世代为农，能考出一个进士是何等的光宗耀祖！王铎给家族增添了莫大的荣耀，同时也开始了远离家乡的游宦生涯。生逢乱世，要在党争的夹缝中谋求仕进，王铎的游宦之路注定充满了坎壈与酸辛。二十年来，王铎或休假归省，或顺道返乡，虽也数次回到乡里，但能在老

---

① 参见《本集初》七古卷五《三人歌为吴隆嫩孙恺阳卢九台》。

家盘桓的日子总是屈指可数。父母膝下，兄弟身边，在家的日子总是有着无尽的欢乐，而这些记忆又成为离家时无尽的乡愁。此时，仕路坎坷，父母也年高体弱了，仕途倦意愈深重，回家的渴念也就愈发强烈。

崇祯十年（1637年）三月，王铎北上途中顺道回到孟津，这次在老家住了有近半年的时间。在这段时间里，王铎打理了自己的"拟山园"，还请人筑造了"峥嵘山房"，以备闲居之用。在家虽然过得舒心，但北上赴职的日子还是一天天临近了。八月下旬，王铎整理行囊北行。对于这次北上，王铎的心里已经充满了倦意，而沿途所见兵乱饥荒的惨相更是让他难掩悲愤与哀伤之情。

自崇祯十年（1637年）九月返回北京到此时，已经有近三年的时间了。这期间，朝堂上争斗不已，自己也站在了杨嗣昌和薛国观集团的对立面，处境艰难；农民军叛乱四起，清军又一次袭略北地，国势飘摇，令人叹惋；五弟、侄子和两位女儿相继亡故，自己的旧病也接连复发，备受煎熬。三次上书请归都未获允许，"屡请不得命，岂是为渔矶？我发二三白，用事心已衰"①，王铎在给兄弟的信中吐露着心曲，进退两难，滞于宦途。

## 思乡

父母年高，家山万里，兵火阻隔，饥荒连年。京城西南方向的孟津故园，成了无法归去的地方，令王铎望断归鸿，忧思成疾。家山不可归，只能临纸感慨，遥寄相思了。

三年了，不能陪伴在年迈双亲的身边，身为人子，王铎耿耿于

---

① 《本集初》五古卷十一《与弟》。

怀。捧读家书，万语千言从何说起？王铎在春日的家信中写道："我为了微薄的俸禄漂泊在外，有家难归，每每念及双亲，实在是相思无尽。兵戈遍地，家山万里，团圆欢会又如何可得呢？梦里学莱子戏彩娱亲，欣悦之情岂可名状？但梦醒之后，徒增怅惘而已，还是祈求上天眷顾二位老人吧！我勉力做好职守，不求加官晋爵，但求能为父母增寿吧。此情绵绵无尽，千里遥拜！"①

诸弟和子侄们都在老家，王铎于家书中一一问讯。他在《与弟书》中说："千里相隔，兄弟无由得见，思念之情郁结于心。人们往往羡慕别人所得，却不知韬光养晦的可贵。我在朝廷已经数十年了，周折劳顿备尝艰辛，功名却是难成。我早已远离了家乡生活的安定自得，可又悟得了几分世间人情呢？每天见到的都是些朝堂上的公卿，与他们周旋久了，我已深知权力争斗背后的晦暗与凶险。我虽然有报国之志，但万事难为啊，还是事不关己且高高挂起吧。"②次子王无咎尚在青春之时，王铎也以诗谆谆教诲，希望他能珍惜时光刻苦攻读，时光易逝，莫待白首相催。六年后的顺治三年（1646年），王无咎考中进士，后官至清廷的太常寺卿，此为后话。

正月里，有家乡亲友来到北京探望王铎。故人相见，自然是特别亲近与喜悦。但喜悦是短暂的，亲友言及家乡离乱的惨状，令王铎不由得悲从中来。前一年朝廷多方用兵，好不容易把为患多时的民乱给暂时压制了下去，但老百姓的日子并没有得到任何改善。地方官吏的盘剥之苦远胜于民乱之苦，他们一味忙着宣扬自己的政绩、考虑自己的升迁，根本不关心百姓的死活。民乱劫余的百姓们又遭酷吏盘

---

① 参见《本集初》五古卷十《思亲》。
② 参见《本集初》五律卷十八《与弟鏞鑵镆锡》。

剥，妻离子散，真是求生不能求死也不得呀。"我别曾几时？言之惊魂魄。"家乡已是这般模样，这如何不叫人"惊呼热中肠"呢？其实，河南的大旱已经数年了，究竟还要旱到什么程度谁也无法知晓。这一年才刚刚开始，天灾还在持续，家乡更大的艰难还在后边。

春日返暖，草木萌发，正是远足踏青之时。思念家山，王铎以藤杖自况："犹记得南涧春光里，与友人携杖出游，姣红媚绿令人心醉。我内心里从不敢忘却故旧知交，正如陪伴我出行的那根家乡藤杖。而今困居京城，久不还乡，徒为浮名所累。久违了藤杖，请君不要抱怨远客，我现在是做官、游山两相错过了。飞鸟尽则良弓藏，我正如那过时的良弓，不被用也不能归，人生行藏，本与君同病相怜。"[1]家乡南山顶上的山房，四周有白云流绕，春风吹拂蓝天映照，这是何等清幽的景致呀。"我今与云长相思，尘途宦梦豁然醒"[2]，还乡归隐、还乡归隐，这个念头始终萦绕在王铎心头，经冬复历春。"春归时节，乡愁无限。流光一掷，昔日的年轻人都已经变老了，不知道那些老人们现在还好吗？每每捧酒将饮，便会念及家乡亲友，想起离别时我们的约定。约定的时间早已过了多时，我却不能返回。功名利禄呀，又到底有何用处？"[3]

王铎与马肖石、邢玉华、王德玉、王平宇、李衡岩等人的关系非常密切，大家是一起长大的故旧亲人。此前每次回到乡里，大家都会相约登高远行、诗酒言欢。现在又是春暖远游的时节，诸友远足登高，可否记得宦游在外的兄弟呢？"春风春草发，诸子自依依。酌

---

[1] 参见《本集诗》七古卷二《藤杖歌》。
[2] 《本集初》七古卷五《家南山房》。
[3] 参见《本集初》五古卷九《吾里》。

酒生情性，看山入隐微。雪山千里映，雁影数行飞。定忆京华里，花朝梦几归。"①这年冬天，王铎终于踏上了返乡的路途。归乡之路虽远，但毕竟是离家乡越来越近了。游子即将归来，自然要告知家乡的诸位好友。王铎有诗《与马、邢、王诸社友》："柏冈之下，诸君为角龙。犹忆昔日欢会，与诸君得从容之趣。列位诗才已高于袁豹，作赋也远胜士龙。盘中装满苜蓿珍味，涧外醉狎芙蓉丛中。万般绿色今已褪去了，此番回乡，且待来春吧。我们兄弟再相约，大家打算醉倒在哪个山头呢？"②王铎与马、邢、王诸位社友的亲情友谊，于此可见一斑。只是尚在归途中的王铎哪里知道，来年春天又将面对怎样的离乱景象。

王铎作七古《钓鳌篇》，寄怀家乡亲戚傅作舟和李际期，用以表达问候和思念之情。傅作舟，字伯济，是王铎三弟王鑨的亲家。李际期是二弟王镛、五弟王镡的亲家，后详。

闰正月里，各省的士子们陆续赶到了北京，准备即将开始的庚辰科会试和殿试。头天夜里王铎还梦到家乡亲友们，清早刚起来，家乡的士子们就来了。参加今年考试的老家人有李玄冲、魏德和、李际期、乔燕皇、乔乔门等人。家乡友人登门，王铎自是欣喜不已。谈及今年的考试，王铎给予这帮年轻后学们热情的鼓励和期许。寒门学子苦读多年，为的就是科场一搏，考取功名光宗耀祖。王铎自己折腾了几十年，走的何尝不是这条路呢？虽然仕途坎壈，自己心灰意懒，但他明白科考是读书人的唯一出路和正道。"咫尺即霄汉"，金榜题名时的荣耀与改变，他是深有体会的。所以，他热切期望这年对家乡友

---

① 王铎手稿《寄题龙山兼讯马、邢、王诸君》，山东博物馆藏。
② 参见王铎手稿《与马、邢、王诸社友》，山东博物馆藏。

人来说是"诸君得意年"。当然了,成功者永远是少数。初夏,庚辰科进士张榜时,这批士子中只有李际期得以金榜题名,下文再述。

转眼间就到秋天了,归期依然无望。王铎在《与亲故》诗中遥寄思念:"辜负了春光,如今夏天也过了。又是秋天,我还是滞留于京城。千帆过尽,游子终不归,劳您久相盼望了。本来我期望能和大家一起游春,赏桃花艳丽,哪想到百花凋尽空余暗香。安于贫困而自得本心,这是我的内心所愿。三年了,一直不能回到老家,并不是我贪恋什么荣华富贵,更不是想追求什么飞黄腾达,实在是身不由己呀。眼见得一天天过去,人渐老心也渐老了。滞于京城,不知何时我们才能共游藕庄,在荷风里欢颜相对呢?"[1]

旱灾还在持续,蝗灾又铺天盖地地席卷河南。眼看这年的秋粮也无望了,以后的日子该怎么过呢?天灾尚且如此,人祸更是令人胆寒。河南的寇乱已经持续了好几年,农民军到处攻城略地、烧杀掳掠,百姓们苦不堪言。朝廷派出了大量军队去围剿,却是越剿越乱,一点也看不到兵乱平息的希望。朝廷加派征收的力度也越来越大,上上下下的官僚们一起出动,逼得百姓无法生存了。

家乡友人刘警圆到访,旋即就要返回河南了。临行前,王铎与他依依话别,写下《赠刘警圆》:"战火遍地,相隔千里,这些年我们问讯难通。好不容易在他乡一聚,您却又要返回了。星汉流转,人易蹉跎,万千心事难说。惟愿平安相伴,长相牵念,千里虽远,此情脉脉无绝。"[2]

父母、兄弟、亲戚、友人都在老家生活,时局如此不堪,他们

---

[1] 参见王铎手稿《与亲故》,山东博物馆藏。
[2] 参见王铎手稿《赠刘警圆》,山东博物馆藏。

又怎能安然度日呢？王铎在《家虑》中写道："不得回家久矣，秋光里的靖嵊山房，怎不令我相思无尽？两地相思，道阻且长。我在京华极目望，但见古道废弛、远山空旷，家山何在？望望不见呀。远山依旧，西风依旧，旷野依旧，秋风起处岁华冉，人已老，归无计。寇火处处，我心忧悬！但请家人多加防范，纵然战火还未烧到门前，谁又敢说能长保安宁呢？危机处处，随时都会有叛军滔滔而至。"①

王铎的担忧是有道理的。不久之后，农民军就再次袭掠了河南，孟津也遭受兵乱之苦。王铎听说家乡兵乱的消息后，心中更是忧割牵念，有数诗为记。

《孟津之下归蔡庄及巩记密禹寇起》："寒蝉凄切，山川萧条，寇乱之祸遍及乡野，道路之上死尸枕藉。寒夜鬼哭，离乱死亡已成常事，中原处处壁垒，时日维艰。战马嘶吼掠过战地，鹰鸿哀鸣远避在坛湾之间。莫再言中原辽阔了，处处关隘、处处狼烟，望之惟有忧思无限。"②

《若此》："兵戎相见又如此，故园山川荒芜，已无往日的风姿了。亲友避乱，家业废弛。我游宦千里，身心俱老矣。子孙惶惶不安，依依竹园早已成了荒丘，真令人哀痛无言。无可言说，且取孤箫一柄，悠悠吹响故园心曲。"③

《咏古石》："西风吹古树，白日暗无光，古石萧瑟人寂寂。暮色苍苍，伫立无言。家乡正在遭受兵火，亲人们生死未卜，西望家乡，徒增感伤忧悬。不知何日才能与亲友们相聚，再共醉于篆畦旁

---

① 参见王铎手稿《家虑》，山东博物馆藏。
② 参见王铎手稿《孟津之下归蔡庄及巩记密禹寇起》，山东博物馆藏。
③ 参见王铎手稿《若此》，山东博物馆藏。

边？"①

《哀战事》："朝暮之间，战况随时变换，兵火处处，焦土何止万里？几年间，寇乱兵燹，到处都是告急的文书飞来。朝臣们争吵纷纷，却拿不出安定天下的计谋来，有的只是死尸枕藉、生灵涂炭啊。秋风凛冽，旷野之上，惟见哀鸿漫天。"②

故乡远隔，兵火阻道，偶然能有家书来，那也已经是多日之前的境况了。死别已吞声，生别常惴惴，这种不安最是折磨人，家中亲友能安好就是他最大的祈愿了。

家人的安危暂不可知，但家乡的灾荒饥馑却是如在眼前，实在令人凄惨难言。他在《庚辰大饥津人食子》中言："骨肉儿女岂能不亲呢？但穷困至极时也就顾不得了。眼泪已干，饥饿难忍，天地晦暗，人道不存。母亲饥饿骨髓将空，儿腴嗷嗷血肉尚存。深知两命难活，只能将孩子吞下苟延性命了。翘首望天天不雨，天旱草枯根亦死。官家催剥未稍减，而今又要燔煮人。儿死尚可忍，儿啼哪堪闻？决绝食子也是一快，苍天真的不会再有怜悯慈悲之心了呀！黄河浩浩，被剥光了树皮的死树到处都是，如何才能救济处于水火当中的苍生呢？凄惨不忍闻，忧思令人老！"③

灾荒未完，战乱又四起，更让饥民们难以聊生。为天下生民计，王铎连上两策云："年荒米贵，父子相食，饿殍遍野，人心已死。为拯救生民，为聚拢人心，希望朝廷能散利薄征，来尽可能多地保全饥民们的生命。"④

---

① 参见王铎手稿《咏古石》，山东博物馆藏。
② 参见王铎手稿《哀战事》，山东博物馆藏。
③ 参见王铎撰，黄道周选：《拟山园选集》（1），台湾学生书局，1970，第583页。
④ 参见《清代诗文集汇编》（6），第697页。

但天灾人祸相倚，朝廷也是绝难救助了。虽然忧心忡忡，悬望难安，但还得靠自己来尽力了。王铎在家书中命令两位成年的儿子，设法救助乡里。长子王无党煮粥赈济灾民，活数千人，又给因贫困不能安葬亲人的家庭施舍了薄棺；次子王无咎也捐资购买了三百石粮食，开厂施粥，救活众多百姓。虽为子之行，实乃父之力，这也是王铎能为家乡所能尽到的一点绵薄之力了。

八九月间，北京的秋意已深。八舅陈燝忽然来到京城相见，这让王铎喜出望外。

家宴之中，甥舅对坐倾谈，所叙的话题都是别来境况。王铎在诗中感慨："兵火遍地，已经数年不见八舅了，时时为您和家人牵念着。近来家乡已是危机四伏了，时时都会听到亲友们过世的消息，让人心中悲痛不已。且散淡处世吧，衙中应种各色菊花，芃芃开时，翼翼四围，可伴我校书吟诵。宦海沉浮二十年了，至今也不过了了。我本出自山林之间，素性高洁，虽有建功立业之心，却苦于无人引荐无人能识。今日颓唐老态，深愧八舅的期望之心了。"①

王铎的舅氏家族世居孟津，以耕读传世，也是一方望族，有科考功名者就有多人：外祖父辈中，陈惟芝，字德祯，号光宇，万历八年（1580年）进士，官至陕西布政使。陈惟芝有五子，长子陈炳，三子陈镳，四子陈燝，五子陈爌。陈惟芝弟陈惟兰，号太宇。子陈燿，长女即王铎的母亲。王铎的舅辈兄弟众多，仅王铎所记者就有九位。陈燝是陈惟芝的四子，而王铎称其为八舅，显然他们是以家族中的长幼之序排列的。

陈燝，字闇孚，号湛明，中天启四年（1624年）河南乡试，与

---

① 参见王铎手稿《八舅至》，山东博物馆藏。

胞兄陈镳同榜。陈爆初授官直隶吴桥知县，又做过定州兵备道佥事。顺治八年（1651年）十二月，王铎祭告华山毕，辗转返回孟津时，即有诗《到津寄八舅湛明东昌》其一云："十年不见八舅了，近来我一直疾病缠身。天寒地冻，迢迢来归，再访八舅故宅，早已没几个认识的人了。与您远隔千里，旅雁难至，荆棘丛深，思念倍增。幸得奴仆捎来书信，获知您在聊城的佳音。"其二云："八舅为人真率坦然、胸无宿物，世间能有几人得以如此？纵然是容颜已老，风尘久历，但您依然清节不改，好客而乐贫。今千里相问，八舅开坛迎客，正与哪位高士同饮？"①可见他们甥舅二人一直互相牵念，感情笃深。

王铎对诸位舅舅的感情都非常深厚，而其中尤以大舅陈燿为著。陈燿，字还朴，号具茨，万历四十七年（1619年）进士，是王铎母亲的亲兄弟。王铎青年时期，家境非常贫困，时不能一日两粥。大舅时时接济姐姐一家，对王铎多加教诲："子不忧不第，但得志后不骄于位，不暴于里，如是则余始为子一抚掌，可乎？"这对王铎是影响至深的。天启二年（1622年）王铎中进士后，第一时间就给大舅写信报喜，感谢他的砥砺恩情。陈燿也给予王铎热情的勉励，期望他能在以后的仕途中多有建树，长保清正之风；两年之后（1624年），在渭南知县任上的陈燿病重，王铎写信给秦中当事者，请求批准大舅还乡。四月，陈燿返回孟津，病情已经极为危重了。王铎返乡休假，前去看望大舅，"执手悲咽，才数语"，陈燿即去世。悲痛中的王铎为大舅作祭文、祭诗，又撰《吏部主事陈舅墓铭》。《祭陈具茨母舅文》言："吾才不及吾舅十之一，正打算和大舅一同驱驰仕路，激昂霄汉，同心协力以报明主……半世英雄，却只是两宰秦邑而已"，"余贫时

---

① 参见《拟山园选集》（3），第1456页。

公恤念，公以肝胆文章染予。予才缴禄，未及报公德也"①。其哀戚感念之情令人动容。

王铎把对大舅的感情都转加到了诸位舅舅的身上，数十年间函问、推举、护持，恭敬有加。

崇祯三年（1630年）冬，王铎有《即事书怀》呈四舅陈玄洲等里中诸人，中有"边事闻休息，安攘仗数公"句，知陈玄洲保护地方有功。另有《寄四舅玄洲》，亦可见甥舅间的殷殷之情。

七舅陈镰，字复卿，号允叶，崇祯十六年（1643年）进士，是八舅陈燥的三兄。陈镰初授青浦县知县。崇祯十四年（1641年）洛阳城破后，陈镰与王铎等人保护逃到怀州的世子朱由崧，使其得以成功脱险。甲申国变后，福王朱由崧在南京即位，陈镰以护驾之功官至南明中书。南明弘光元年（1645年）五月，"伪太子案"发，王铎被南京市民擒住群殴时，陈镰遇害。

九舅陈爌，字去炫，一字碧云，号公朗，明崇祯十五年（1642年）顺天经魁，清顺治三年（1646年）会魁，与王铎的次子王无咎是同年进士。顺治十四年（1657年），陈爌官至陕西左布政使，卒于官。王铎与九舅诗文函问、交往颇多，有《闻九舅言泖湖》《思家林大河柬九舅碧云》等。崇祯十五年（1642年）五月，王铎与朱俊、季子王无回避寇进入太行山，并筑室"鸿飞山房"准备隐居，陈爌前去看望相会，王铎有诗《公朗九舅至鸿飞山房夜坐》；入清后，陈爌更是时时过访，讨论诗文，王铎也为九舅作书画颇多。甥舅二人保持着密切的亲情关系。

王铎与诸位舅舅感情笃深，这源自血缘亲情。大舅陈耀是王铎科

---

① 参见《清代诗文集汇编》（7），第502页。

举仕进的引路人，九舅陈爔则是王铎入清之后的密切陪伴者。他们的年龄差距很大，也各自在不同的时期影响和陪伴着王铎，这种亲情一直贯穿于王铎生命的始终。八舅在秋天来到京城相见，让孤寂消沉中的王铎倍感慰藉，在乡情之外又加上了浓浓的亲情陪伴。

初冬时节，王铎终于踏上了归乡的路程。路途迢迢，寒风凛冽，归心似箭的王铎向着家乡方向匆匆奔赴。但是，等待他的家乡还是昔日的模样吗？家乡还在前方，家书就已经在路途中等候了。迟来的家书可抵万金，但它带来的并不是平安的消息。

就在一个多月前农民军袭掠孟津之时，王铎的姑父李门河一家八口在兵乱中丧生。王铎在家信中惊闻此噩耗，哀伤不已。他在诗《哀李门河姑父与表弟》中写道："久别家乡，正是牵念销魂时刻。捧读家书，不由得泪落沾襟。庭中梅花空自飘落，墓前柏树复与何人言说？姑父一家八口魂归何所？故园零落，千峰惨淡。昔日西烟寺读书游历的情境如在目前，而今却惟余凄然。风雨飘零，垂暮笼罩，远客何依？"[1]

王铎的姑父李如桂，字门河，是同乡姻亲李际期的伯父。王铎与李门河家族世为姻亲，关系笃深，数十年间交往一直非常密切。这年春天，王铎曾有诗《寄李门河姑父》："京居已久，恒念家人，与您一别，倍感离群孤单。上次西烟寺欢聚如在眼前，而今却一晃数年了。独处寓所，惟梅窗听雪，煮茶独斟。请待我归养林泉间，荷锄锄药，引鹤来归。到时再与您把酒一醉，共享天伦。"[2]春日之约尚未及实现，而永别却在冬季来临了。近乡情更怯，更何况噩耗频闻？在前

---

[1] 参见王铎手稿《哀李门河姑父与表弟》，山东博物馆藏。
[2] 参见《本集初》五律卷十八《寄李门河姑父》。

方等待王铎的,还有更大的噩耗与悲恸。只是他还在向着家的方向跋涉,寒风之中,他又是否会有一丝预感呢?

逆旅寒天,兵荒马乱,能在途中遇到家乡亲友,实在是令人惊喜不已。王铎向亲友询问家乡别来之事,更是感慨万端:"我本迂阔书生,偏作万里宦游。人生漂泊,何异海山之隔?此情脉脉,何处是归所?飘荡无依,远客惟有冰心一片。别来不过数年光景,访旧却已半为鬼魂,如何不让人惊呼热中肠呢?岁月催人老,子孙忽成行。且不去感慨往事了吧,让我们预洗桃花洞,待春风吹时,再共作远山之游。"①

途中,张永祺与刘瞻斗等人也在兵乱中涉险来见。张永祺,字多祝,河南襄城人,天启元年(1621年)举人,是王铎的乡举同年。他们的同年之谊已有二十年了,其间同行游历、诗书往还,关系非常密切。张永祺好古力学,为人有气节,深受王铎敬重。这年春天雪寒,王铎曾有诗感慨道:"与兄一别已经三年了,此间思念与日俱深。……茫茫天地间,多是名利之人。我辈潜习多年诗书,但与世多有不谐,实在令人沉吟低回啊。"②

二人再次相会,王铎有多首诗为纪:"别后惊澜欲断魂,襄城七圣望天根。……万事艰难悲土国,多年尤悔闭柴门。"③ "孤云独树家何在?野水苍山梦亦同。又是一冬虚负却,烟深石室夕阳中。"④ "冬深闲对大雄台,沧海桑田事可哀。正欲今朝携策往,不知昨暮故人来。……" "荆榛满地不能行,客子如何班马声。隔岸风吹狐貉啸,

---

① 参见王铎手稿《见亲友》,山东博物馆藏。
② 参见《本集初》五古卷十《怀亲友柬张多祝》。
③ 《本集诗》七古卷二《告多祝文伯》。
④ 王铎手稿《五更吟呈张多祝,时涉险远来枉顾》,西泠拍卖2008年春拍。

中宵火起鸺鹠惊。……"① 诗中所言，都是别后的沧桑悲慨，令人长叹唏嘘。

## 迎新

在那时，科举是读书人博取功名的人生正途，金榜题名可以一飞冲天、光宗耀祖。寒窗苦读，对于寒门士子来说，其间的艰辛尤为深重。一人进退，关乎整个家族的荣辱。范进一朝中举便喜极而疯狂，考中进士就更是莫大的喜悦与荣耀了。因此，竞争的残酷可想而知。

科举制度在明朝已极为完善，考试分为乡试、会试、殿试三级。乡试每三年一次，逢子、卯、午、酉年举行，由南、北直隶和各布政使司举办，称为"乡闱"。又因是在秋季举行，也称"秋闱"。乡试考中即为举人，这也意味着一只脚已经踏进了仕途。会试是由礼部举行的全国举人参加的考试，故称"礼闱"。会试在乡试的第二年即丑、辰、未、戌年举行，考期在二月，也称"春闱"。考中者称贡士，亦称出贡。崇祯朝殿试是在会试后的三月十五日举行，贡士在殿试中均不会落榜，只是由皇帝亲自主持排定座次。录取分三甲：一甲三人，赐进士及第，二甲赐进士出身，三甲赐同进士出身。殿试之后，所有参加的贡士即称进士，金榜题名。

进士是一个特殊的上层文人群体，在政治生活中扮演着重要的角色。他们的履历丰富，在不同的位置上发挥着各自不同的作用，影响甚至左右着王朝政治发展的走向。而相同的科举出身又会把他们联系起来，形成庞大的交游网。自天启二年（1622年）王铎考中进士后，王朝的殿试又举行了六次。在每一届考取的进士当中，都有与王铎交

---

① 王铎手稿《喜遇多祝诸君》，西泠拍卖2008年春拍。

往密切者。他们与王铎或因同乡结缘，或由同年、同僚介绍，或因师生之谊与王铎相识并熟识起来，成为他交游圈子里的重要友人。

立夏后的三月十七日，庚辰科进士放榜，共有二百九十六人得赐进士及第，出身有差。

这年的状元是通州魏德藻，此人擅长辞令，有辩才。文华殿召对之时，崇祯帝问："今内外交讧，何以报仇雪耻？"魏德藻对曰："以臣之见，不离明问。假使大小臣工都能心有所耻，知耻而后勇，勠力建功，则国事有为。"魏德藻洋洋数千言，慷慨激昂地自叙崇祯十一年（1638年）清兵进犯时自己守城的功劳，深深打动了求贤若渴的崇祯帝，遂被拔为状元。其实，崇祯帝也是自作聪明，他本想以时论选拔实用型人才，没想到却被善于揣摩帝意的魏德藻给钻了空子。这个魏德藻并无实才，却凭着小聪明平步青云。崇祯十六年（1643年），魏德藻又因为上书言兵事很合崇祯帝心意，被崇祯帝提拔为东阁大学士，入阁辅政。一年后，又被加官为兵部、工部尚书，文渊阁大学士，成为崇祯朝的最后一位首辅。魏德藻在辅臣任上毫无建树，仅有的作为不过是倡议百官捐助以度过时艰而已，但就连这也没能推行下去。李自成攻陷北京后，魏德藻在狱中被捕获。为求活命，魏德藻主动上交了万金之巨，但最终也未逃一死，徒留笑柄。

崇祯帝在庚辰这年的殿试选人上不拘一格，破例提拔了一大批新科进士，企图选出国家急用的人才来。但他在选人上又太过随意，如张璘然就因为脸色泛蓝，崇祯看着不顺眼，从而失去了被提拔的机会。殿试的失利和羞辱让张璘然愤愤不平，四年后（1644年），已是平阳知府的张璘然投降了李自成。这里面当然有为势所逼的原因，但我们也不可否认，殿试策对时的羞辱早已经在张璘然的心里埋下了愤恨的种子。

庚辰科考录取的事终于结束了。对于榜上有名的士子们来说，考上进士当然是莫大的安慰和荣耀了，新科进士初登龙门，这是人生大喜，值得好好地欢迎与祝贺！我们在这里所关注的，是新科进士当中王铎的几位故交新知。

（一）

方以智，字密之，号曼公，又号鹿起，别号龙眠愚者，南直隶安庆府桐城人，是王铎的友人方孔炤的长子。当时，方以智三十岁，比王铎小了足足十九岁，是晚辈。既为友人之子，王铎也就将方以智视作自己的故交子侄了。方以智是以二甲赐进士及第的，此时他正值壮年，英气勃发。方以智为人语默韬深，颇具涵养，上次在南京初见时就给王铎留下了极好的印象，这次再见就颇有种一见如故的感觉了。

方孔炤，字潜夫，号仁植，万历四十四年（1616年）进士，易学大家。天启初年，初入仕途的方孔炤因触怒魏忠贤而被罢官。崇祯元年（1628年），阉党倒台后，方孔炤才得以复官并升任尚宝司卿。崇祯二年（1629年），方孔炤回乡丁父忧。服丧期满，复官，升任右佥都御史、湖广巡抚。方孔炤善用兵，在剿灭叛乱的过程中屡立战功。但与杨嗣昌、熊文灿等主抚派意见相左，最终孤军战败，以贻误军机之罪被下狱。长子方以智以血书申诉，方孔炤才得以遣戍绍兴，后起任河北屯抚。甲申国变后，方孔炤以奉母归隐白鹿山。方孔炤比王铎大三岁，二人交情深厚。甲申（1644年）二月，王铎举家避乱天雄道中，有诗问讯时任河北屯抚的方孔炤，寄予思念和关切之情。

王铎与方以智相识已有数年了。崇祯九年（1636年），王铎在南京执掌翰林院事时，方以智、方其义兄弟和吴道凝就专程拜访了王铎。对于这几位青年才俊，王铎给予了极高的评价和推扬。他在写给吴道凝的扇面中写道："我十六岁学习诗文。久居西北边隅，不免夜郎自大。自从来到南京，得见吴道凝、方其义，知其于诗文'咀肉析髓，英齿臻笅'，真有后生可畏之叹！三十六年雄心远志不由为之气懦矣。方以智亦如铁骑纵横，器宇超迈。海内竟然有此等人物，真令人为之赞叹！"①

在王铎执掌南京翰林院事期间，前来拜访者摩肩接踵，献金不绝，王铎自然是意气风发。对于那些前来拜访的晚辈后学们，王铎之言或有刻意奖掖的意思。但是，当我们了解到方以智的经历，就会觉得王铎之言并非虚语了。

方以智有良好的家学背景，青年时期即载书泛游，足迹遍历江淮、吴越间，广交各方学友。他的学友当中还有西方传教士毕方济和汤若望等人，其治学眼界自然更为广阔，远非斤斤于科考之人所能比拟了。他曾谏议时政，以匡扶王朝中兴为己任，并与张溥、吴伟业等人主盟"复社"，讽议时局，为"明末四公子"之一。方以智早岁就以文章誉望名动天下，又以血书为父申冤，更是博得了四海清名，为士林所重。甲申国变，方以智被李自成军所执，虽经受严刑之苦也毅然不降。后来，方以智趁京城混乱之际，侥幸逃脱南归，时人将他比为"当代文天祥"。南归后，方以智辗转于南明各政权之间。后见事已不可为，遂于广西梧州出家，法名弘智。出家之后，方以智发愤著述，暗地里组织抗清活动。顺治七年（1650年），方以智削发披缁，称"无可""大智""药地""愚者大师"等。晚年住持于庐陵净业寺，自号"极丸老人"。康熙十年（1671年）冬，方以智因"粤案"牵连被捕，被押解往广东。在途经江西万安惶恐滩时，病卒于舟中。方以智一生著述颇丰，广涉文史、哲学、地理、医药、物理等，

---

① 参见王铎《文语》扇面，佳士得2011年秋拍。

在明清之际具有重要的文化影响，而其遗民气节更是为世人所景仰，光照千秋！

方以智对于自己以后的人生经历当然无法预知，但对于这位后辈才俊的金榜题名，王铎还是感到由衷的欣喜。他投诗给方以智表达了此际的心境："我愿为渔夫，与流莺为伍。但见周身碎光环绕，仿佛远离了尘境喧嚣。仕途坎壈，此间滋味哪堪评说？惟愿泛舟烟波，暂得人间一片清凉。黄昏寺外，捣衣声里，星河暗转。香火味断续传来，愈显缥渺虚无。动静皆随缘，我心得超然，惟此中真意不可忘怀也。"① 诗中所言，皆为玄远超逸之想，也可见王铎是将方以智视为诗文密友的。又，方以智前来拜访，王铎复有答诗《答密之》："今新登进士科，以方君之才望，可谓实至而名归。早岁金门一见，就已如旧相识。方君语默如金，身怀韬晦，此为君子本色。胸中有丘壑万千，也自是饱读诗书的缘故吧。多年来方君内修自省，而今正当挥斥方道之时。感君高迈，驱驰前路。君非恶贫者，石楼翠色高。"② 对于方以智的人品涵养，王铎也是表达了充分的赞赏之情。

迎新固然可喜，但王铎落寞懒散的心情也于诗中坦露无遗。一个是新科才俊，意气风发；一个是仕途倦客，意志消沉。两人的这次匆匆会面，早已不是南京初见之际的激昂情状了。此番相叙，王铎或许还有更多的砥砺与期许，但聚散匆匆，他们很快就走向了人生的别离。乱世别离，无法相见当然是人生遗憾，但人生殊途，相反的人生方向就更是无法预知的。迎新即成握别，相逢或为永诀，王铎与桐城方氏的人生交游，又何尝不是一曲末世离歌呢？

---

① 参见《本集诗》五律卷十二《晚行水边柬密之》。
② 参见《本集诗》五律卷十二《答密之》。

## （二）

　　同村的李际期是以三甲赐同进士出身的，这对王铎来说更是一件大喜事。前段时间，老家前来应考的士子们赶到北京。考试前，王铎请他们在家中相聚，热切祝愿他们都能够金榜题名。短短月余，李际期的喜讯就传来了。

　　李际期，字元献，一字应五，号庚生，孟津双槐里人。李际期比王铎小十四岁，他们二人不仅是同村，还有姻亲关系：李际期的长子娶王镡的女儿为妻，次子娶王镛的女儿为妻。入清后，李际期官至兵部尚书，而王铎后来也升任礼部尚书。一个村子里能出现两个当朝尚书，这可是非同小可，因此孟津双槐村也被戏称为"孟半朝"。王铎对李际期关爱有加，他的金榜题名当然是一件大喜事。

　　王铎是孟津双槐里考出的第一位进士，是李际期等一帮小兄弟们的学习榜样。王铎通籍之后多次返回乡里，大家经常一起聚谈、相约游历、分韵赋诗，感情极为亲近。在李际期和王铎的兄弟们结为姻亲之前，他们也有老辈的姻亲关系。王铎的姑父李门河是李际期的伯父，两家交往一直非常密切。这种亲亲相连的乡族亲情联系在一起，使他们二人成为互相照应与陪伴的人生兄弟。在仕清以后，尤其如此。

　　李际期金榜题名的热闹与喜庆已经过去了一段时间。五月二十二日，正当盛夏酷暑，王铎旧病稍愈，即为李际期临《阁帖》长卷。长卷计有291厘米，杂临诸家行草，可谓是王铎的用心用情之作。王铎在卷末题长款，意为：我又病了一段时间，天气实在是太热了，大汗淋漓巾栉都废，已经很多天不怎么写字了。有病就要静养身体，稍微安闲了想写写字，手却生得很，心里倍觉怅然。天下的事不能兼得，看来写字也是如此呀。流光迅驶，不由停笔三叹。我辈兄弟应当珍惜时光，努力作为。应五亲家新科得中，正是奋马扬蹄之时，写下这些字算是勉励你奋发有为，不知你是否认可愚兄的话呢？[①]这些话可谓是谆谆之言，用以勉励小兄弟要奋发有为。王铎自己虽然倦怠于仕途，但深知考取进士的不容易，这是寒门子弟出人头地、光宗耀祖的不二途径。他不想让自己的负面情绪去影响李际期，所以只是以谆谆之言勉励鼓舞，期望他努力上进，展示出作为一位长兄的殷切之情。

李际期考上了进士，光宗耀祖，趁这个当口为祖父母合葬也正当其时，撰文的任务当然就非王铎莫属了。王铎为撰《春谷李公暨薛孺人合葬墓志铭》，先述春谷公生平，再言王、李两家数代姻亲之谊，也算是为李际期家族的喜庆再添上浓重的一笔吧。

（三）

在新科进士当中，还有多位与王铎有着重要的人生交游。大家都在这个时间节点相聚在北京，开启人生当中的重要篇章。对于王铎来说，他们都是新人，都以全新的姿态出现在自己今后的人生路程当中。这其中有几位有代表性的新人值得稍作介绍，简略叙述一下他们的生平履历，以及他们与王铎的交游，或可展现他们在王铎人生当中的意义。

季之骏，字千里，河南淮阳人，二甲赐进士及第。季之骏曾榷关扬州，又入职南明政权。南明弘光元年（1645年），身为南明次辅的王铎因为"假太子案"，被不明就里的南京市民抓住，群殴至须发尽秃，幸被友人转移到监狱中才得以保全性命。王铎在这次事件中受尽屈辱，对南明政权也已极度失望。王铎在患难之际，得力于季之骏与梁云构、陈鉴等人的合力解救，这让王铎极为感动："交友易，交心

---

[①] 参见王铎临《淳化阁帖》，台北故宫博物院藏。

难。五十年来经交态，令人悲愤泪泛澜。……将与君，指白水兮为盟，媒凤凰兮要清松。……雾隐藏岩草为衣，愿我子孙世相善。"①这次惊心动魄的人生遭遇，将王铎与季之骏的感情紧紧联系在一起了。经乱之后，王铎身病加剧，又患耳聋，意志极为消沉。季之骏多次前往看望，倾听王铎的内心苦寂，在他人生的最低谷陪伴左右。王铎将发北京之际，季之骏前往送别，王铎在诗中倾吐别意，将季之骏视为自己的患难知己。

顺治三年（1646 年）秋，季之骏入京拜会，王铎倍感欣喜，随即安排众友人会饮作陪。冬日，王铎再访季之骏于归义寺。季之骏仕清，应该离不开王铎的大力举荐。仕清后，季之骏任户部主事，再授南昌知府，政事文章皆有名于当世。

作为家乡后学，季之骏一直仰慕追随王铎，时时拜访看望。王铎《千里过存》诗中言："我爱季千里，无能度其美。"又有《千里榷广陵闸不及相送》等，也皆可见出季之骏在王铎心目中的分量。王铎曾多次为季之骏鉴定所藏书画，并赠与自己的书画作品。二人诗文函问往还不断，他们的交谊也一直延续到王铎去世。

彭而述，字子籛，号禹峰，河南邓州人，三甲赐同进士出身。初授阳曲知县，后丁母忧返乡。明亡后，彭而述游走于南明各政权，但都失望而归。顺治四年（1647 年），彭而述仕清，期间仕途坎坷，曾得王铎力荐，官至云南左布政使。晚岁辞官著书，无疾而终。

彭而述对王铎执弟子礼，尊敬有加。甲申（1644 年）二月，彭而述父子辗转到浚县与王铎相会，此后陪同王铎一路南下避乱，历经艰险。途中王铎多次为彭而述作书画，讨论诗文。偶有机会游览名

---

① 《本集诗》七古卷三《予患难时匠先子明千里天镇千古义气为之作歌》。

胜，彭而述也一直陪伴在王铎的身边。这次陪伴一直延续到六月间，王铎赴南京接受南明任职。在这段兵乱岁月里，彭而述的追随陪伴，对王铎来说是莫大的亲情慰藉。在南明任职后，王铎随即向同年、苏松巡抚祁彪佳推荐彭而述，然彭而述以尚在丁忧为由谢去。

入清后，彭而述一直追随王铎，并从王铎习书画。顺治八年（1651年）十月，王铎祭告华山毕，在辗转归乡途中与彭而述相聚，王铎有诗《孟冬投禹峰》云："孟冬落木正纷纷，何忍逢君又别君。"[①]时王铎一路漂泊，病情加重，彭而述令楚医徐陵虚一路跟随照顾，其情可感。次年（1652年）三月，王铎在家乡去世，彭而述有多首诗哭奠，并为王铎作传记。此后数年间，彭而述倍感生意都尽，时时作诗文哭奠王铎，并为重刻的《本集文》作序。彭而述绵远深长的情谊令人感怀，也算是对二人交谊的最好注脚吧。

周亮工，字元亮，别号甚多，人称"栎园先生""栎下先生"等，河南祥符人，三甲赐同进士出身，诗文、书画、篆刻、收藏皆名重一时。明亡之前，周亮工官至御史。甲申国变，周亮工间道南奔，在南明福王政权任职。顺治二年（1645年），周亮工降清，授两淮盐运使。顺治三年（1646年），调任扬州兵备道。顺治四年（1647年），又迁福建按察使、布政使。后官至户部右侍郎。

周亮工曾在开封求学于张民表，并得到时任祥符县令孙承泽的知遇之恩，对二人皆执弟子礼。张民表，字林宗，河南祥符人，弱冠即举于乡，后隐居不仕，诗文、草书名动天下，为人高旷有晋人风。王铎曾举荐张民表给范景文，称其为"诗家董狐"，尽显惺惺相惜之意。崇祯七年（1634年），张民表，至北京时，王铎曾与张民表聚谈

---

[①]《拟山园选集》（6），第2809页。

于天宁寺，多年中二人一直保持着良好的朋友关系。王铎与孙承泽更是人生挚友，他们的友情跨越明清之际。二人时时相聚，诗文书画往还不断，一直延续到王铎去世，可谓是终生的友谊。王铎与周亮工的这两位老师都有非常亲近的关系，彼此以兄弟相称。所以，周亮工对王铎这位同乡前辈也是执弟子礼，尊重有加。

周亮工通籍之初即受任山东潍县知县，与王铎的交集并不多。入清之后，他们同为降清的前朝官员，有着共同的人生遭际，有着共同的书画爱好，又有孙承泽作为中间联系人，二人的交往就变得非常密切了。在北京的时间里，周亮工时时跟随在王铎的身边，观摩王铎鉴定题跋、兴酣挥毫，聆听王铎讲论诗文，并请求王铎为自己作书画，获益良多。顺治七年（1650年）二月，周亮工自福建右布政使任上朝觐返回北京，专程去拜望了王铎。王铎为周亮工作书画多幅，并为周亮工的诗集作序。对于周亮工的书画造诣，王铎也是褒扬有加，他亲自为周亮工的画册小楷作跋，体现了对这位家乡后学的殷殷奖掖之心。

连璧，字讷珍，山东曹州人，先世为山西洪洞人，三甲赐同进士出身。庚辰这一年的五月二十七日，连璧的父亲连太华去世。因连璧之请，王铎为作《隐君连太华墓志铭》。

连璧的先世为洪洞人，自然就和王铎攀上了同乡关系。连璧的父亲比王铎尚小一岁，无论从年龄还是资历上来说，连璧对王铎这位同乡前辈都是"怡然敬父执"的。考取进士后连璧拜别王铎，上任山西临汾知县。月余后，父亲连太华病逝，连璧随即去职丁忧。

王铎与连太华并无交集，与连璧相识也不算太久。铭墓之文多采自连璧的叙述：连氏家族迁于曹州已有十世，数世家贫。连太华生于万历二十一年（1593年），为人忠厚，喜为善事。长子连璧十二岁时，家境更加窘困，连太华又病疮卧床，只能寄居于岳父家，靠连璧的母亲以纺织来养家糊口。连太华穷不失志，鼓励连璧苦读诗书、振兴家业。崇祯五年（1632年）连璧中秀才，连太华曳杖回乡，请人修筑茅屋数间，期望家风可振。崇祯九年（1636年）连璧乡试不中，连太华面带忧色，令其更加发愤苦读。崇祯十二年（1639年）连璧举于乡，算是有了功名，连太华终于稍露喜色。他依然激励儿子要更加努力，以求科场得意、光宗耀祖。崇祯十三年（1640年），连璧终于如愿以偿得中进士，这对连太华是最大的安慰了。王铎在《隐君连太华墓志铭》中记录了连太华的话："我们不能忘了吃不上饭的时候，从现在开始你要好好做官。我老了，以后督促你的二弟、三弟力耕勤学，其他的事我就不再过问了。"连璧去临汾上任，苦劝连太华随行。到达临汾后，连太华告诫儿子说："你现在是地方的父母官了，切记要忍气泽物、为民造福，绝不能做贪官酷吏留下骂名，咱们做人做官要为子孙后世积德。"① 这是一个普通农民的心底善念，期望自己的家门能够清名久传。半月后，连太华病重。他嘱咐儿女丧事要简办，然后诵佛不辍，这样他在平静中离开了人世。

　　王铎感慨于连太华的敦厚善良，也深知对老人而言儿子金榜题名是何等的荣耀与安慰。如今老人已经长眠于地下，可喜的是连太华最终看到了儿子的成功，可悲的是连太华一生困窘，无福享受晚年的清福。"有讷珍君（连璧）在，岂终不遇耶？"王铎热切鼓励连璧奋发有为，等到为连太华追赠官爵之时，也是对先父最大的告慰和孝心了。游宦漂泊，在坎壈孤寂中忍耐，支持王铎的也是光宗耀祖的信念。在连璧身上，王铎看到了自己年轻时的影子，于是心有戚戚，互

---

① 参见《清代诗文集汇编》（7），第416页。

相砥砺。

　　一年之后，王铎的父母也已相继去世了。在他移家居忧期间，意志消沉，国事飘摇更引发了他的身世之悲。连璧专程到怀州拜访，慰问居丧之中的王铎。王铎有诗《讷珍见访》写道："自今知己谱，允否讲籭瓢？"①虽是两代人，但他们的忧戚思虑却是可以瞬间通连在一起的。

　　当然，壬辰科进士当中与王铎有人生交集者绝不仅仅是上述的几位，在此就不一一赘述了。仅从上述几例来看，他们与王铎的人生关联都是源自乡情。连璧是曹州人，与王铎不是河南同乡，但往上追溯的话，他们的先世都是山西洪洞人，所以他们可以算是山西同乡。一直以来，王铎也把自己当作山西人。他在写给山西友人的书作中，往往会题上"太原王铎"或"洪洞王铎"，以拉近与受书人的感情距离。在王铎的朋友圈子里，山西人也不在少数，其实就是因为这层乡情关系。游宦在外，很容易就会因同乡关系而组成小圈子，大家互相照应扶持，这也是人之常情。

　　同乡关系是由地缘所决定的，与生俱来。与同年关系、同党关系、同僚关系、同好关系等诸多后天才建立起来的关系相比，同乡关系就更显得朴素而绵长。王铎和每一位普通士子一样，生活在祖辈给自己安排的地缘关系当中。在游宦漂泊的岁月里，一直呵护维持着自己的乡谊，也使同乡成为极为重要的人脉资源。

---

① 《拟山园选集》（4），第1668页。

## 五　谛交

　　人生相遇有太多的机缘巧合，从相遇相识到相伴相知，偶然当中存在着必然。从一个人一生的轨迹来看，何时何地与何人相遇，与何人擦肩而过，又与何人订交相知，仿佛有着太多的注定。王铎一生交游广泛，在不同的时期与不同的人群交往，有的延续终生，有的只是相伴一程，这都与王铎的行迹和人生际遇有着密切的关联。

　　相知不在于认识的长短，庚辰这一年才缔交的朋友同样在王铎的生命中留下了深深的印记，与即墨黄氏的交往即是一例。王铎与即墨黄宗昌是壬戌科同年，这是他们缔交的缘起。

　　黄宗昌，字长倩，号鹤岭。天启二年（1622年）中进士后，黄宗昌得授雄县知县。此时雄县多中涓戚党，横行于乡里。黄宗昌到任后，皆予以妥善处理。后调任清苑令，值魏忠贤阉党势盛，生祠遍及三辅，但黄宗昌凛然中正，坚决不阿附阉党，到他离任之时，清苑也无一魏忠贤生祠。崇祯元年（1628年），黄宗昌为御史，请斥矫旨的伪官，又上书弹劾周延儒贪秽等事。崇祯大怒，罚黄宗昌停俸半年。既而黄宗昌又弹劾首辅温体仁，崇祯亦未予采纳。崇祯二年（1629年）冬，黄宗昌巡按湖、广。岷王朱禋洪被校尉彭侍圣及善化王的长子朱企鉅等所杀，而参政龚承荐不将实情上报，狱讼之事久拖不决。黄宗昌到任后果断处置，杀人者得以伏法。崇祯责问以前官僚失职之罪，黄宗昌这才得以纠劾龚承荐等人。时温体仁、周延儒均已入阁，他们早就对黄宗昌怀恨在心，于是谋划借此事打击报复他。他们指使礼部尚书王永光来纠劾黄宗昌，追究他没有及时纠劾龚承荐等人的失职之罪。黄宗昌因此被降四级，愤而归乡。崇祯十五年（1642年），即墨被农民军围困，黄宗昌率乡人上城拒守，即墨得以保全。在这场变乱中，黄宗昌的次子黄基中流矢身亡，他的妻子周氏及三妾（郭氏、二刘氏）也殉难，时人谓之"一门五烈"。甲申国变后，黄宗昌杜门养母，母亲死后即自缢殉节。黄宗昌的气节风度，令世人敬仰。

黄宗昌晚年隐居乡里之际，曾在崂山筑"玉蕊楼"而居，寄情于诗文。有《崂山志》等数十卷传世，其为人高旷于此可见一斑。

王铎与黄宗昌有同年之谊。只是发榜后，王铎入职翰林，而黄宗昌则外任雄县，二人无缘相识。"后二十余年，始交御史黄公鹤岭"①，他们二人相识是在庚辰年正月。秋夜，王铎有《秋夜怀黄不其》答黄宗昌云："君为东海高秀之士，为人高旷忠心耿耿，有松下之风。家风所传，能如君者又有几人？此行为询抗疏之事，久矣未见故人来归。水干涸了鼋龟无法生存，云天开处却可以任鹤高飞。君远在东海，我今致书一问，可否弃东海云矶，早日来归？"②在同年圈中，王铎与黄宗昌的交游算不上密切，但是他与黄培的交游却是源自黄宗昌的介绍。

黄培，字孟坚，号封岳，黄宗宪子。黄培幼年丧父，由叔父黄宗昌抚养成人。黄培十六岁荫袭受封，世袭锦衣卫指挥佥事，后升都指挥使，人称"黄大金吾"。黄培受封是得自祖父黄嘉善的恩遇，下文详述。

黄培不是通过科举进阶仕途，他荫袭受封锦衣卫时才十六岁，到庚辰年已经工作了二十一年。晚明党争的激烈程度史上未见，而锦衣卫更是一个令人胆寒的机构，黄培早早就在这里工作，对种种争斗的

---

① 参见王铎手稿《太保大司马黄公梓山奏议序》，山东博物馆藏。

② 参见王铎手稿《秋夕与黄不其有讯》，山东博物馆藏。

凶残与阴暗是深有体会的。黄培骨子里是刚正之士，他利用工作之便力所能及地保护了一批士人君子。黄道周做人刚烈激切坚贞不屈，因屡屡触怒权奸而被人构陷，他这种"不合时宜"的做法也很令皇上厌恶。"平台论辩"一事让皇上暴怒，命令锦衣校尉前去逮捕查办，黄道周凶多吉少。黄培告诫前去的校尉使者说："我把黄道周的性命托付给你，希望你一定保护他，把他活着带回来。"所以黄道周能得不死，离不开黄培的暗中周旋。①

明亡以后，黄培回到老家，隐居崂山，不与清廷合作。这期间，他与反清遗民顾炎武等人多有交往。康熙五年（1666年），黄培把二十七年以来的二百八十余首诗编作《含章馆诗集》，刊刻传世。因诗中暗含对明亡的忧愤之情，黄培被家奴姜元衡告发而被捕入狱。此案的审理迁延四载，涉及人数有二百一十七人之多，但最终只有黄培被御批判了死刑。清廷认定他本系明朝世宦，隐怀反抗本朝之心，刊刻逆书，吟诗刺世，可谓狂悖不法。且宽袍大袖、蓄发留须，违反当朝法令，时见"思明"之心，属大逆不敬。在无律条可依的情况下，最终还是定了他死罪。康熙八年（1669年）四月初一，黄培在济南被处以绞刑，终年六十六岁。临刑，他昂首阔步，谈笑自若，从容吟诗明志。

王铎夙怀名臣之志，对名门世家中人当然是愿去结交的。黄宗昌叔侄一个是御史，一个是锦衣卫指挥佥事，他们在朝堂上的刚正之风和体现出的个人修为，都是得自家风的滋染与教化。

黄宗昌的父亲黄嘉善，字惟尚，号梓山，万历五年（1577年）进士。黄嘉善初为河南叶县知县。万历二十年（1592年）任大同知

---

① 参见《（同治）即墨县志》卷九《人物·勋绩》。

府，在任期间法坚而治严，声威闻于西北诸部。万历二十九年（1601年）任宁夏巡抚兼都察院右佥都御史，到任后与萧如薰协力，伐贺兰山木材修建了宁夏的前沿阵地临河堡。黄嘉善施政有方，属地秩序井然。时逢抚臣淘汰体格羸弱的兵士过严而激起兵变，官民恐慌不敢出门。黄嘉善只身单骑奔赴军营中，喻以利害，以大义说散噪兵。次日，斩其首恶，果断平息了混乱。时宦官到各地监理矿、税，搜括无厌，民怨沸腾，黄嘉善严斥为害一方的宦官梁永，使其不能得逞于属地。万历三十二年（1604年），黄嘉善升任都察院右副都御史，加兵部右侍郎。抚夏十年间，功著边陲，宁夏百姓立生祠祀之。万历三十八年（1610年），黄嘉善总督陕西三边军务，获"三边大捷"。万历四十六年（1618年）四月，清军破抚顺，守将王命印殉国，前往救援的总兵官张承荫与副总兵颇廷相等也都战殁，远近为之大震。冬，四方援兵大集，打算进师。兵部尚书黄嘉善认为劳师已久，军饷匮乏，切不可轻战，应全力退敌。万历四十八年（1620年），皇帝病危之际，以黄嘉善等为顾命大臣，主持国事。七月底，万历驾崩，光宗继位仅一月也驾崩，十六岁的天启皇帝继位。值主少国疑、内外忧惧之际，黄嘉善受命于枢府，积日操劳，为国事呕心沥血。然时局混乱，党争日趋激烈，御史冯三元奏劾黄嘉善"八大罪"，黄嘉善遂辞官归里。天启四年（1624年），黄嘉善病逝于即墨。讣闻，天启皇帝为之辍朝一日，赐祭九坛，外加一坛，造坟安葬，夫人江氏祔之；赠太保，荫一子，崇祀名宦、乡贤，可谓备极哀荣。

黄嘉善为一代名臣，家风不坠。所荫一子为黄宗宪，宗宪早亡，宗宪之子黄培荫袭受封。

黄培比王铎小十二岁。虽在刀光剑影中混迹已久，但黄培并没有变成一介粗鄙武夫，而是一身正气、满腹诗文。面对自己叔父的同年，礼部三品大员，文名赫赫的王铎，黄培心里是充满崇敬和尊重的。而名门之后、锦衣卫重臣，能以彬彬之礼待己，王铎也打心底里喜欢黄培。惺惺相惜，二人的确有种相见恨晚的感觉。王铎书名已隆盛，求字是自然而然的事情。正月里，王铎为黄培写下了自作诗《洛州香山作》行草轴，这可以算是他们订交的开始吧。王铎又有诗赠黄培，《春冷庚辰呈黄孟坚年丈》："风紧孤城外，恰如腊月初。……枯寂岂忘酒，郁陶幸有书。"①

既已订交，黄培就拿出了祖父黄嘉善言边事的奏议稿计二百二十篇，请王铎代为作序。能请王铎为祖父的遗稿作序言，为先人扬名，这是黄培的孝心之举。黄嘉善去世已有十六年，早在王铎为诸生的时候，就已听闻梓山公的威名，虽不能见然心向往之。寒门苦读，王铎早岁就有名臣之志。现在受黄培之请为梓山公遗稿作序文，不仅仅是为完成礼节，更可以附先贤之名以扬自身正气，这是两全其美的事情。捧读手稿，王铎深感边事之难，也更加深了对梓山公的敬仰之情。题名《大司马梓山黄公奏议序》，先叙梓山公于边事的艰辛，再论梓山公的煌煌功业，以其比之杨文襄、项襄毅、刘忠宣、余肃敏、何文肃等明代重臣而犹有过之，诚为一代名臣。序文纵横激昂，洋洋千余言，随梓山公的英名传于后世，的确是王铎的用心用意之作。

这一年王铎还多次为黄培挥毫作书。目前可见者还有《高适九曲词》行草轴，款云："洛下王铎。孟坚老词坛。"②为黄培题《董其昌画轴》："董华亭曾谓予不必学画学书，他日多以致累，不暇取闲。

---

① 《本集初》五律卷十八。
② 《王鐸の書法》条幅篇。《王铎年谱长编》，第551页。

今观兹图，又何其闲漠也耶？王铎题，孟坚老年词宗印可。"①

九月二十二日，王铎被任命为南京礼部尚书，这对他来说是天大的好事。徘徊苦等了这么久，终于在仕途上又进一步，不但可以远离北京的政治漩涡，也正好遂了自己的读书之愿，没有理由不高兴。九月二十四日，王铎在为黄培跋宋拓《圣教序》中言："兹帖宋拓之最精者，他刻皆执圭趋拜其下，譬之王会天子，垂裳于明堂之上，万国诸侯咸为臣伏。庚辰立冬霜寒，将南发，夜挑灯跋于北京。孟坚年台保重保重，南礼部尚书兼翰林学士王铎觉斯甫书。"② 此跋写在受任南京礼部尚书后二日，王铎还沉浸在升职的喜悦当中。王铎在书作跋语中"缀写官职"是极为少见的，这次郑重写上了"南京礼部尚书"之衔，足可见他此际的心情；又云"孟坚年台保重保重"，亦可作临别赠言观吧。

十月中旬，王铎启行赴任，行至怀州听闻父亲去世的噩耗，随即去职丁忧。崇祯十四年（1641年）春，王铎的母亲也在怀州去世。此后的数年间，战乱频仍，王铎携家避乱，辗转南北。崇祯十七年（1644年）三月八日，擢王铎为礼部尚书，然而王铎还未接到诏书，北京城就被攻破，崇祯帝亦自经于煤山。五月十五日，福王朱由崧在南京即位，召王铎为礼部尚书、东阁大学士。这或许是他人生仕途的重大转机，避乱江南的王铎随即奔趋而至。南明弘光元年（1645年），又进少傅。此际，王铎虽官居次辅，有辅国之雄心，但以迂阔耿介，既不用于皇帝，亦不见容于首辅，图落得身辱名裂而已。五月，清军至南京，王铎列名文武迎降。清顺治三年（1646年）春，

---

① 嘉德2002年秋拍。《王铎年谱长编》，第552页。
② 日本《三井纪念美术馆藏品图录》。《王铎年谱长编》，第575页。

王铎于北京接受了清廷的任职，沦为"贰臣"。

明亡后，黄宗昌和黄培都选择了回到家乡，不与清政权合作，保持着遗民的气节。此后，他们更是以极其悲壮的方式为自己的生命画上了句号，家风不坠，浩气长存！

人生殊途，昔日友人，方向已然相背。缔交在庚辰，永别亦在庚辰，人生相遇相知，也只在短短的数月之间，令人唏嘘感叹！昔人已往，事犹可寻，王铎与即墨黄氏在庚辰正月缔交的往事，注定会留下浓重的一笔！①

## 六 宴饮

王铎喜欢喝酒，也有个好酒量。尽管在庚辰年初的日子里，王铎就决心韬光养晦，收敛言行以安然度过本命年，但这更多是指在朝堂之上的收敛，少惹些麻烦而已。他骨子里的浪漫与豪情总得找到一个合适的宣泄口，让自己压抑的心绪得以平复，喝酒或许就是最合适的方式了。

或友人相邀，或故人登门。三五知交围坐，把酒叙谈、赋诗挥毫，纵情挥洒胸中的不平之气，本来就是王铎日常生活的常态。宴饮聚会是人生交游的一部分，诗文酬唱、当众挥毫也往往和王铎的宴饮融合在一起，密不可分。宴饮在王铎的庚辰岁月中具有特别意义，我们不妨将其单独叙述一下。

（一）

因为闰正月的缘故，这年的立春节气已经是正月十三了。立春过

---

① 参见张颖昌：《〈太保大司马黄公梓山奏代序〉录考》，《中国书法》2023年第5期。

后，已是七九、八九时节，天气却还是非常冷，颇有种寒冬腊月的感觉。离开家乡已有四个年头了，游宦漂泊中的王铎尤其感受到了深深的寒意。他在诗中述说此际的心情："繁华能不误？芜秽耻山湾。半世空娄落，三年隐笑颜。朋游兰鲍里，身过虎狼间。不及箕林翼，飞飞任意还。"①

"三年隐笑颜"，回京这些年月里，王铎过得的确不开心。不开心的原因是多方面的，主要还是仕途不顺，身立朝堂如同"身过虎狼之间"。两年前，崇祯皇帝本来想靠着杨嗣昌的"十面张网"政策，先和清军议和，再腾出手来解决国内的民乱，但大臣们以"气节"为重，坚决反对议和，吵吵嚷嚷，参劾纷纷，最终闹到"平台论辩"。当着皇帝的面，黄道周领衔的反方一举将杨嗣昌批驳得哑口无言，王铎也跟着批杨，让崇祯很是难堪。考虑到当前形势和国家大局，崇祯一怒之下将黄道周等人贬出京城，胆敢为黄道周说话的官员也一律贬了出去。好在王铎不是黄道周一方的核心成员，所以只给了个降三级留任察看的处分。随后，薛国观代刘宇亮成为首辅，大肆打击东林党人，朝堂之上乌烟瘴气。王铎不齿与之为伍，与薛国观也闹得很不愉快。崇祯十二年（1639年）五月，同年兼同事张四知被提拔为礼部尚书，又借薛国观的力量入阁成为大学士，这让王铎心里非常不痛快，工作起来当然也不顺心。身处虎狼之间，每每见小人得志，实在是郁闷不已。"不及箕林翼，飞飞任意还"，对仕途倦意深重，而归隐乡里也是可望难及。大雪天里，一想起这些事就心烦，好在有故友登门，可以开怀一饮。

"呼童为我扫阶芜，堂上高挂华山图。我今开樽延大儒……"王

---

① 《本集初》五律卷十七《正月》。

铎这么郑重其事地洒扫庭院置办酒席，究竟是要招待什么重要的人物呢？原来是渭南华州人王承之、东荫商、耿紫枢和卫玉章，四位结伴而至。四人均无功名，远道而来，怎会令王铎如此郑重呢？因为这几人都是"大儒"。①

东荫商，字云雏，是洗心公东文豸的长子。东文豸与王铎家族有数世之交，王铎弱冠时即有诗呈东氏"墨庄楼"。东荫商的二弟东肇商，字云驹，更是深得王铎的敬重。东云驹性敏而多学诗文，但为诸生时，屡试屡不第，遂纵意诗酒游历。天启七年（1627年），东云驹再次落第，与王承之专程到孟津拜访王铎，其磊落不群、豪举自若的风度给王铎留下了深刻的印象。崇祯七年（1634年），李自成陷华州，人皆逃避，独东云驹饮酒不辍，挺身而出，虽被执，仍大骂叛贼至死。听闻东云驹去世的噩耗，王铎为其气节所感，撰文《东云驹传》曰："以余观于东生，信奇士也。……论其大者，书生不得志于功名，而发愤骂贼以快一死，壮哉！当是时，守封疆者何人也？又颇有书生不得志而为贼者。……"②

王承之，字季安，其诗音调浑雅，有唐人风度，与王铎及东氏兄弟皆交善。王铎尝为其题园亭，并多有诗书往来。

王铎如此看重这几位陕西友人，自然是有他的理由的。东荫商、王承之与华州高士郭宗昌成立了"南玭社"，讨论文艺，俱为高旷之士。郭宗昌，字胤伯，尝辟"沚园"于白崖湖上，造一舟为居，斋舫自谓"一水盈盈"。崇祯十一年（1638年）七月，王铎尝为郭宗昌题其所藏《西岳华山庙碑》拓片："胤伯与余两世年谊，其好古

---

① 参见《本集初》七古卷五《闰正月与秋紫枢、王季安、东云雏、卫玉章饮赠歌》。
② 《清代诗文集汇编》（7），第226页。

多学，因书近作，不暇作文。"郭宗昌善隶书、篆刻，王铎盛赞其书为"三百年第一手"，绝非虚语。渭南友人郭宗昌、南居仁等人均善隶书，驰名于当时。王铎雅好隶书，当然也是受到诸位友人的影响。（按：明人好古之风实为清代碑学书法的先声，王铎以古字入楷行草，开一代风貌，其源头大约不离秦晋两地崇尚隶书之风。）王铎久滞宦途，倦意深重，一直渴望徜徉林下、读书作文的归隐生活。渭南王承之、东荫商昆仲、郭宗昌、耿紫枢、卫玉章等人都是当代高旷之士，又无功名羁绊，在王铎眼里，他们就是真正的当代大儒。

东荫商、王承之携耿、卫二人登门，王铎自然是倍感欣喜："寂寞床书病且疴，赖君相过为欢娱。东君王君轻五湖，东下扬州食江鲈。……吾知耿卫保身躯，尘世鹌鹑混鸿鹄。"座中俱是高旷之人，谈到多年来的离散与坎壈，大家更是感慨万千："欲言颠沛意嗳嚅，骷髅丛内全肌肤。我数带甲入艰虞，瑑刀蛇枪战山隅。回首草木尚未苏，幸保孤城离危途。"酒酣之际，不由地壮怀激烈："男儿性命在张弧，真有鬼神呼前殳。四君与我舍仆姑，何不取酒仰天呼？拔剑问天日华徂，满堂笙歌舞上鹦鸆。我曹天子若能需，胆略还肉西单于。"胆气开张，壮怀满胸，大有提刀纵马飞踏连营之势。但政局颓丧，壮志难伸，又令人悲愤交加："何用钱刀巧宦沽，英雄齪齷羞妻孥。苟且干禄即穿窬，险阻且长奚踌躇？丈夫何功不来铺，麒麟阁上愉不愉？不然战阵岂甘驽，死则死耳不辱污。"①

王铎与四位读书胜游之士的酒宴竟能如此壮怀激烈，大概还是源自亡友东云驹的感召吧。离乱之世漂泊在外，他们每个人都经历了兵火涂炭与生死考验。东云驹故去已有六年了，他发愤骂贼、快意一死

---

① 《本集初》七古卷五《闰正月与耿紫枢、王季安、东云雏、卫玉章饮赠歌》。

的情景犹在目前，思之令人血脉偾张。在酒精的作用下，他们也共同点燃了胸中澎湃的激情。

（二）

闰正月已是花开时节，正当饮酒赏花之时。工部尚书刘遵宪雅招一叙，王铎当然要参加。

刘遵宪，字可权，一字心盘，直隶大名人，万历三十二年（1604年）进士，曾任职户部、兵部。崇祯三年（1630年），工部尚书南居益因军需不办而被削职，廷推刘遵宪为工部尚书，刘遵宪不赴。崇祯七年（1634年），工部尚书周士朴遭削籍，廷再推刘遵宪为工部尚书。崇祯八年（1635年），刘遵宪始赴工部尚书任。刘遵宪在任凡八年，忠于职守。值此时政峻刻之际，阁部大臣因罪免职的有七十多人，而刘遵宪独以清端受知，能全身而退，已实属难得。

刘遵宪年长王铎十七岁，正二品官员，为人清正，素为王铎所敬重。刘公招饮，且是在自家园中，这是特别的感情和信任的表现，王铎自然是心存感激"欣蒙贶此辰"了。

席间把酒相叙，喜乐是当然的。然而他们都是朝廷重臣，又怎能忘得了国事之忧呢？"战地无新蕊，荒村只废丘"，国事丧乱如此，党争纷然，又岂是他们区区数人可以匡正的呢？"今朝若不醉，芳序为谁留？"[①]还是且尽杯中物，醉而忘忧吧。

（三）

王铎一生交游广泛，如果按照交游的因缘来看他的朋友圈，我们可以将其分为同乡、同年、同僚、同好等几种类型。同乡、同年、同僚的意义好理解，"同好"在这里是指在诗文、书画方面有共同的爱

---

① 《本集初》五律卷十七《观花饮刘心盘轩中》。

好。

当然，王铎的朋友圈子并不能截然地按照这几个类型来划分，不同的友人也往往会兼具不同的因缘。人生因缘各异，交游的时间也有长短之分，关系的远近亲疏更是千差万别，友人之间也有着互相交叉的交游关系。所以在不同的人生时段，他们与王铎的交游也体现出不同的频次，透露出复杂的人生况味。

我们暂且用这几个"标签"来标识王铎的朋友类型吧。虽然不能完全涵盖其复杂性，但至少可以相对直观地了解他们的人生机缘。

孙承泽与王铎的交游大约是源自"同好"的关系，孙承泽是王铎在书画圈里极为重要的朋友，王铎与许多友人的交往也是通过孙承泽来介绍的。

孙承泽，字耳北，又字耳伯，号北海，别号甚多，有退谷逸叟、退谷老人、退翁、退道人等。孙承泽祖籍山东益都，因世隶顺天府上林苑，所以也称顺天大兴人。孙承泽是崇祯四年（1631年）进士，官至刑科都给事中。

崇祯六年（1633年）秋，王铎过访孙承泽斋，曾有诗云"几年离别梅花飞，向日思君空太息"[①]，可知二人订交应在此前数年。孙承泽著述颇丰，雅好收藏，精于鉴定，在古籍、金石、书画方面皆为大宗。孙承泽的收藏活动大约始自仕宦之初，庚辰年还处于初创时期吧。甲申国变后，孙承泽降附李自成，后被福王定入从贼案。当年五月，孙承泽仕清，起授吏科都给事中，官至礼部左侍郎。后来两遇恩诏，加太子太保、都察院左都御史等衔。鼎革之际，明内府及许多私家收藏都因战乱而大量散佚，孙承泽得以大量搜购，进一步充

---

[①]《本集初》七古卷一《过孙北海斋》。

实了自己的家藏。在仕清的十年当中，孙承泽频繁调任，既未获重用，所以也就懒于仕进，多与在京的王铎等仕清官僚们相往还。顺治十年（1653年），孙承泽辞官归隐，著书立说近二十年。康熙十五年（1676年），孙承泽去世。

王铎与孙承泽有着二十余年的交往过从，诗酒宴聚中，书画无疑是他们关注的核心。王铎精于鉴赏，多为孙承泽的收藏做鉴定题跋，也会将自己的书画作品拿出来共赏。孙承泽善画，其大幅山水即得到王铎的激赏。王铎曾经拿自己收藏的古觚来交换孙承泽收藏的李成的《寒林图》，可见他们在收藏活动中也各取所好、互通有无。仕清之后，相同的人生遭际更拉近了他们之间的距离，二人的交往也更加频繁。顺治八年（1651年）四月，王铎奉命祭告华山。临行之际，孙承泽、陈之遴、洪承畴等人在署中设酒饯行，王铎感慨万端，说自己的前身是五百年前的蔡襄，向诸友吐露了自己深藏的心曲。未曾想到，此别是天涯永诀了。次年（1652年），王铎返乡后去世，可以说，他们的互相支持陪伴一直延续到了王铎生命的终点。一百余年后的乾隆四十一年（1776年），二人同登"贰臣"榜，这种人生"陪伴"还在延续，更令人唏嘘感慨！

将目光转回到庚辰年，来看看王铎和孙承泽的诗酒宴饮吧。

夏天，孙承泽招集王铎和友人们到瀚园一聚。孙承泽家业殷实，乐于做东请友人们聚饮，瀚园是他们常去的地方。此次宴集，王铎有《诸君集瀚园》诗为记，其一曰："暑热时节，已觉斋中阴凉，毕竟已是秋讯渐至了。厅堂富贵，却有野逸高旷之气，足见主人的品格。清筋消暑日，游子感征衣。人间万事至此时，令人长歌怀采薇。"其二曰："友人相会不嫌频繁，我们屡屡来到瀚园一叙。园中亭台曲折似无尽处，幽远的琴声传来才知道有人在。远山浓淡，变化万千，绿荷满眼，香气四溢。风流际会令人神远，又何须更寻隐逸之所呢？"其三曰："水畔匏尊频举，此生心事与君言。柳塘静谧，鱼儿往还。人生不过百岁，光阴一掷，人事易蹉跎。诗书误我，半生矣，久困仕途。人已老，烟溪森森处，方是此生归所。"其四曰："今日荷花正好，昨岁与谁相期？懒于相聚倒没什么，却总是误了花期。潭水倒映，远山随风浮动，天光云影徘徊，不觉间花事又过了。不必伤春，不必伤春，晨光暮影悠然过，任尔来去东西。"①

五月十日已是小暑时节，孙承泽再邀王铎和申佳胤、吴光宇等人在竹亭小聚。宴饮之余，孙承泽拿出所藏的倪瓒《六君子图》轴同观，并请王铎作跋。王铎以小楷题于绫边左上方："凡以简笔作画者，必须具有神骨气韵才能避免单薄，以其气力有余也。倪云林此图得高远、疏淡之趣，简净超逸，绝无浓艳之笔。可比之陶元亮诗意，逍遥敷浅烟浦之间，萧条高旷，真意溢于笔墨之外，又岂能仅作图画观？崇祯十三年端阳后五日，题为北海孙父母，时在北畿，同观吴达可、申素园。"②

孙承泽曾在河南任地方官，故王铎称其为"北海孙父母"，这是时人对老家父母官的尊称。同观者二人：申佳胤和吴光宇。申佳胤，字孔嘉，又字濬源，号素园，崇祯四年（1631年）进士，河北永年人。他与孙承泽是同年、同乡，关系自然是非常密切。甲申国变时，申佳胤殉国死节，赠太仆寺少卿，谥节愍。此时申佳胤在吏部考功司员外郎任上，佐理京察。吴光宇，安徽无为人，据《（乾隆）无为州志》卷十六《孝义》：吴光宇，字达可，性孝友，喜施济。由廪贡任

---

① 参见王铎手稿《诸君集瀚园》，山东博物馆藏。
② 参见王铎跋倪瓒《六君子图》，上海博物馆藏。

工部郎中，转江北屯田道。吴光宇与孙承泽交往密切，经常参加孙氏召集的聚会。

秋夜，孙承泽再次招集王铎、申佳胤和张重光在竹亭一聚。张重光，生平不详，是孙承泽和申佳胤朋友圈子里的人。申佳胤有七律《赠张通政重光》："……赢输弈居青山老，醒醉禅锋白社开。泉石依然蓬岛在，蒲轮天上问盐梅。"由此可知，张重光也是为人清旷之士，曾任通政，竹亭即是他的园亭。

王铎有诗《孙北海、申素园招集张重光竹亭》记竹亭之游："先生本是清静之人，但喜欢与友人们相聚。宾主落座晤对，无言胜有言。红绿掩映中，关上院门便是清净之所，主人频频举杯，雅怀动四座。明月当空，园中小径清晰可见，白云悠然，远离市井之喧。此处真田园，地在城郊，与农夫为邻，舂米汲水之声亦隐约可闻。"①

十月上旬，王铎将南发，孙承泽与同年袁恺为王铎饯行。话别之际，王铎为袁恺书写了《永嘉马居士答陈公虞七问》行书卷，款云："明崇祯十三年冬十月，用《圣教序》《兴福寺》《金刚寺》三体。忍西老宗师坛印可，讳恺袁姓，同孙北海讳承泽。河南王铎书。"②并为书《盘道庵缘水石入西涧》行书轴。王铎背临古帖的功力精深，堪称如灯取影，尤其是对集王书各帖，更是了如指掌。他对自己的集字之功非常自负，尝自称为"未刻之古帖"。王铎以集字方式仿拟各家法帖，信手拈来，精微绝似处撼人心魄。这既可以展示他非凡的入古能力和天资，也更容易唤醒观赏者的视觉记忆和审美认知。

袁恺，字伯顺，一字忍西，山东东昌府人。袁恺与孙承泽是同

---

① 参见王铎手稿《孙北海、申素园招集张重光竹亭》，山东博物馆藏。
② 参见王铎手稿《永嘉马居士答陈公虞七问》，北京故宫博物院藏。

年，并同为刑科给事中。在参劾薛国观的过程中，袁恺表现尤为积极，他告发薛氏纳贿徇私之事，也得罪了金都御史宋之普。薛国观获罪后，袁恺即为宋之普所构陷，被贬职调外，当然，这是后话了。袁恺在参劾薛国观时所表现出的慷慨义气，深得王铎的尊重和认可，他们的交情也就非同泛泛了。临行前，王铎数次为袁恺书写字幅，就是他们友谊的见证。

申佳胤、吴光宇、张重光、袁恺等人都是孙承泽的友人，他们或为同年，或为同乡，或为同僚，都有着各自的小圈子。王铎与他们的交游显然是源自孙承泽的介绍，而宴饮之余拜求王铎的书画，也就成了自然而然的事情。

（四）

秋日，王铎与吴行若、郭之奇相聚于乾惕斋。吴行若，生平不详；郭之奇是王铎的礼部同僚。因为工作关系，同僚们平日相见的机会非常多，他们也就形成了一个交游圈子。公务之余，便可把盏相叙，往往不需要提前预约。

王铎有诗《乾惕斋吴行若、郭菽子坐谈》为记："凉风欲至，可散怀抱，坐署衙亦如居于柴门。三人谈笑有中古之风，凡所牵念皆在依依远村。庭中蝉鸣声噪，暑气依然，老槐树盘根郁结，古意盎然。为官事儒，皓首穷经何益？莫如清晨玄想，即可得道之所存。"[①] 他们所谈的都与公务无关，二三知交围坐，把酒促膝，心绪玄远悠然。

郭之奇，字仲常，一字菽子，号正夫，别号若菽、玉溪子，自号三士道人，广东揭阳人。郭之奇是崇祯元年（1628年）进士，选为庶常不久即归省。假满回京，改任礼部主客司主事，提督四译馆，后

---

① 参见王铎手稿《乾惕斋吴行若、郭菽子坐谈》，山东博物馆藏。

奉使封荆藩，转礼部员外郎。王铎与郭之奇同在礼部任职，二人订交也大约在这一时期。崇祯六年（1633年）初春，王铎居乡，有诗怀郭之奇、宋之普、宋权三人。崇祯九年（1636年）秋，郭之奇主持河南乡试，王铎的门人傅子得中头名。时在南京翰林院事任上的王铎有《送礼部郭菽子主试河南序》，以示壮行和牵念之意。冬日，郭之奇返乡途经南京，二人未能相见，王铎有诗《郭菽子舣舟江上，未得晤，柬此因讯何象冈前辈》："结发事良友，竹素远烦喧。……世网诚难仕，不如返故园。……好风吹心去，此心夙所敦。"①亦可见他们之间的情谊。崇祯十一年（1638年）春，王铎有诗答郭之奇，叙胸中郁郁之情。

宦迹南北，王铎与郭之奇诗文往还颇多，但相见聚谈的机会却很少。郭之奇返京任詹事府詹事，携诗草与王铎论诗叙旧，把盏言欢，当然是一件乐事。现在一叙，宦途漂泊中的感慨良多，至于日后去路如何，他们当然都不知晓。

甲申国变后，郭之奇追随永明王朱由榔奔赴梧州抗清，累官至礼、兵二部尚书，太子太保、武英殿大学士。康熙元年（1662年），郭之奇为清军所斩。鼎革之际，荣辱浮沉各异，此次相聚，大约也是二人的最后一面了。

乾隆时，郭之奇被赐谥"忠节"，而王铎则名登"贰臣"榜，人生荣辱在百年之后又发生了重大的转易。曾经握手倾谈的人生挚友，生命早已走向终结了。而历史的荣辱榜却再次将他们关联在一起，这或许是二人未了的人生情缘吧！

---

① 《本集初》五古卷四。

## 七 送别

游宦在外，离别聚散本是人生常态。对于王铎而言，每一次离别都是生命中短暂而真切的一幕，而每一幕场景又都深深根植于生命的因果关联当中。随着时间的推移，这一幕幕徐徐展开的场景，也在无形中构成了王铎的人生大剧，剧中人物的悲欢喜乐也无不映衬在背后的时代大幕当中。穷达生死，聚散浮沉，剧中人当然无法参透其中的万千机缘。而当我们看完了整场大剧，再回头审视其中的某些片段时，或许又会生出不同的人生感怀。

我们且把目光投到庚辰间，来和王铎一起送别友人。

（一）

二月上旬，马上就到寒食节了。天气尚冷，灶中却得停火，吃冷食，以追思纪念亡者先人。

同乡马刚中乞假省墓得到批准，临行之际前来与王铎告别。

马刚中，字九如，河南商城人，崇祯七年（1634年）进士，时任翰林院检讨。

王铎与马刚中是同乡，性情相投。两个人初入仕途时的履历也是相同的，这些年来他们的关系一直就非常亲近。官员休假回家省墓也是常例，马刚中初入仕途且身居闲职，照例是可以休假的。王铎则不同了，他官居三品，身担要务，又与阁臣的关系弄得非常尴尬，早就闹情绪要回家休养了，但三次请归都没有批准。现在马刚中获准回乡了，王铎却不能回去。

临别执手，王铎写了好几首诗为马刚中送别，其中有"胡为君远行，令我心枯槁"，可见马氏归乡带给王铎的触动是非常大的。"君今故园翔，我去尚无时"，越是回不去，就越是思乡心切。"何堪欲去客，复见远行尘"，王铎的心真的要随马刚中远去了。但"此岂寻常别？抗手为别离"，这本来是一次普通的别离而已，为什么王铎要说"此岂寻常别"呢？此次离别还真是非同寻常，第二年（1641年），张献忠破商城，马刚中在兵乱中遇难。王铎一语成谶，此次一别，即为永诀了。①

（二）

王铎这半年淡然不问政事，但朝廷上的争斗非但丝毫没有减弱，反而愈演愈烈，乱作一团。一方面是小人当道打击异党，为自己的集团利益争斗；一方面又是群臣们为清名而战，不计后果，前赴后继地获罪，被驱赶出京城。送行的日程排得满满的，一个又一个被贬的官员离开，一幕又一幕的送行上演。现在，轮到文安之了。

七月初二日，同年文安之遭削籍回乡。文安之将行之际，王铎和在京友人们为他送行。王铎有诗《文铁庵南归》："花开时节，烟雨霏霏。近来日日相伴，而明朝文兄将要南归了。船发潞水古渡头，思之令人愁。此去迢迢千里，望望何时归？梦里随君孤篷往，潮来直欲到荆州。"②

文安之，字汝止，号铁庵，天启二年（1622年）进士，湖北夷陵人。文安之气度恢宏，入仕之初即与王铎同任庶吉士，进检讨，后除南京司业。崇祯中，文安之历任国子监祭酒、左谕德等职，终遭薛国观的构陷而被削籍。

文安之是王铎同年圈子里的一员。崇祯五年（1632年）四月底，王铎在受命册封潞安六合王途中，有诗柬文安之："思君翰墨游何处，

---

① 参见《本集初》五古卷九《送马九如》。
② 参见《本集初》七绝卷一《文铁庵南归》。

多在夷陵城外山。世上声名须振藻，天中朋好几开颜……"①据诗意知此时文安之当在家乡夷陵，而诗中气象意气风发，也可见二人尚怀有驱驰仕路的雄心。

　　转眼八年过去了，国事飘摇，仕途坎壈，其中滋味皆已备尝。王铎因为得罪了首辅薛国观，在薛氏上台这一年半来，可谓是晋升无望，归亦不能，处境非常尴尬。现在，文安之赶上薛国观倒台之前的末班车，也遭到了削籍处理。此次受到牵连者还有多人，如申佳胤就因为是文安之的弟子，也被左迁为南京国子监博士。

　　"此地一为别，孤蓬万里征。"天高地远，相见无期，只是他们尚不知道，此别也是永别了。

　　文安之遭削籍归乡后不久，薛国观集团就倒台了。此后，言官们纷纷为文安之鸣冤不平，合力举荐。崇祯十五年（1642年）二月，同年王锡衮在礼部左侍郎任上执掌礼部之事，他向崇祯皇帝进言，大意为现在国家急需人才，请召还故侍郎陈子壮、顾锡畴和故祭酒倪元璐、文安之，并请免除对黄道周的惩戒。王锡衮的建议虽最终得到了崇祯帝的认可，但还未来得及召还众人，北京城就被攻破了。

　　福王时，起文安之为詹事，唐王又召拜为礼部尚书，但文安之辗转于兵戈之间，都没能赴任。永明王时，因瞿式耜的举荐，拜文安之与王锡衮为东阁大学士，但文安之也没有赴任。顺治七年（1650年）六月，文安之拜谒桂王于广西梧州，见国势愈危，遂慨然思起匡扶，就任了首辅之职。其后桂林城破，桂王奔南宁。文安之念川中诸镇兵马尚强，欲联合他们共同辅佐王室，遂自请督师。加文安之太子太保兼吏部、兵部尚书，然事已不可为，绝无回天的可能了。顺治十六年

---

① 《本集初》七律卷三《文铁庵》。

（1659年），桂王奔入缅甸被执，文安之也郁郁而终了。

三个月后，王铎离京，因连遭父母之丧，随即去职丁忧，辗转避乱。崇祯十七年（1644年）后，王铎官至南明次辅，但最终降于清廷，徒落得身辱名裂而已。顺治九年（1652年），王铎去世，而文安之还在西南地区转战抗清，又支撑了七年时间。

（三）

如果让崇祯皇帝选出一位最让自己挠头的大臣，我想他会毫不犹豫地圈出黄道周来。

早在"平台论辩"时，黄道周就让崇祯皇帝很下不来台，崇祯对这个刺头从心里烦透了。黄道周不是想求清名吗？那就成全他，一纸诏书下来，贬六级，给黄道周弄了个江西按察司照磨，贬出京去清净。本来这个事已经过去两年了，偏偏又让江西巡抚解学龙给翻腾了出来。

解学龙，字石帆，扬州兴化人，万历四十一年（1613年）进士。崇祯五年（1632年），解学龙任右佥都御史，巡抚江西。崇祯十二年（1639年）冬，再擢为南京兵部右侍郎。崇祯十三年（1640年）四月，解学龙将解任，遵例要荐举属吏。此次举荐时，他对黄道周推崇备至。这本来是常例，荐文发到了吏部，崇祯未予理会。大学士魏照乘非常厌恶黄道周，于是借此机会向崇祯帝进言，说解学龙藐法徇私、滥荐党邪乱政之人，这背后必定有结党营私之事。崇祯帝素来讨厌结党营私，闻言后勃然大怒，立即下旨将解学龙、黄道周削籍，逮捕入京下刑部狱。

五月下旬，诏书至。黄道周知道事情严重，辞墓后随即上路，七月下旬抵达京城。黄道周先被锦衣卫收监，等候皇帝的旨意再行处理。就在这个当口，户部主事叶廷秀毅然上疏，请求以身代替黄道周之罪，这更触怒了崇祯帝，其后果当然就是严厉的惩戒。

八月初十上朝，一干人等被捆至殿上听候发落：解学龙、黄道周各被廷杖八十，发西库司问罪；叶廷秀被廷杖一百，削籍；究查同党，被牵连者有编修黄文焕、吏部主事陈天定、工部司务董养河、中书舍人文震亨，众人一并系狱。监生涂仲吉因与叶廷秀一起疏救，也被系狱。李觉斯刚上任刑部尚书十余日，就因为对黄道周等人所拟的处分太轻，被严旨切责。李觉斯再拟旨将黄道周等发配至烟瘴之地，对此崇祯帝还是不满意。遂将李觉斯除名，下镇抚司监狱。崇祯帝的疯狂举动令举朝震惊，以往杖刑不加于卿贰大夫，解学龙身为南京兵部右侍郎，也照样被打得体无完肤。国家法令已是一纸空文，全凭歇斯底里的崇祯皇帝来定夺了。

黄道周以清苦名闻天下。在刑部狱中，狱卒敬仰黄道周的为人，每日奉纸札求书，黄道周遂写小楷《孝经》一百二十本尽散去。王铎素来敬重这位同年，此间有多首诗慰问他，黄道周也步其韵作《答蒋若椰、王觉斯各有诗见慰四章》："侧岸危途见白日，断帆吾道正中流。……已偿油素当年愿，别领浮槎方外洲。""余生合出骊龙颔，不为微官苦犯颜。"[1] 又有《和王觉斯见寄》："九首豸神今尽落，一杯椰酒奠王孙。"[2] 黄道周还有和章多首，从中都体现出他素洁高怀，已置个人生死荣辱于度外。

叶廷秀此番冒死疏救黄道周，虽遭重罚，却能恬然处之。叶廷秀，字润山，号涧由，河南濮州人，天启五年（1625年）进士。叶廷秀受业于刘宗周门下，造诣渊邃，宗周门人以叶廷秀为首。刘宗周

---

[1] 黄道周《黄漳浦集》卷四十五。《王铎年谱长编》，第572页。
[2] 黄道周《黄漳浦集》卷四十九。《王铎年谱长编》，第572页。

为东林巨子，其门人多以风节相尚。叶廷秀与黄道周素昧平生，却能冒死相救，愿以己身代替黄道周之罪，自然也是博得了天下清名。王铎与叶廷秀本不相识，但他专门就此事给叶廷秀写了一封信，题为《与润山》，向他致以崇高的敬意："足下侃侃铮铮，端于为国，不肯圆滑处世以负清名。足下正气喷薄似龙湫九重飞瀑，铎与君神交久矣。淄衣之宜风人，同好又何必人人识面哉？我在苏州时就曾拜读足下大作，诗节温美、风义华善，遂私携蔡帐，出入怀袖间，恍然已见足下矣。所称苍虬赤螭，一鳞一尾莫非紫雾，一唾一洟尽成白珠，非耶？何日相遇可得为君奉履乎？"①王铎作为三品大员，能向叶廷秀这个素未谋面的六品晚生致以如此崇高的敬意，实在也是不多见的事情。叶廷秀"舍身救黄"的英雄事迹一经传开，便博得了天下清名，世人争识其面也是情理之中的事情。王铎放下身段主动示好，当然也只是这股大潮当中的一员吧。当时的情形，一方面是崇祯帝的专政暴虐和权奸们的倾轧迫害，一方面又是大臣们飞蛾扑火般的名节标榜。明末党争背景中的政坛乱象，环环相生，实在令人唏嘘嗟叹！

两年前"平台论辩"之时，王铎是站在黄道周一方的。当然，王铎的痛切陈词是站在一个三品大员对国家忧患的个人立场之上，他既没有参与到党争的派系当中，更没有像黄道周那样义无反顾。所以在事后惩戒处理时，王铎只是被降三级照旧管事而已。事情已经过去了两年，虽然仕途不顺，但王铎还是被提拔为礼部左侍郎。他也痛定思痛，决心少说话少问事，淡然处之。这次从黄道周被逮捕回京到廷杖削籍的两三个月当中，王铎没有多说话。眼见一幕幕冒死相救、牵连下狱、廷杖削籍的场景，王铎也只是默立在一旁，没有为这个同年

---

① 参见《清代诗文集汇编》（7），第301页。

多说一句话。他心里很清楚多说话会是什么后果，他也很了解崇祯帝的暴虐残忍与喜怒无常。在整个过程当中，不说话或许就是对自己最好的保护了。李觉斯是因为对黄道周集团处理不够狠辣，辜负了皇帝对他的厚爱与信任，被硬生生地从刑部尚书的座位上给挪到了监狱中。李觉斯刚上任刑部尚书才十几天就遭此横祸，升官的喜讯还没传到老家东莞，就已经是阶下之囚了，想来实在可悲又可怜。

该廷杖的廷杖，该削籍的削籍，该下狱的下狱，尘埃算是暂且落定了，王铎这才悄悄地给黄道周传过去几首诗表示慰问。黄道周是深明大义之人，当然会理解王铎的无奈和沉默，依然诗文唱和坦露心曲，绝无隔阂。叶廷秀受完一百廷杖并无大事，看来行刑之人知道手下留情，要保全他的性命。叶廷秀的官是丢了，但是得到了天下清名，这可是件了不起的事情，一般人谁有这个魄力和胆量呢？王铎写上一封信表达敬意，日后又刻到了自己的文集当中。

（四）

离别既是人生常态，长亭一瓢酒，也未必总是凄清。但是在这个秋日里，对于张正声的别离，王铎的心里却是充满了牵念之情。

张正声，字长正，福建惠安人，崇祯七年（1634年）进士。说起与张长正的关系，还得要从王铎任福建乡试考官说起。

天启七年（1627年）五月，王铎受任福建乡试的主考官。这一职位对于王铎来说是非常重要的，作为翰林学士能主持一方乡试是名利双收的事情，既可以为朝廷选士，又可以借机获得一笔额外的收入，更为自己建立起深广的人脉资源。在当时，乡试选中的士子都要拜主考官为座师。凭着这次主考经历，王铎就可以为自己网罗起一大批学生，建立起在当地士子中的影响力。另外，在此后的许多年中，福建士子们也会通过各种关系来追随王铎，形成了更为长远的人脉。王铎对福建士子有着特别的感情，大约也是这次乡试所带来的因缘吧。

在主持乡试过程当中，总有一些关系可以照顾，这其中不光有利益牵连，还会因与人恩惠而被感恩戴德。王铎是不是在这次主考的过程当中也进行了一些操作呢？我们不得而知。之前他儿子参加县考，王铎就客客气气地给主考官、孟津县令蒋劝善递上了条子："犬子考试一事，烦请老父母在万难之中帮助调停，给安排个好名次。府道当中各个环节，全仰仗您竭力疏通帮助。兄长的恩情亲情，就是手足兄弟也不过如此。我王铎重情重义，兄长的高厚之情该如何去报答呢？我必长相铭记于心！"[1] 另外，崇祯五年（1632年）正月，乡试同门贺利见以侄、婿秀才考试相托，王铎就专门周旋过此事："兄台委托之事，我已请怀庆知府别公祖转奉学道了。学道不便封袋，到时别公祖袖进给予安排，没有问题。别公祖旧居北京时与我是对门邻居，朝夕相处值得信赖，托付给他就尽可放心了。到时请兄台专门去拜访一下别公祖，拿我的字条就行。字条一并寄上，请兄台秘收之。"[2] 其安排可谓妥当而周密。

八月，王铎抵达了福州。考评士子的工作完成之后，王铎在曹学佺的陪同下，兴高采烈地夜游了万年宫。曹学佺，字能始，号雁泽，是福建侯官人，万历二十三年（1595年）进士。曹学佺曾任广西右参议，去年因为私撰野史的事遭削级回乡。曹学佺比王铎大近二十岁，专程从侯官跑到福州，陪着王铎夜游，是因为他们有很深的感情渊源吗？当然没有。如此殷勤热情地陪同，大概是另有缘由。丁卯科

---

[1] 参见王铎手稿《至都帖》，北京故宫博物院藏。
[2] 参见王铎手稿《与贺利见书》，华艺国际2010年夏拍。

福建乡试结果公布，曹学佺的儿子曹孟嘉（子兴）等中举。王铎此行为国选士甚多，朋友们也皆大欢喜。事峻还朝，曹学佺为王铎写赠诗，极尽褒扬钦仰之意："先生大驾来到福建，让我们见识到了真正的大家风采。相信从此以后，先生就声价飙升、名满东南了"①。回到北京后，曹学佺依然经常寄信问候王铎，殷殷之情可鉴，王铎在《答曹能始》的诗中也表达了诚挚的谢意。

应该说，王铎是深谙此道的。不论是求别人还是帮别人，王铎都能轻车熟路，人到事成。王铎乐于助人，以此建立起今后重要的人脉资源，何乐而不为呢？福建之行，王铎发现的人才除曹孟嘉外，还有龙溪郑崑贞、永安罗明祖和惠安的张正声、王忠孝等人。名满东南、弟子云集，王铎在福建登临游历，广泛结交，盘桓一月有余才被送上了北归的路程。载誉而归，这就是王铎在此际的心境。王铎对福建的山水和福建的人民都充满了深厚感情！这年春天，同乡刘理顺主持福建秋闱返回，二人相见叙谈，王铎自然要详细询问福建的近况。闽中山水虚灵氤氲，是养生休憩的理想之所，焚香高卧自可得清旷之机。福建令王铎梦寐思之呀。

崇祯七年（1634年）甲戌，张正声中进士，他是王铎的福建乡试弟子。甲戌科进士张榜之时，王铎正在北京。金榜题名的张正声多次拜望王铎，执礼甚恭，王铎也把张正声当作自己人。崇祯十年（1637年），张正声受任广东惠州推官，王铎的同年、同乡张镜心任兵部右侍郎兼右副都御史总督两广军务，张正声正在他的治下。为了张正声的事，王铎亲自给张镜心写了一封私信："惠州推官张正声是

---

① 参见曹学佺《石仓诗稿》卷三十《送二主考衡文事峻还朝（时儿子孟嘉被选，太史王觉斯，孟津人）》。《王铎年谱长编》，第116页。

自己人，恳请老兄帮忙照应推举。年轻人刚去惠州，有兄长的关心支持，必能不断成长，干出一番事业的。兄长道义关切，让年轻人有更好地成长，弟不胜感激！抽空再与兄长详言此事，信中就不多说了。我信中所说的话，请兄长一定保密，不要让任何人知道呵，万恳万恳！"①张镜心后来与王铎结为儿女亲家，两人的关系非同一般。王铎安排的事，张镜心定是全力以赴。

张正声这次南归，或许是任期届满回京述职之后的返乡。张正声在职位上任劳任怨，却没得到满意的安排，怏怏不乐，打算回乡待上一段时间。王铎这段时间在官场上也屡受挫折，非常失意，也帮不上张正声什么忙。对于前来辞行的张正声，他也只能好言劝慰："听你说了宦游的诸多不如意，所任官职远不能与你的付出相匹配，我心里也是非常难过。辗转南北这些年，衣衫褴褛，鞋履磨破，最终又得到了什么呢？临别洒泪，真让人寒心。如今边事不宁，以后你可以多在边事策略上用心。长风万里好扬帆，希望你能做出一番功业来。"②

此地一别，天各南北，但二人一直书信往来不断，彼此的行踪也都是了解的。三年后的崇祯十六年（1643年）十一月，国势飘摇已近倾颓。王铎在处理完父母的丧事以后，辗转避乱至开封。张正声自岭南不远数千里前来拜访。对于弟子的来访，王铎很是高兴，有诗曰："长正文章之士也，近年来一直在粤地行游。如今带来大庾岭的月色，一起闲看秋光里的北地风物。长正不断修行完善自己，追求道义，在规划设计上有独到的才干。南方芙蓉花正艳，正如长正此时的

---

① 参见王铎手稿《与张镜心》，北京故宫博物院藏。
② 参见王铎手稿《送张长正归闽》，山东博物馆藏。

气度。千里来寻，正堪一醉。"①王铎还应张正声之请为之作书法长卷，他在款中言："长正贤契为人有骨鲠之气，方阉党横行之时即凛然抗疏，不避权奸。其人有此品格，即使不习文也足以令人喜欢，更何况他还笃好诗文呢？长正潜心钻研诗文与时艺，为人为政亦爽快决然，是年轻人中的翘楚。今长正不远千里向我求书，令我感慨不已。方此漂泊之际，日与农父樵夫为侣，早已懒于作书了。写字本是余事，不足留意，长正要在正直为人、建功立业上下功夫。写字一事，时时追摹古人，作为一种静修的方式即可，但要去追求书名以图不朽那就大可不必了，这算是我对长正的期望和告诫吧。像我这样深居山林，拙于人事，无心过问天下之事，已经是怆然一老翁了，又有什么值得去企慕与追随的呢？癸未十一月，孟津王铎。"②

癸未别后数月，李自成攻破北京，崇祯帝自经于煤山。张正声在兵部职方郎中任上，亲历了北京的变乱，也遭受到叛军的严刑拷掠。吴三桂引清兵入关，在李自成政权土崩瓦解之际，张正声得以趁乱逃离南归。他将亲历的北都离乱，一一记在《二素纪事》中，今亦可见。

返回南方的张正声尽散家财，组织武装抗击清军。兵败后，张正声渡海到厦门，遂终于此地。王铎则已仕清，颓然自放于北廷。二人的师生之谊也就此走向终结了。

---

① 参见《本集初》五律卷十八《张长正自岭南来》。
② 参见王铎《琅华馆信古拟帖》，日本《王鐸の書法》卷篇一。《王铎年谱长编》，第753页。

## 八　结亲

王铎先后有十子五女，殇者五子一女。无党、无咎早成家，无愆过继给二弟王镛，其余皆与友人的子女婚配。

同年、同僚、同乡之谊本来就是特别亲近的关系，彼此再结为儿女亲家自然是亲上加亲，这也是人之常情。同乡进士梁云构、吕维祺、邢绍德、薛所蕴、傅景星，同年进士张鼎延、张镜心，都与王铎是儿女亲家。不惟如此，王铎的兄弟也多与自己的友人们结为儿女亲家，孙辈之间也互相联姻，由此形成了绵延数世的亲情关系网。

父辈有同乡、同年之谊，再永修世世之好，更在友情的基础上增添了亲情维系。这年，王铎即有为儿女结亲之喜，并与几位儿女亲家多有往来。对此在这里一并叙述，以了解王铎人生交游中的这一重要篇章。

（一）

秋寒时节，王铎寄信给同年张镜心的父亲张仁声，请求老人准许他们二姓联姻。信中说："……张老伯新禧繁集，一堂聚顺，诸孙辈有二十多人，可谓玉树兰枝，振振阶下，实在令人欣喜。人间有五福，老伯您都占到了，我从心底里为您舞蹈庆贺！谨奉上二端粗绫请老伯笑纳。……镜心年兄许下了要赠给一方端砚，我非常高兴，一直在盼着呢。南方来的船早一天到，我就能早一天见到端砚了，一定会如获至宝！今不揣家门寒微，有一事郑重相求：想仰攀贵府结为儿女亲家，永修世世之好。如蒙镜心兄不弃樗散，我们全家都为之欢庆不已，特请老伯示下。"[①]

---

[①] 参见王铎手稿《与人书》，北京故宫博物院藏。

张镜心，字湛虚，天启二年（1622年）进士，河北磁县人。张镜心曾任阳曲、延县、海陵知县，崇祯二年（1629年）升礼科给事中、吏科都给事中；八年（1635年）任南京光禄卿；十年（1637年）总督两广，晋兵部右侍郎、都察院右佥都御史；这年（1640年）擢兵部左侍郎；十五年（1642年）加兵部尚书，以父母年高多病归省。甲申国变后，张镜心侨居江左。入清不仕，闭门研究易经，自号云隐居士，世有"完人"之称。

王铎与张镜心的交谊始自天启二年（1622年），在此后的三十年间，二人一直保持着极为亲近的兄弟关系。

崇祯五年（1632年），王铎受命册封潞安六合王。在途经磁州之时，王铎特地去看望了张父张仁声，怡然敬父执，足可见他们二人情同手足。

崇祯七年（1634年）春，王铎应张镜心的请托，为其友人湘渚临《阁帖》。

崇祯八年（1635年）八月，王铎被命署南京翰林院事。将南发之际，王铎给时任南光禄寺卿的张镜心写信，托他举荐四弟王镆："镜心年兄对我的关爱之情，可谓无微不至，天高地厚之恩，我没齿难报也。我十四日将启程，兹有一事相托。朝廷现在正破格用人，四弟王镆是廪生，我深知其才干足以主宰一邑，若能得兄长举荐，必定不会辜负您的期望。在此恳请兄长，或写信举荐，或开单子直接送到铨部，多多举荐。兄长生成之恩惠及我们兄弟，此生此世我将牢记于心，必图报答！兄长的兄弟、孩子就由我来举荐，咱们互相扶持，您看如何？我知道兄长是正人君子，做事如同星辰一般明净。今和兄长掏心掏肺直言，兄长勿以我为轻慢，敬请明鉴。咱们很快就要在南京相见了，我非常期盼。家中老伯身体很好，我刚去看望过，兄长不必挂念！"①二人互相请托，这在当时的官宦中亦为寻常之事。当然，保举王镆的私心后来就被御史喻上猷给纠劾了，弄得大家颜面上都不好看，此不赘述。一路南行，王铎也是频频寄诗问讯张镜心，殷殷之情现于纸端。终于在年底之前，王铎一家人抵达了南京。除夕之夜，王铎与张镜心共同守岁石头城，迎来了欢聚的一年。

崇祯九年（1636年），二人在南京度过了一段愉快的时光。正月里，张镜心即在清凉山枕江亭请王铎一聚，南户部的张如芝、屈动一起作陪。南尚宝司卿徐石麒也邀请二人及张四知相聚，四位同年同游了木末亭。二月，王铎与张镜心、屈动一起到同年陈民情的小桃园宴集，同游玉兰堂、普德寺、雨花台、赤石矶等地。三月，张镜心又邀王铎和南京右副都御史王道直同登燕子矶、观音山，饮于御风亭；与张镜心、屈动再游燕子矶、弘济寺、虎穴寺、天开岩、摄山、千佛岩、观音庵等地；与张镜心、四弟王镆、屈动同登鸡鸣山，望玄武湖；与张镜心、吴道凝、方其义饮于仪园；与张镜心同游蒋山、灵谷寺、孝陵，同赏梅花；同年南京府尹戈允礼邀请王铎与张镜心同游秦淮河桃叶渡，饮于魏国公徐弘基的园林；与张镜心、张如芝、屈动及四弟王镆同游梅花坞、开善寺、观音寺、紫金山、一拂祠；与张镜心同游清凉寺；与张镜心同登钟山绝顶，饮于张镜心官署，为题"古崿"二大字于古崿楼；与张镜心、张四知同游江边古矶；与张镜心游报恩寺，为题"庄严法界"匾额；与张镜心、屈动游玉泉山。四月，与张镜心、屈动同游牛首山、献花岩；与张镜心、汪逸等人宴集于阮大铖的园林；与张镜心、屈动、张四知等遍游金陵山水亭台。五月起，王铎病虐数月，暂停游历。八月，张镜心赴京任职，王铎有诗

---

① 参见王铎手稿《与张镜心》，北京故宫博物院藏。

送别。

在南京期间，王铎与张镜心还多有书札往还，共同讨论诗文，并致答谢之意。如王铎言："仁兄一饮一食不忘愚弟，天地间有年翁为知己，安所寱叹乎？""未得亲诣高斋，尊体逾安，弥为欣喜。近日想更嘉，药力如何？幸示，慰弟忧心钦钦！""年翁之恩波润泽肺腑矣，百俯不足云喻。""恨不能于社兄帐边置王生一榻。"皆言之谆谆，其情可感也！①

崇祯十年（1637年）二月，王铎也离开南京。居乡期间，王铎屡有书札问讯张镜心，备述思念之情。八月，王铎离开家乡返京，途中路过磁州，再次拜见了张镜心的父亲。王铎在写给张镜心的信中说："弟过磁，又扰尊斋，奉老伯颜色，欢然不知身在他乡也。"凡过境磁州必去看望张父，王铎的举动表达了殷殷兄弟之情。九月，王铎回到北京，而张镜心已赴肇庆总督两广军务了，遂有诗寄怀。

崇祯十一年（1638年）正月二十二日，王铎有书问讯："离开了兄长的左提右携，可以谈心相照的又有几个人呢？古人说惟寐忘之，但是我在睡觉时也多次梦到兄长，看来寐忘之语还远不能表达思念之至呀！……想赠一把扇子给兄长，但人来人往无法静心，等我写好后先送到磁州老父亲处，再随家报转给您吧。粤东湿热吗？兄长可服药调养了吗？有空来信告知，以慰渴念之怀吧！"②十一月，王铎再以诗寄怀张镜心，表达了自己在孤闷之际对张镜心的思念之情。

崇祯十二年（1639年），张镜心于两广平寇有功，王铎有诗寄

———
①② 参见王铎手稿《与镜心》，北京故宫博物院藏。

贺："南天能御侮，远略乱氛清。挥剑诸苗定，勒铭宿薛生。……"①并寄信札，托张镜心向广东巡按葛徵奇荐举张正声，前文已述。

这年秋，张镜心以军功擢为兵部左侍郎，但远隔万里尚未回到京城，王铎就已经离京南发了，二人未能谋面。王铎投书信于张父请求二姓联姻，算是郑重结缘的开始吧。

这年底到第二年初，王铎的父母先后去世。处理完老人的丧事，王铎一直忧居避乱于怀州。时值兵乱，音书难通。时至八月，张镜心为王铎父亲所作的哀章才寄到，也谈及二姓联姻之事："往岁秋天我从洛阳返回时，曾得到老伯的家信。老人家还能在篇尾写上几行字，笔致也轻松如燕。知道老人家起居安善，精神尚好，能以七十岁高龄就上公之养，可谓人间全福归于德门了。作为老人家的侄子，我为之欢欣不已。时间不久，却听闻老人家去世的消息，令我实在是不敢相信啊！后来屈动兄在书信中也告知我此事，方知老人仙逝是真呀，不由得潸然泪下。老人家为何如此匆忙就舍我们而去？！我想披麻戴孝为老伯送葬，但相隔千里，滞于旅途，这个心愿也无法实现呀！只能敬制挽章，备祭飨之礼，向老人家致哀悼之情了！……人生大事无过于君亲，我自知才薄不足以致君，但尚有亲老待我归养，这些年多亏了兄长的时时照应啊！……很久不见兄长了，或许您都不敢相信我现在的忧劳病状呀。承蒙兄长晓谕缔结亲家之缘，这实在也是我长久以来的心愿！你我兄弟肝胆之交，情同骨肉，儿女结亲但凭兄长一言即可啊！我有两位小女儿，年龄相差两三岁，公子是多大年龄呢？根据年龄为儿女结为连理，算是我家仰攀兄台了！……今日家信隔绝，不知河北近况如何，弟为之忧心。世道变乱如此，万望兄长善自珍

---

① 《本集初》五律卷十五《有平寇功寄湛虚》。

重!"①王铎遂有复信:"……承蒙兄长和屈动兄远赐鼎彝,及祭告家父、家母的哀章,挂之素壁,不由泪下潸然。我八月三十日才收到您三月份发出的信,兵火遍地,道路不通,为之奈何?"②

崇祯十五年（1642年）夏,王铎致函张镜心,论及谢陛、张四知罢官之事,忧心于时局,并再次提到儿女结亲之事:"弟逡巡不敢直言,然凭着兄弟感情再次恳求兄长结为儿女亲家,世世为亲戚,兄长能鉴我心吗?如蒙应允,则我全家子孙都可以永戴鸿慈了。"前一年张镜心已在信中同意儿女结亲之事,这里王铎又言"逡巡不敢直言",或为礼节谦辞?或者还有其他难言之处?并附《湛虚张宅婚启》曰:"铎赋性迂拙,涉世嶔崎。同籍相欢,不标诸门庭之外;留都（南京）雅聚,即引于名教之中。……病体屡蒙诊视之勤,岂减骨肉?宦路独受吹嘘之义,逾荷甄陶。……不揣四豚仰问淑女,镜台叶庆,洽比其邻。……二姓盟结而绵远。"③"四豚"即为王铎的四子王无颇,系侧室石氏所生。九月底,王铎避乱至新乡,张镜心有书信至,言及开封灌城一事,不胜唏嘘:"方今天下大乱,半坏于庸人之手,半坏于贪权擅政之人,绝无有从公家起见者。"④

崇祯十六年（1643年）二月,王铎举家避乱行至南京。此番故地重游,王铎有《白门赠湛虚、眉居》,寄怀张镜心、梁云构两位亲家,并评鉴张镜心的诗文。十一月,王铎辗转返回河南。二十六日,张镜心的父亲去世,王铎为作《诰封通议大夫兵部右侍郎洪川张公暨淑人许氏祔葬墓志铭》,并作《洪川张公传》,以致纪念和哀悼之情。

---

① 参见张敬心《云隐堂集》文卷二十一《与王觉斯宗伯》。《王铎年谱长编》,第617页。
② 参见王铎手稿《与张镜心》,北京故宫博物院藏。
③《清代诗文集汇编》（7）,第323页。
④ 张镜心《云隐堂集》文卷二十二《答王宗伯觉斯》。《王铎年谱长编》,第680页。

崇祯十七年（1644年）正月，明王朝覆灭已在旦夕之间，王铎又将南发避乱。将行之际，再作《祭张年伯文（磁州）》一文以祭告张镜心的父亲："呜呼！我再也见不到年伯了。二十多年间，我多次路过磁州拜见年伯，每次都受到了热情招待，如同回到了家中。年伯仔细询问了我家中的情况，期待能与我父亲欢聚畅饮，而今年伯与先父都已仙逝矣。……十年前，我去南京途中，专程拜望年伯时，即已表达了我与镜心兄结为儿女亲家的心愿。……见年伯如见我先父。昨岁漂泊避乱，无家无室，又丧子女，届尚无所。先父若知，不知是何等的寝食难安；年伯若在，又不知怎样为我和家人忧心？！而今进退无地，寝食无着，我欲不长恸又安可得呢？……又欲入吴避乱，絮酒一哭，以实情告与年伯。……于理，年伯足以流誉完名而无憾；以情，则我再也无缘见到年伯了，又怎能不搥胸而长恸呢？年伯信我知我，且请满饮此觞！"[1]此中追思之情，令人唏嘘动容！想来张镜心得见此文，也会为之泫然流涕，感动于王铎的殷殷兄弟之情！二月二十六日，王铎行至山东夏津与张镜心相遇，遂再住一宿。清明节这天，二人在城头西向而哭。

鼎革之际，王铎被裹挟至泥沼，张镜心则丁忧避乱，漂泊无定所，二人无缘相见。

入清之后，张镜心义不仕清，但他对王铎的遭际也给予了充分的理解和同情，二人一直保持着密切的联系。顺治三年（1646年）正月，王铎接受了清廷的任职，仍以礼部左侍郎管弘文院事，充《明史》副总裁。三月，张镜心赠送给王铎大砚一方，王铎试墨临《兰亭续帖》，款云："丙戌三月廿七日，磁州张二亲家贶予以大砚，坚

---

[1] 参见《清代诗文集汇编》（7），第510页。

莹如碧玉，试方于鲁墨，因临古帖二十版，时在燕地。孟津王铎。"①

顺治四年（1647年），张镜心有书信致王铎及梁云构、傅景星，以子张潽相托付，"特令小儿进履阶前，代替我向诸位兄长再致谢意。小儿初学，生性愚陋，现今令其跟随服侍左右，恳请兄台开导教诲"云云②，可知张镜心虽不仕清，但还是希望儿孙辈能考取功名。张潽是张镜心的第六子，中顺治六年（1649年）进士。此次张潽进京跟随在王铎等长辈的左右，应是对其科考有所助益的。王铎有诗答曰："山房良足卧，村酒未尝孤。……一筇吾欲访，还许耦耕无？"此诗表达出了对张镜心乡居生活的神往。

顺治七年（1650年）三月，王铎有长诗《燕矶歌》，追忆十五年前与张镜心同游燕子矶之事。序曰："昔年游燕矶在丙子之春，湛虚张君携余……至今岁已十五年矣。离索萦怀，今当羁旅，能不追思乎？"诗中言："君应听之兮亦怜王子而朱颜颓。思燕矶兮摧心胸，欲泣不可兮独徘徊，潦倒污迹付酒觥。"③这透露出王铎深重的晚年心事。同月，僧昙英过访，带来了张镜心的书信，王铎有诗《昙英来得湛虚善若信》为记："大角兵缠度此辰，可堪浩劫剩闲身。……好携一衲梅山去，海外蛟龙别有春。"④王铎并有诗《寄讯睡足山居兼柬湛虚》，慕其山居高旷之乐。

顺治八年（1651年）春，张镜心有书问讯，王铎遂有《答湛虚、睡足、还朴》。年底，王铎祭告华山毕，一路周折归乡。时染病经久

---

① 王铎《临贴》册，《拟山园贴》卷六。《王铎年谱长编》，第929页。
② 参见张镜心，《云隐堂集》文卷二十二《与友人王觉斯、梁眉居、傅梦祯公书》。《王铎年谱长编》，第1041页。
③《本集诗》七古卷十一《燕矶歌》。
④ 参见《拟山园选集》（6），第2826页。

不愈，王铎有书信致张镜心："我途中染瘴毒，每天两副猛药攻击，身处苦海之中。手头积攒了很多新诗，但一直没能抄录一卷奉上。念平生知己，兄台之外复有何人？听闻兄长于西山烟岚深处，韬光养晦，静心著书，令我神往不已。然宇宙如斗大，兄长大才，岂可深藏于烟岚之中？"①

顺治九年（1652年）二月十七日，王铎病逝于孟津故宅。得讣音，张镜心作《哭王觉斯文》，言："我负公者，温室之树。公负我者，偕隐之图。……公祝我仕，我祝公隐。悲合剑之无期，忽长庚之报殒。"②叙入清后二人分道之悲，其情哀切，其意绵长。顺治十年（1653年）三月，王铎葬于偃师黑石关。张镜心为撰《赠太保礼部尚书王文安公神道碑铭》，洋洋数千言追忆王铎生平诸事，也见证了二人的终生之谊。

王铎与张镜心的儿女亲家之约始自庚辰。王铎数数"逡巡不敢直言"，或为四子王无颇系侧室所生，对张家怀有歉意吧？鼎革之后，张镜心义不仕清，而王铎自知声名狼藉，胸中郁郁之情难疏。然张王二人问讯牵念绵长，并不因人生遭际不同而产生罅隙，兄弟之情是一方面，儿女亲缘也应在其中起到了重要的作用。在王氏家谱中，王无颇的婚配信息阙如，而张镜心在为王铎撰写的神道碑中亦未提及此事。但款属"眷弟张镜心"，应知两姓联姻无误。世事蒙尘，此间的诸多缘由已难以确考了，但联姻之事可算作一段人生插曲，密切关联到庚辰及以后的岁月。

---

① 参见王铎手稿《湛虚》，辽宁省博物馆藏。
② 张镜心《云隐堂集》文卷十四《哭王觉斯文》。《王铎年谱长编》，第1261页。

## （二）

今冬南行归乡，行至赵州，得知将与亲家梁云构在前路相遇，王铎喜而有诗言："欣闻将与兄长一晤，足慰予怀。但想到又要匆匆作别，不由得感伤继之。你我兄弟皆孤臣逆旅，如何不感慨旅宦的艰辛呢？道路阻隔，书信难至，与兄同醉之日少，别离岁月长，各自兼程而已。我们为家国之事勉力而为，足可慰平生矣。相逢期一醉，握别亦无须以泪沾襟。"①

梁云构，字匠先，号眉居，河南兰阳人。崇祯元年（1628年）进士，擢为御史；八年（1635年），巡按宣大、庐凤等地，政绩斐然；十四年（1641年），为少京兆，旋升为操江巡抚。时值左良玉兵自湖广南下，江南为之震恐。梁云构亲率将士防御，并发书信以大义责左良玉，骚乱得以平息；入清后，梁云构官至户部侍郎，以筹划得当故，颇具政声。

王铎与梁云构都是在京为官，同乡圈经常组织一些聚会，二人参与其中，很快就熟识了。

崇祯六年（1633年）十月，袁枢的父亲袁可立去世。在京的河南同乡们组织了纪念哀悼活动，其中王铎为作《神道碑》，并书写了像赞，梁云构为撰《袁节寰晋大司马奉命乘传锦还序》。这些足可见他们同乡亲情之笃深。

崇祯七年（1634年），王铎为梁云构的儿子梁羽明命字"芝三"，并作赋云："芝之三秀，其为应殆无虚焉。……仆之所知惟自修之一道而已，非专言祥瑞也。"②梁羽明于这一年考中了进士，授行人一职。

---

① 参见王铎手稿《闻眉居亲家途中将遇》，山东博物馆藏。
②《本集初》赋卷一《芝三赋》序。

崇祯八年（1635年）春，梁云构巡按宣大，监军出关。王铎有诗《送梁眉居巡宣大》四首为之壮行，其中有句："但使边疆烽火熄，受降何必万年碑。"①到任后，梁云构有《与右谕德王觉斯》书，其中有言："三年来，辱亲台道我也似父，诲我也似师，掖我也似笫，无不奉为药石。"②可知二人交谊大约始自崇祯五年（1632年），且梁云构对王铎执弟子礼，尊敬有加。然梁云构比王铎尚年长八岁，只不过是比王铎晚中进士六年，执礼恭敬若此，足以令人感怀。

崇祯九年（1636年），王铎在南京翰林院事任上，与梁云构时有诗书往还，互致牵念之情。就是在这一年，二人结为了儿女亲家，梁云构的女儿许给了王铎的三子王无回。异地姻连，此后二人的关系更加亲密了。

崇祯十年（1637年）二月，王铎北发行至泗州时，有书信柬梁云构。时梁云构以巡按御史守泗州，二人夜饮于泗上禹王庙。王铎有诗言："心夷君子见，兰臭两人同。"③这是二人结为亲家后的首次相遇。大约在此时，梁云构为王铎《本集初》作序，款曰："社眷弟梁云构书于六安山中。"亦可见证二人此时的关系。

崇祯十一年（1638年）春雪，返回北京的王铎有诗寄梁羽明："兵革余何地？亲朋只此心。袁州尤土盗，不敢晏山林。"④对于为官在外的亲戚子侄，王铎表达了浓浓的牵念之意。梁云构出任两浙巡盐御史，王铎有诗赠别："乍见即分袂，相思定隔年。"⑤由此可知梁云

---

① 《本集初》七律卷二《送梁眉居巡宣大》。
② 梁云构《豹陵集》卷十七。《王铎年谱长编》，第293页。
③ 《本集初》五排卷二《泗上梁匠先见招夜饮禹王庙》。
④ 《本集初》五律卷十二《春雪有作简梁凤丸》。
⑤ 《本集初》五律卷十一《送梁眉居巡盐浙中》。

构回京时间极短便南下赴任了。冬月,王铎晨守大明门,有诗寄怀梁云构。王铎另有《与梁云构》曰:"弟服药,热稍减差,喜极,遇亲家之协力助我,爰能助至此乎?……敬复眉翁亲家文章主盟。弟铎顿首。"①考其文义,亦是作于此际。

一别两年有余了,这次终于要与梁云构在途中相遇了。正所谓他乡遇故知,王铎的欣喜是可以想知的。途中得遇,或是梁云构赴京任少京兆一职,故王铎在诗中多有勉励之言。两个人一南一北相向而行,各负使命。相逢即别离,这也是人生宦旅的无奈。但毕竟各有所寄,对前路也俱怀憧憬之心,所以王铎也只是说"各勖重华事,勿劳泪满巾"。

此次别后,家国离乱。王铎居忧避乱南北,二人难以谋面。崇祯十六年(1643年)二月,王铎携家避乱至南京,还曾与梁云构论诗,并述失家奔走之状、郁郁不平之气。

崇祯十七年(1644年)三月,王铎一家行至丹徒,有诗寄怀梁云构、张慎言:"自为江南客,喜遇故乡人。梁君恢拓,张君静淳,旷绝一世无俗尘……"②,时梁、张二人皆在南京。王铎居忧漂泊之际,虽已被授礼部尚书之职,然既难闻命,亦难赴命。北廷已亡,王铎还是在漂泊的路上。四、五月间,王铎舟行杭州雷峰西六桥前,为梁羽明作草书《唐诗》卷,并有诗赠别,时梁羽明自玉山去往饶州。秋日,王铎受任南明礼部尚书、东阁大学士已数月,与梁云构同在南京。王铎与梁云构经常聚饮,并游梁氏园,一同泛舟:"心知沧桑各不语,何必语之撩人怀?……大醉实好,彼此半老。亲故遭兵,几人

---

① 王铎手稿《与梁云构》,香港佳士得2000年拍卖。
②《本集诗》七古卷八《寄怀眉居薮山》。

能保？更著书，苦不早。难道乾坤无知己？浮云西飞方浩浩。"①二人对南明政权多失望牢骚之意，诗中所言，正体现了此际王铎的心境。

南明弘光元年（1645年）五月，王铎因"伪太子案"成了皇帝和首辅的替罪羊，被南京市民群殴，受尽屈辱，所幸被移入狱中才得以保全性命。经梁云构等人的合力营救，王铎才被释放出狱。经此大难，王铎极度震恐，也深感患难之情："将与君，指白水兮为盟，媒凤凰兮要清松。"所以他说："雾隐藏岩草为衣，愿我子孙世相善。"②献城迎降，王铎一瞬间变成了他曾经最鄙视的人。巨大的心理落差在他心中留下了深重的阴影，居于南京的日子里，王铎只得以诗酒来慢慢抚慰自己的心灵。八月，王铎将往北京。临行前，他与梁云构父子饮酒、游历，并留下多首诗文表达惜别之情，如："海气空濛入薜萝，故人可奈远离何？……临歧难诉平生事，万水千山一啸歌。""所以胸中三斗泪，洒向丘中一古琴。……七尺之躯，岂任人役使？茫然胆栗惟轩冕。"③对于北京岁月，王铎可以想见其苍凉境况。梁氏父子这段时间一直陪伴左右，临别挥泪，大概也只有他们才能体会到自己的无限悲凉。王铎另有为梁羽明所作花卉卷，并留长诗以赠别。

顺治三年（1646年）正月二十七日，王铎正式接受了清廷的任命。稍后，梁云构也入职北廷。两朝同为官，同命更相怜。在此后的岁月中，王铎与梁云构走得更近了。王铎与梁云构等几位同乡、亲家经常聚在一起，互相宽慰，抱团取暖。王铎写给梁云构的诗句有很多，如"若得飘然天外去，骑牛更向玉门西"，"余生独喜耽经史，

---

① 《本集诗》七古卷三《游眉居园秋日同泛舟》。
② 《本集诗》七古卷三《予患难时匠先子明千里天镇千古义气为之作歌》。
③ 《本集诗》七古卷五《縠转歌柬眉居芝三》。

负郭深羞为子孙"等。九月,王铎过访梁云构的"银湾别墅",有诗句云:"多病支离懒曳裾,谁知蓬首费踌躇。"[1]值季之骏入京过访,王铎有诗《赠千里因柬匠先》[2],亦言"患难方知是得朋"。从这些诗句中我们不难看出,初入清廷的王铎懒于政事,只是醉心诗文书翰的心理状态。心头沉重的身世之悲,更加深了他对梁云构等人的情感依赖。

顺治四年(1647年)三月,梁云构在宣武门外的银湾河畔新造了水亭,邀请王铎等人同饮于亭中。王铎为之题"银湾"匾,并作《匠先新造水亭》七律四首等。八月七日,王铎以行书写此四诗,并《又咏眉居园》行书卷,后皆由梁云构主持刻入了《银湾帖》,予以广布宣扬;八月九日,王铎又与梁云构、张缙彦、薛所蕴等人聚饮于张鼎延斋中,夜半又到邻居潘氏舍中,笙歌泥醉,作通宵饮。饮酒之余,挥毫自然是王铎的固定项目。秋日,王铎在"银湾别墅"的壁上作行书《银湾园宴集序》,款云:"朝中峻事,将归敝庐,仆夫亦不喜予过银湾。为一过,则唇者唇焉,腕者腕焉……"[3]梁羽明有跋,言:"觉翁姻伯往来尤密,来则不问主人,兴到则赋,赋罢则书之粉壁……"由此可见王铎与梁云构家人至为亲密的关系。所往既密,且不问主人,那到访不遇就是必然的事情了。以王铎诗《独至银湾待眉居未归》[4]可见,到访不遇也不会影响他的诗兴,且随缘偶遇吧。既为姻亲,相互之间自然会抱团扶持照应。张镜心请王铎、梁云构等人

---

[1]《本集诗》七律卷六《踌躇柬眉居芝三》。
[2]《本集诗》七律卷八《赠千里因柬匠先》。
[3] 王铎手稿《眉居老亲家银湾园宴集序》,日本《不手非止》第四号春季号。《王铎年谱长编》,第1031页。
[4]《拟山园选集》(4),第1925页。

照应推举儿子张潘,即是一例。

顺治五年(1648年)四月,戴国士邀请王铎与梁云构等人饮于孙承泽的"闲者轩",泛舟湖中,继续着他们的生活常态。经常通宵饮酒,自然会让身体受不了。春夏间,王铎旧病复发,吟咏几废,梁云构、张鼎彦等诸位兄弟时时过访探视,温情陪伴。到了秋天,病体刚刚恢复,王铎就立刻与梁云构、薛所蕴、张缙彦、张鼎延等人挑灯拼醉了。十二月十日,是王铎五十七岁的生日,梁云构等人又都来到王铎的斋中聚饮祝寿。酣醉之际,相约以原班人马再加上陈焯、阎廷谟明晚再聚。

顺治六年(1649年)春,王铎在京城的宴饮更为无度,尝与友人们连坐七八个通宵。端午后,王铎作《枯兰复花图》,又与宋权、梁云构等十多人夜集,同观此画,可谓盛况空前;七月三十日,梁云构病卒,得赐祭葬,谥康僖。王铎为制《公祭梁公文》,作《祭少司农梁公眉居文》《清故户部右侍郎眉居梁公墓志铭》,并亲自书写了《梁康僖祠记》,另有《哀眉居》等诗,其感念至深,足可证他们二十余年的人生交谊。次年六月,王铎梦与梁云构夜谈,席间叙言多时,恨闻鸡鸣梦醒,因过"银湾别墅"并作诗,有云"新墓牵凄恻,闲园作别离"。秋日,王铎再过"银湾别墅",感伤有诗:"清萍何日荐,万感一梁鸿。"[①] 这些亦可为二人人生交谊的注脚吧。百余年后,他们还会共同入选《明季贰臣传》,当然那已经是身后事了。

(三)

与梁云构途中别后,备感亲家之间的情谊,王铎又有诗《念薛行坞》寄怀亲家薛所蕴:"读书三十多年了,辗转为宦漂泊南北,算

---

① 《本集诗》五律卷二十二《眉居银湾别墅》。

来知己能有几人呢？我愿为渔夫隐于江上，追随先贤赋楚辞。白云千载，悠悠可掬，君才如燧，映照京师。薛兄的使命是安世济民，切不要像我这样沉迷于笔墨呀。"[1] 庚辰年在京城中，王铎与薛所蕴相聚颇多。宦游之际，大家互相陪伴，有着许多美好的回忆。

薛所蕴，字子展，自号行坞，亦作行屋，崇祯元年（1628年）进士。薛所蕴是同乡圈中的重要一员，更是陪伴王铎终生的友人。薛所蕴的老家孟州，与孟津相距不远，隔黄河相望。薛所蕴比王铎小八岁，其文名则与王铎相埒。入清后，二人与刘正宗诗文相和，并称"中州三大家"。

薛所蕴与王铎相识或早在天启初年。[按：顺治三年（1646年），王铎柬薛所蕴诗《迢递柬行坞》云"二十五年双涕泪"[2]，应该就是说他们的交游岁月。]薛所蕴中进士后，即受任山西襄陵知县，遂赴任在外。而此时王铎在家乡休假，返京后又受命册封潞安六合王，再顺道返乡，二人应无太多交集。他们真正熟悉起来是在崇祯六年（1633年）。这年四月，王铎返京复命，而薛所蕴也得到崇祯帝的召见，以举止卓异得授翰林检讨。他们在京城同乡圈里迅速打成了一片。

崇祯八年（1635年）六月，浙江友人余俨来访，王铎与薛所蕴、王之晋等人对酒作歌，席间作忧时之感慨。夏日，王铎为薛所蕴作楷书《自作诗》卷，款云"乙亥夏挥汗书，请政行屋老亲家词翁"[3]。以"行屋老亲家"之语，可知王铎已与薛所蕴结为了儿女亲家。（按：薛所蕴次子葳生娶王铎女。）八月，王铎将赴南京翰林院事任，薛所

---

[1] 参见王铎手稿《念薛行坞》，山东博物馆藏。
[2] 《拟山园选集》（6），第2740页。
[3] 王铎手稿《自作诗卷》，孟州市博物馆藏。

蕴设宴送别，王铎有谢札："损亲家嘉馔，情深桃花潭矣。怅别牵系，文通黯然，今始信之，为呼奈何？"①二十四日行至伏城驿，王铎再有书信寄怀薛所蕴："亲家与弟别有声气……弟至伏城……望吾紫山黄河，尚赊十日之程。日远亲家教言，星霜阻迈，言之逾为黯然矣。"②

崇祯八年（1635年）冬到十年（1637年）春，王铎在南京任上，与薛所蕴远隔千里，时有书信往还。十年二月，将北发之际，王铎咏松柯以明志寄怀薛所蕴，有句："誓不众卉同，植根孤不移。日西白鹤来，幽栖无人知。"③返乡途中，王铎亦有诗寄怀薛所蕴："……笑言与我违，冉冉三年久。梦里见容辉，殷勤为携手。此情欲如何？不徒怀杯酒。"④自孟津返京的途中，王铎再有诗寄怀薛所蕴等人，言及忧时孤旅之意："旅病离乡远，长安亦是家。……古塞城何济，中原赋又加。欲知心内事，短发注年华。"⑤返京后，王铎旧病复发，薛所蕴与赖垓过访探视，同观古砚留酌。

崇祯十一年（1638年）春，刚升任詹事府詹事的王铎在家养病，薛所蕴与刘正宗、赖垓再次过访看望。"尽日悠悠过，惠然来故人"⑥，友人们的陪伴带给王铎极大的安慰。

崇祯十二年（1639年），王铎曾为薛所蕴作杜诗《瀼西寒望》行书轴。⑦

庚辰这一年，王铎与薛所蕴往还聚饮颇多。正月里，王启睿、薛

---

①② 王铎手稿《与薛所蕴》，北京故宫博物院藏。
③《本集初》五古卷六《寄薛行坞》。
④《本集初》五古卷七《怀侯六真许佩宛张湛虚李元居薛行坞王大苏》。
⑤《本集初》五律卷十一《柬薛行坞张得一杨中岳郭麟生刘见田》。
⑥《本集初》五律卷十一《刘宪石赖寓肩薛行坞枉过》。
⑦ 王铎手稿《杜诗》轴，朵云轩1999秋拍。

所蕴雪中过访斋中,三人对酒道夙昔,酒热之际感伤颇多。闰正月,薛所蕴招饮于自家园亭,酒喝到半夜方才散去,其间的氛围非常欢快,王铎记曰:"宦梦风吹去,初春怡此亭。吟残一片月,笑转万年星。旷览皆忘返,韬心自独醒。谁知蛇尾远,香气到虚灵。"①大雪天里,王铎又与袁枢一起到薛所蕴家中,对雪畅饮。三个同乡的小圈子,最易喝得畅快:"索酒大白吸名酥,架笔宜用红珊瑚。"②酒酣兴至目空千古,三子自称狂夫。状态到了,王铎开始泼墨,为薛所蕴写雪中瘦竹,骨力洞达,嶙峋有致。这种状态下的笔墨让王铎也颇为自许:"众人画竹竹有踪,我辈画竹竹在胸。"袁枢拿出了陈道复芙蓉、牡丹、玫瑰、奇石、幛子五幅共赏,王铎为之作长歌以赞。薛所蕴也拿出董源的大幅山水,王铎鉴定为真迹,并题:"薛君此图起妒心,二华五枝割昆仑……便欲携君醉其中,石窗绿梦占高峰。"③此番南行途中,王铎以诗寄怀,也是兄弟之间的日常往还吧。

第二年(1641年)秋,王铎移居怀州避难,时薛所蕴出使韩藩后便道归乡。王铎即往孟县与薛所蕴相聚,同游孟县诸名胜。(按:王铎多次以居忧不便出门为由谢绝了友人们的邀请,但赴孟县与薛所蕴相聚就另当别论了。)在孟县期间,王铎与薛所蕴、李际期及县令张兆罴等相聚,谈及时事,不胜感慨。

崇祯十六年(1643年),薛所蕴被任命为国子监司业。甲申国变时,薛所蕴降附李自成,接受了伪职。两月后,清军入北京,薛所蕴在范文程的举荐下,再降附清廷;王铎则经历了在南明王朝的大起

---

① 《本集初》五律卷十七《饮薛行坞亭同诸公》。
② 《本集初》七古卷四《坐雪中饮写墨竹夜雪孤贞图赠薛行坞时同袁石寓》。
③ 《本集初》七古卷五《题薛行坞董源大幅山水》。

大落，最终迎降清军。人生的悲辛无奈，两个人都在两年间尽尝了。

顺治二年（1645年）冬，王铎来到北京，等待清廷的任命。二人再次相见，又是何等的感慨与悲喜呢？王铎在写给薛所蕴的诗《笑傲柬存寓、行坞》中说："笑傲山林方自遂，缑山一径任西东。……何须又问雷平道，辜负桃花满涧红。"① 尽管王铎一再表达了去官归隐之意，但这次等待他的是新朝任命，而他的选择又何尝不是接受呢？

顺治三年（1646年）正月，王铎正式接受了清廷的任命。二人再次同朝为官，同病相怜，内心也更加紧密地联系在一起。这一年，王铎多与薛所蕴、张鼎延、梁云构等人同游，抱团取暖。另，王铎与薛所蕴过访孙承泽，题孙承泽所藏《淳化阁帖》拓片。冬日，王铎有诗《迢递柬行坞》："北海烟云未寄声，安能隐默旧交情？……二十五季双涕泪，三千余里一孤城。"② 此诗道出了他苦闷敏感的内心。

顺治四年（1647年）六月，薛所蕴请王铎等人同饮于彰义门内寺楼，王铎有诗为记。七月，张缙彦来京，王铎有诗柬薛所蕴等诸位乡友。八月，王铎与薛所蕴、孙昌龄等人同饮，并为孙昌龄临颜真卿《一行帖》，更与薛所蕴、梁云构、张缙彦等集于张鼎延斋中，作彻夜泥饮。秋日，薛所蕴雨中招王铎与张缙彦同饮于万寿宫，有诗《雨中行坞招集万寿宫》："万事惊心须烂醉，雷收电寂为阿谁？"③

顺治五年（1648年）春，薛所蕴约游西山，王铎卧病未能同行，怅然有诗《不得与行坞游西山》。秋夜，康复不久的王铎再与薛所

---

① 王铎撰，黄道周选：《拟山园选集》（5），台湾学生书局，1970，第2483页。
② 《拟山园选集》（6），第2740页。按："迢递"为路途遥远之意。依诗意所言，薛所蕴当在千里之外。然二人此际一直交游频繁，薛氏不当有远行之事，待考。另，《王铎年谱长编》将此诗定为顺治三年（1646年）冬，此诗或为前朝所作重书于此年，亦待考。
③ 《拟山园选集》（6），第2581页。

蕴、刘正宗等饮于张鼎延斋中，醉歌赋诗。十二月十日，王铎五十七岁的生日宴会，薛所蕴当然也在其中。本月，王铎复与薛所蕴、李茂卿等人夜饮古槐下，通宵达旦。

顺治六年（1649 年）三月三日，王铎为刘正宗作草书诗卷，款中说："宴饮劳顿，已与薛所蕴等人连坐七个通宵了。"① 五月二十二日，王铎作《枯兰复花图》，招友夜饮同观，薛所蕴在座。六月，在薛所蕴斋中饮酒，王铎在壁上画山水，再作书，薛所蕴以歌咏之，可见二人酒后的颠倒之态。

顺治七年（1650 年）清明节，薛所蕴请王铎与傅景星等人聚于祖家园。三月雨中，王铎过访薛所蕴的"桴庵"，酒后，为其补画壁间山水。本年，王铎为薛所蕴作《行坞薛公桴轩集序》，盛赞其诗文。

顺治八年（1651 年）四月，王铎奉诏祭告华山。临行前，诸友设宴送行，薛所蕴有五律《送觉斯王宗伯祭告秦蜀四首》，为之壮行。另薛葳生跋《日涉园帖》云："辛卯岁，文安公有秦蜀之行，临歧与先大夫约'此行回时，当作数百幅相赠'。"② 其中所述亦为此时之事。十二月，王铎辗转返回孟津，即有诗《寄行坞玉调》，有句"七旬吾貌瘦，相见讶何人？"③ 言归乡后情境。

顺治九年（1652 年）二月，王铎卒于乡，薛所蕴有七律《忆王觉斯先生八首》，极尽哀悼追念之意。顺治十四年（1657 年），薛所蕴致仕归乡，康熙六年（1667 年）三月病逝于乡里。顺治十五年（1658 年），薛所蕴的儿子，也就是王铎的女婿薛葳生，将薛家所藏

---

① 参见王铎手稿《自书诗》卷，《中国真迹大观·清》。《王铎年谱长编》，第1072页。
② 薛葳生纂集《日涉园帖》跋，泰和嘉成2017年秋拍。
③ 《本集诗》五律卷十四《寄行坞玉调》。

王铎书迹集刻为《日涉园帖》。《日涉园帖》所收多为王铎在崇祯年间写给薛所蕴的信札，札中对薛行坞诗文极尽推举之意。《日涉园帖》刻成之时，王铎与薛所蕴都已去世，这也算是对二人数十年人生交谊的一个注脚吧。

乾隆四十三年（1778年），二人共同列名《明季贰臣传》乙编。

（四）

时近岁尾，王铎在处理完父亲的丧事后，举家迁移到黄河北岸的怀州避乱。四方兵戈未解，王铎为之深忧不已，有诗曰："年荒始验难收栗，岁暮犹闻未解兵。……野王北去山仍绿，唤得愁心处处生。"[1]

邻近的一处兵乱就更让王铎揪心了。十二月二十一日，李自成的农民军自南阳攻破宜阳，二十四日围攻永宁，二十七日四鼓城陷。亲家张鼎延一门死难者有二十三人，另家仆死难四十余人。张鼎延因藏匿于井中才得以幸免于难。惊闻永宁城破的消息时，马上就要过年了。王铎不知道张鼎延的生死，忧心之际写下了《永宁破虑玉调》。王铎与张鼎延的关系极为亲密，张鼎延的安危自然让他悬心不已。

张鼎延，字慎之，号玉调，天启二年（1622年）进士，河南永宁人。同年、同乡之谊早已将他与王铎紧紧联系在一起了。

张鼎延的父亲张论，字建白，万历三十八年（1610年）进士。崇祯二年（1629年）八月，时任都御史的张论擒斩奢崇明、安邦彦，除去了西南的大患，王铎曾有书信致张论为贺。时张鼎延已任职兵部，因父亲节钺锦川而陈情回避。九月中旬，在孟津休假的王铎专程到永宁县德里村看望了张鼎延，并与张鼎延、邢绍德等人同登金门山，入龙窠山谷题壁。此时张鼎延与王铎已结为儿女亲家（王铎的次

---

[1] 王铎手稿《野外》，西泠拍卖2008年春拍。

女王相许字给张鼎延的次子张璿），二人的关系更走近了一步。

崇祯五年（1632年）春，王铎受命册封潞安六合王，张鼎延受命册封永宁万安王，二人各有赠诗为别。

崇祯六年（1633年）五月，王铎返回北京。六月，张鼎延约王铎同游天宁寺、王生园等处。重阳后，王铎与张鼎延、袁枢同饮于报国寺松下。秋日里，王铎居京中"绿雪园"，有诗柬张鼎延等友人，谈及庚午以来的灾异，对纷纭的国事表达了忧虑之情。

崇祯七年（1634年），张鼎延的父亲去世，王铎为作《通议大夫巡抚四川葆一张公墓志铭》，以致哀悼之情。时张鼎延因直谏被谪为南京验封郎，以父丧故回乡丁忧。

崇祯十年（1637年）春，王铎由南京北发，作五古长诗寄怀张鼎延。诗中叙久别之情，有"君还居兵间，城守日经营"①句，知张鼎延丁忧期满，已还兵部任职。此年，他们也谈及儿女的亲事，打算王铎返京之后即为儿女成婚。

崇祯十一年（1638年）春，王铎任詹事府詹事，张鼎延则南归乡里，王铎有诗《送玉调》为别。十二月，王铎的次女王相去世。女儿本已到了出嫁的年龄，但因随自己南北驱驰，又加上兵乱阻隔，婚事一拖再拖，最后竟至无缘而终。"非予宦不致此"，这令王铎哀伤愧疚不已。王相临死前作一诗，握着王铎的手说这都是"命"，更让王铎哀痛难以释怀。

崇祯十二年（1639年），王铎有诗《讯张玉调》《达玉调、豫石》，对居乡的张鼎延再致牵念之意，并表达了对乡居生活的渴望。

崇祯十三年（1640年）秋日，王铎梦到一别已近三年的张鼎延，

---

① 《本集初》五古卷六《怀张玉调》。

醒来后赋诗曰："今生与君，兄弟之情未有终时，虽隔千里，牵念一也。往事如秋水无尽，一一涌来。驱驰悲歌，人生得失不必挂怀。梦中与君相见，虽彼此卑微也无须嗟叹，且共把盏一醉。明月当空，万古皆如此。梦中烟雨蒙蒙，醒来犹在目前。"[1] 近两个月来，王铎忙着奔波回乡、处理父亲的丧事、移居怀州等，诸事繁杂，又加之兵火遍地，路途阻隔，一直未能与张鼎延相见。本打算稍作安顿后即相见，却突然听到了永宁城破的消息，张鼎延生死未卜，这如何不让他忧悬万分呢？

转眼就是次年（1641年）正月了，李自成兵临洛阳，消息不通。王铎一直对张鼎延、吕维祺两位亲家牵念不已，他在《怀豫石玉调》诗中说："春来不自觉，念尔独钦钦。怅望苍波隔，悠然烟雨深。……为俟相逢处，洛滩红藕阴。"[2] 先听到的噩耗是洛阳城陷时吕维祺死难了，而张鼎延的消息还是不得而知。到了三月，任濬以河南巡按御史守汴，激战后李自成败退。这时张鼎延才辗转来到河内，二人得以相见，真是"惊呼热中肠"！王铎有《张玉调过访怀州》《喜见玉调作长谣》《见玉调问讯金门山》等诗为记。张鼎延慰问了丁忧中的王铎，告诉王铎他的母亲已于去年十二月初去世，二人又是相对垂泪。应张鼎延之请，王铎为其父母作了合葬墓志铭。乱世劫余，他乡遇故交，王铎和李际期陪同张鼎延到河内北六十里的清化、水磨、月山寺等地一游，并同宿袁家庄。四月，王铎的母亲也在怀州去世了，丧事连连，张鼎延再致悼念慰问。

崇祯十五年（1642年）十一月，王铎携家避乱江南。行至汲县

---

[1] 参见王铎手稿《梦张玉调》，山东博物馆藏。
[2] 《拟山园选集》（3），第1150页。

时收到侯恂的书信，侯恂此时总督保定、山东、河北军务。王铎遂作复书，请侯恂转告还在怀州的张鼎延速埋其父母棺椁，要速速南下避乱。

此后离乱变迁，江山易主，王铎经历了巨大的人生荣辱，最终在南京献城降清。顺治二年（1645年）九月，王铎随多铎前往北京。行至鲁西时，西望家乡，思念旧山。王铎有诗《金门山信询玉调》，言已阅尽世间浮云，但任花开花落而已。并与张鼎延相约作烟霞主，相伴于山林泉石之间，这是他此际徘徊落寞心境的真实写照。

儿女亲事虽因王相的去世而最终无果，但是两家的亲情却一直维护和延续着。顺治三年（1646年），王铎在北京为女婿张璿（天政）作草书《杜甫诗卷》，款云："丙戌三月十五日，戏书于北畿，为天政贤坦……"①可见他们以翁婿相待，执礼依然。鼎延的长子张瑁（蓝孺）来看望王铎，王铎为作行书轴，款云："吾别蓝孺数载，寇氛旁午，不意复得聚北燕。何时登金门绝顶，吟啸如往日，即被发茹草，有书足读，愿毕矣，又何求？"②并为张瑁书杜诗《禹庙》行书轴，表达了对张家子侄的殷殷之情。夏日，得授考功司郎中的张鼎延携酒过访，叙离乱遭际，不胜唏嘘。王铎有诗言："风力天颁动，泥途不自由。君犹携醴至，谁复念穷愁？……白头吾与汝，交道岂贻羞。"③二人同在京中，交往又重新频繁起来，同游宴集当然是常事，诗书往还也极为密切，王铎《过玉调斋中》《出郊外柬玉调》《漫言柬坦公、玉调、行坞、眉居》等诗，都是作于这段时间。

---

① 上海博物馆藏。
② 王铎《文语》轴，台湾私人藏。《王铎年谱长编》，第931页。
③ 《本集诗》五排卷四《有闻雨中玉调携榼至榻》。

顺治四年（1647年）春，王铎寄信给张鼎延，相约同游孙承泽的金鱼池："三月绿水时，桃花柳色，种种媚人，金鱼池共访孙北海，我辈欢畅……倘临时得无事为快，此豫订言也。亲家勿嫌其太草草。"①夏日，此约成行，王铎与张鼎延等同过金鱼池，访赵孟頫、鲜于枢旧址，欣然宴聚，王铎有《金鱼池宴集序》为记。七月，张缙彦来京城，王铎以诗柬张鼎延等诸友致喜，然后约上张缙彦、梁云构、薛所蕴等人到张鼎延斋中饮酒欢聚。十月，王铎与张鼎延、孙徵兰宴集后，乘兴挥毫，为张鼎延作草书诗卷，款云："丁亥十月十二日夜，同孙睡足老兄，为玉调老年亲家博正，王铎年五十六岁。"②

顺治五年（1648年）夏，王铎卧病数月，张鼎延与梁云构等时时过访探望。秋日，王铎病愈，与刘正宗、梁云构、薛所蕴、张缙彦等人宴集于张鼎延家中，挑灯拼醉，率真忘我。十二月十日，王铎五十七岁的生日，张鼎延与梁云构等几位亲家齐集于王铎斋中，饮酒贺寿，不亦乐乎。

顺治六年（1649年），二人与在京诸友宴集如常。五月二十二日，王铎作《枯兰复花图》，是夜，与宋权、张鼎延等十余人饮于三槐下，同观此图。重阳节，王铎与张鼎延一同宴游，酒酣之际挥毫题诗。十二月十日，王铎五十八岁生日，张鼎延有《赋得海屋图寿觉斯》为贺。

顺治七年（1650年）三月，张鼎延升任大理寺卿，王铎喜不能寐，致书信为贺。五月二十日，王铎为丁耀亢即席书《题陆舫斋十首》，张鼎延有和章。九月，王铎过三弟王镛斋中，与张鼎延、戴明

---

① 王铎《桃花帖》，刻入《琅华馆帖》。《王铎年谱长编》，第1002—1003页。
② 王铎《自作诗》卷，刻入《存介堂集帖》卷八。《王铎年谱长编》，第1034页。

说等观剧饮酒，灯下作书。本年，张鼎延数数招饮，王铎有《玉调招饮汪金吾园》《白日柬玉调》等为记。

顺治八年（1651年）正月，王铎与张鼎延频频相聚，有《简玉调》："命役斟红酒，闭门讲白驴。"①二月十八日，张鼎延携卷求书，王铎为临《淳化阁帖》，款云："辛卯二月十八日，玉调亲家携卷求书。予书何足重？但从事此道四十年，皆本古人，不敢妄为，故书古帖。……假年苦学，或有进步耳。他日当为亲家再书，以验所造如何。"二十七日，王铎再为之书写《自作诗》行书卷。②三月十四夜，王铎为张鼎延所刻的《琅华馆帖》作跋。刻帖费用昂贵，并且非名手不可，但这却是传播书名的绝佳手段。《琅华馆帖》所收皆为王铎致张鼎延父子的书札，张鼎延集刻此帖，其用意可谓深且重矣！四月王铎受命祭告华山，行前，张鼎延以诗酒为壮行色。年底，王铎辗转返回孟津老家，有诗《寄行坞、玉调》以致牵念之意。

顺治九年（1652年）二月，王铎卒。张鼎延哭王铎灵柩，并制《公祭礼部尚书觉斯王公文》，洋洋千言深致哀悼之情，中有"惟琯儿暨璿儿，分犹子与半子"③句，是对他们一生情谊的铭记！

当然，他们还会在百余年后的《明季贰臣传》再次"相见"。

## 九 游历访友

公务之余，游历访友是晚明官员极为重要的日常活动。这在王铎的日常生活中占据着很大比重，可从中梳理出其个人的交游行迹，观

---

① 《拟山园选集》（4），第1985页。
② 二书皆刻入《琅华馆帖》。《王铎年谱长编》，第1189页。
③ 张鼎延《蠛谷卮言》卷十《哭王觉斯灵柩并似藉茅》。《王铎年谱长编》，第1264页。

照他的心性志趣，从而贴近、理解他的内心思虑。

庚辰这一年王铎的游历活动，主要集中在春、夏、秋三季，也就是在十月中旬他离京前的这一段时光。在这段时间里，王铎刻意避开政坛上的纷纷扰扰，日常生活也相对稳定闲适，因此他有大把的时间用来游历和访友。

这一段游历访友的时光，当然只是王铎人生行迹当中一个极微小的片段，无法全面折射出其复杂的人生光影。但它又是王铎人生链条中不可缺失的重要一环，勾连起所有的前因与后果。

尽管时光久隔，许多的细节已无法还原和再现了，但仅就其中的一些片段，我们依然可以串联起一条脉络轨迹。循着这条轨迹，我们可以走进王铎的生活日常，与他的悲喜忧欢共情，从而了解他走在其中时的感慨思虑。

## 出行

年后寒冷多雪，北京的春天比往年来的要更晚一些。春寒时节，王铎旧病复发，居家调养了好一段时间，远足之事也就一拖再拖了。

外出游历当然得要等到天气转暖的时候。京城花发，约上二三好友在近处转转，或者到友人的小园林里聚聚，活动一下筋骨，赏赏景色，是很容易做到的。

北方的花朝节是在二月上旬，天气转暖，正是结伴"踏青"的时节。花朝节前夕，王铎访梁兆阳一叙，相约出门一游。梁兆阳，字阶林，广东顺德人，崇祯元年（1628年）进士，当时为翰林院检讨。王铎有诗："胡笳喧北蓟，草寇衍西秦。笑约花朝醉，朱光别有春。"① 外有清兵袭扰，内有农民军叛乱，这个春天极不平静。官员们虽有片刻的心头忧患，但毕竟兵火尚远，眼下游历的兴致却不减。他们筹划着花朝节的春游之事，打算醉在春光里。

每年春天，朝廷的祭祀活动会比较多。王铎在礼部任职，祭坛祀陵之事多由他主持，因此也就有了许多顺便游历的机会。京郊之地，王铎最常去的大约非昌平莫属了。昌平在京城的西北，皇陵坐落于此。王铎常去祀陵，他对皇陵的了解可绝非一般人所能比。曾陪同他前往祀陵的熊文举说："先生谈诸陵别派分支，错绣如画，博物君子哉。"② 王铎不但熟知皇陵，更熟悉皇陵周边的山水林木。明陵坐落于天寿山麓，东西北三面环山，形如椅子圈，是风水极佳之地。周边诸山风景优美，寺院林立，高僧云集。因是皇家陵园所在，这里平时有专门的机构值守，且距离京城不过百里，交通也比较便捷。对于久处京城的人们来说，这里是游历赏玩的好去处。景物既熟，心又好之，昌平诸山就成了王铎最常去的地方。公务之余当然要去，若偶有友人相邀，他也会专程跑上一趟。

二月十三日寒食节，王铎在西陵观山陪同苏州友人谭又玄，这是他这一年第一次前往。京城的大风天气已经持续了二十多天，漫天风沙里也实在没什么好去处了。好在京西不远，深山幽静，正好可以出城换换心情。谭氏善诗文，工山水，精楷书，是同道中的高人。他们提前一天就赶到了山中寺院住下，第二天一大早就开始登山。谭又玄是第一次宿游西陵诸山，游兴颇高。二人登至高处，放眼群山远近高低，回环曲折，颇有游龙之势。山势起伏间又如水墨淡染铺就，清新

---

① 《本集初》五律卷十七《访梁阶林》。
② 熊文举《雪堂先生文集》卷十一《祀陵记》。《王铎年谱长编》，第450页。

淡远，怡人怀抱。与高士游自然心开，旷览群山，胸臆开阔，王铎的病体也顿觉轻松了。

前一年春夏间，王铎曾有两次祀陵的公务。公务结束后，又与友人们登山游玩一番。今年夏天，王铎再次到昌平祀陵。公务之余，依然又和友人登山，足迹所至，也还是在峋峋崖的周边。

峋峋崖在昭陵的北边，山势盘旋而上，望若梯磴。山上怪石林立，山泉流绕，树木蓊郁。峋峋崖有三座高峰，左右为翼，中峰为首。山间多有道观寺院，景致幽远恍若世外。驻足于此，令人心旷神怡。

王铎与巩、刘二人同行，过山间溪流，立水石之上。望岩下孤光逼仄，叹造化之神奇。此地少有人迹，洞边景色但随时节转换。置身其间，心远神清，仿佛回到天地初造之时，顿觉自忘其身了。[①]

他们再访峋峋崖东庵。晨钟暮鼓，经声佛号不绝于耳，满目百花盛开，四野山风呼啸。久处京城里，终日为尘务缠绕，今置身于此，才知久违大荒，远离本心了。再游峋峋崖道房，"宁知下界暑，虚寂独萧萧"，山高林密，气爽神清，令人顿生出世之想。"可堪窥法象，载斗礼重玄"，问道访禅，大约就是此际唯一挂怀的情愫了。

转而登临谢山阁，山林花香萦绕。坐在阁中，四望晓气难以名状，山路依稀可见，循此登来，如在世外仙境。忽然间山雨袭来，更觉满山青翠。远方寺院里钟声悠远，心绪也随着山风逐渐飘散而去了。

登山途中，有山洞隐然于路边，四望飞鸟在下，衣襟飘举，恍然间已羽化登仙。洞口杂花纷然，药丛幽深，"始见乾坤撰，当从损益求"。山风在耳，细雨蒙蒙，缘何不息心于此呢？

终于登至山巅，从仙境中放开视野，苍茫人世即在下方了。山

---

[①] 参见王铎手稿《峋峋崖道房》《山洞》，山东博物馆藏。

高近日，湿云流转，虽然是夏热时节，却有种天凉欲秋的感觉。三晋之地隐然在望，清晰可见的却是兵火劫余的古燕州。战鼓之声犹在耳畔，赤野千里，农废耕耜，又如何不让人忧思牵念？自古儒冠多误身，二十年仕途坎壈，四十年经书遍览，孜孜所求于政务，至今日不过是华发苍颜。心事慵懒，归隐何必家山？脚下白云生处，即是心心所念的烟洲所在了。

宿游岣岣山总是短暂的，而归程的目的地京城才是自己的盘桓之所。良宵苦短，美好的游历也是如此。洗去风尘，坐在书斋案前，回想这两天在岣岣崖的愉快经历，再端详将要面对的俗世纷纭，王铎倍感无处安放自己的心绪。这是一种繁华过后的落寞，是兴尽悲来的感慨万端。他提笔写下了《入城思岣岣山》："结庐在城中，与岣岣山离得太远了，远得无法望见你青翠的容颜。每天都要去面对那些政务俗事，心里却怎么也放不下对山石泉林的期念。我如何才能与牧童山樵相伴，如何才能让自己纷乱的心绪安放下来？唐时卢鸿乙尚可以弃官归隐，居住在我嵩山的太室山，而我却依然被仕途羁绊双脚，心中羞愧难安啊。万千心事难说，苍烟可否愿听我倾吐心言？"①

荷花盛开之时，王铎泛游北湖，有诗为记："竹林掩映，门径若失，北湖如太液古池，隐然其中。孤舟泛游，心随意远，忽然悟得虚寂幽妙之境。百岁不过一瞬，万事何须挂怀？但绿水满眼，倒映远山，丹楼璀璨，日月光明。莲花正艳，天地清明，一舟摇荡其间。直须把盏深醉，莫负如此光景。"②一游即作出世想，心底的人生渴念随时都会被牵引出来。

---

① 参见王铎手稿《入城思岣岣山》，山东博物馆藏。
② 参见王铎手稿《北湖柬诸君》，山东博物馆藏。

## 访友

闰正月下旬，吴应举来到北京，暂住在京西的天宁寺里。

吴应举，字明自，家住在黄河北边的济源，与孟津隔河相望。万历三十三年（1605年），三十多岁的吴应举考中举人。但在此后的十多次"礼闱"考试当中，吴应举却屡屡受挫，岁月蹉跎。吴应举晚年绝意宦途，在老家开"临黄馆"授徒，与四方俊彦肆志于诗文。

王铎二十岁时北渡黄河，到济源求教于吴应举。吴氏比王铎年长二十多岁，二人算是亦师亦友的关系。转眼间，他们的交游也有三十多年了。

此时，王铎已是三品大员，而吴应举却依然功名无望，寄居在寺院里。"礼闱"考试在即，吴应举此番来京，会不会又是参加屡遭挫败的科考呢？吴应举已年过七旬，科考之路坎坷，实在令人感慨万端。故人相见，对吴氏而言或许是百般滋味在心头。

王铎前往寺中看望老师，并投以长诗述说心曲："世人结交，最难得的就是真情了，官宦职位只不过是过眼烟云。回首少年时，我拜在老师门下。您邀我饮酒诗话，黄河内外正漫天飞雪，这又是何等的人生情境！您胸富诗书，朴厚沉静，徜徉在林泉之间，令人钦仰；您狂狷磊落，早已看淡得失。很高兴能在这里见到您。这些年兵戈满地，书信问讯都成了难事。您与诗书为伴，超然高隐，俗子哪能理解您的高旷情怀呢？我也是狂痴之人，二十多年来宦迹南北，不肯低眉屈颜以事小人。而今因于宦所，但请您不要笑我俗气。微薄的俸禄都买了书，引得妻儿对我很是不满。我只一心学古而已，对于世俗钻营颇难入心。能与您谈古论今、畅所欲言，这是何等的幸事啊！您著书为业、矢志于此三十多年了，相形之下，实在令我汗颜。吴君交道爱块垒,我不著作老空悔呀。莫叹惜惆怅了,我们不妨来一场烂醉,且看那京城的二月杏花吧。"[1]

王铎说得很客气,他不想让老师感到不适。吴应举的科考之路坎坷难通,这又何尝不是众多寒门书生的无奈现状呢?能以科考博取功名者毕竟是少数人。学而优则仕,虽万难而不悔,因为这是读书人的唯一出路。此路难通,令人长叹!两个人的身份地位已然拉开了巨大差距,故人相见,王铎能如此亲切话旧,不忘贫贱之交,也足可见他感情的细腻与儒者之风了。

三月十三日,已是立夏节气了。这段时间,各地的民乱有了好转:前一年初冬,大学士杨嗣昌以兵部尚书督师平贼,获赐尚方宝剑调度会剿。当时崇祯帝亲自于平台饯行、赐诗,寄希望于此次出征即可一举荡平匪患。到了二月,平贼将军左良玉追剿叛军颇为有功,大败张献忠部于太平县玛瑙山。消息传来,崇祯帝对于这次初胜很满意。在财政如此亏空的情况下,崇祯帝给杨嗣昌万金,赐斗牛服,在用人上也予以全力支持。朝臣们出于对杨嗣昌亲临战阵的尊重,也暂时停止了对他的攻击,朝廷获得了暂时的平静。

兵患虽然短暂平息,但天灾却是持续不断,各地都在告急。立夏这天,朝廷下令赈济京城贫民各二百钱。三月二十日,分赈畿南三万金;三月二十五日,免除两河积逋,受灾严重的,在缓征之余再免去年和前年收税的十分之三;四月七日,浙西大水;四月九日,因宿州等十三州县灾荒,免除八年的逋赋;四月二十二日,南安、惠安、同安地震;五月六日,减免商州等地这一年的田租;五月七日,减免湖广田租,等等。天灾之下民不聊生,各地都需要减免赋税增加赈济,

---

[1] 参见《本集诗》七古卷二《赠济源吴明自》。

但内外兵患又需要征兵催饷、征剿防御，这实在是无法解开的死结。

三月十四日，户科给事中左懋第上言："去年彗星见，皇上停刑后灾异就消失了，但今天怎么就不灵验了呢？停刑斋祷只是表面上的功课，要解决问题必须在'实'上下功夫。皇上减兵省饷，天下百姓已经知道皇上的怀惠之意。但兵减而饷未减，恐怕都是被贪者中饱私囊了。现请皇上下诏宽减练饷的加派之数，以施惠于民。刑狱待罪之数众多，恳请皇帝择其轻重以别之。减饷、明刑都做到了，那又何患天变不止呢？"①左懋第的话实在是戳中了崇祯帝的痛处，他心里痛恨朝臣不作为，但又决不愿意承认自己有过失。内忧外患，军事上面临着巨大的压力，减饷又如何能化解危局呢？朝臣无能，但谁又能真正力挽狂澜呢？

御史、给事中皆属言官，行监察之职。政府设置御史台和六部给谏，意在监察国家行政，纠劾失职疏谬，从而使朝廷中枢可以更好地了解民间疾苦。崇祯朝，言官却变成了党争的工具和推手，使纷乱的朝政更加复杂。尽管如此，言官中依然不乏慷慨中正之士，能为国分忧而仗义执言，形成一个特殊的文官群体。这年是王铎在明朝北京政权履职的最后一年，他与多位言官都有着密切的交往，从中也可以看出他对他们的尊敬与期望之情。

给事中王都以天下苍生为念，撰写了《救荒书》，但求有补于时政。王都的举动虽然无法改变危局，但至少是在尽一个言官的职责。王铎读其书，感慨而为之作《王介清救荒书序》曰："……介清之书，其骏作也。如火刃傅髀不能缓救，何至使黔首丧其乐生，走死易面而甘为纠民哉？嗟夫，霸者之事，补羸援割，区区数应之术，犹足以苏

---

① 参见《明崇祯实录》卷十三。

弱为强，况治天下兴治殷邦，而以王道敷之乎？……介清志膏天下者也，襄中兴，干重华，介清无意耶。"①

王都，字懿伯，号介清，祖籍山东文登，后徙家德州左卫。王都是天启五年（1625年）进士，崇祯间得授给事中，立身中正清毅，直声动天下。李自成攻陷北京后，时任太常寺卿的王都幽愤自残。王都是王铎下一届的进士，二人相识大约始于崇祯初年（1636年）。崇祯九年（1636年）秋天，王铎曾有诗寄赠王都，在诗中已将其引为知己。在此后的数年中，二人诗文往来问讯颇多，悲时二人隐逸之心亦数数流露。

庚辰这年二人同在北京，交往见面的机会非常多。夏日里，王铎过访王都，有诗言："数时未相晤，便如隔沧州了。秋节渐至，山中之约切莫再延搁了。你我都有山水之趣，徜徉其间，至少可以暂时忘却世事纷扰。更欲湘醹约，柴车何处游？与君远足同行，何处不胜景呢？"②乱世危局中，士子们只能以山水之乐来暂时抵消心头的忧虑，这颇为无奈。

对于御史魏二韩，王铎表达出深切的敬意。他在夏日专程过访了魏二韩，并以诗《魏二韩》为记："御史在幽斋之中亦忧心国事，时时处处不敢忘怀。节令迁转，景物随时节变化，而御史先生忧国忧民之心却绝无改变。先生日夜忧勤，斋中公文书册斑斑在望，令人肃然起敬。与先生晤对，我也不由得心为国事忧，思绪飞到了辽东前线。"③

---

① 《清代诗文集汇编》（7），第7页。
② 参见王铎手稿《过王介清》，山东博物馆藏。
③ 参见王铎手稿《魏二韩》，山东博物馆藏。

御史魏二韩，生平不详。王铎曾有诗《怀虞求、二韩》，可知他与虞求、二韩两人关系密切。徐石麒，字宝摩，一字虞求，浙江嘉兴人，是王铎的同年进士。徐石麒是东林党人，名列《东林列传》，其为人也是典型的东林党人作风。庚辰年五月十三日，崇祯帝在平台招集群臣，愿闻"御清""救荒""安民"三事，徐石麒对曰："以目前的情况来看，宜先定本计，再商讨方略。对军士要厚抚，要团结。对于辽东边事，要以守为战，坚壁清野；对于国内之事，要屯田备饷补充军力，方为守战的上策。"他进而又上《救荒在劝富输粟、安民在省官用贤》疏，深得崇祯帝的认可。[①]崇祯十六年（1643年），徐石麒因疏救刘宗周，触怒了皇帝，被罢官。甲申国变后，徐氏立志为国报仇。福王时徐石麒晋升为尚书，因条上七事，忤当时权贵。徐石麒见事已不可为，遂谢病归。顺治六年（1649年）六月，清军攻嘉兴，徐石麒在家乡募兵守城，城陷后，徐石麒自经殉国。

魏二韩与徐石麒虽非同年却关系密切，可知二人或为同僚或为同党，必有其渊源所在。王铎的友人有许多是东林党人，在政局的纷纭变化中，王铎也会很自然地与东林党人建立起联系。魏二韩是御史，言行当中颇具凛然之风。和这位恪尽职守的御史交往，王铎自然不会谈什么归隐和出世之想了。忧勤国事者，王铎当然愿意与他俯仰慷慨。

国事纷繁如此，王铎虽然倦意深重，但还是期望言官们能担当起自身的职责来。秋天，他在给顾国宝所写的《可闲斋记》里，也表达了同样的思想。

这一年的立秋是在六月中旬，天气依然炎热。同年顾国宝来访，

---

① 参见《明崇祯实录》卷十三。

二人在家中闲叙多时。顾国宝是个散淡的人，他们之间的话题自然离不了山石泉林。王铎有诗为记："夏天的炎热没有丝毫变化，而秋天总是如约而至了，隐约间，秋意渐生。淡漠度日，闭门读书，很高兴能与顾兄在寒舍一叙。文字事历来寂寞，游宦在外，早已辜负家山多时。坎壈仕途纵然能周折度过，又怎比得那山林泉石之乐呢？"①

顾国宝，字元善，号珠岩，别号廓庵（闇）。顾氏原为昆山望族，明中叶迁往南直隶通州，故以族望称维扬顾氏。顾国宝出身官宦世家：他的祖父顾养谦，官至右都御史兼兵部左侍郎，是万历朝督抚辽东的重臣。万历三十二年（1604年），顾养谦去世，谥"襄敏"，赠兵部尚书，入乡贤祠。顾国宝的父亲顾玄岳，曾任云南南雄太守，也已去世多年。

顾国宝雅好文玩，有好玩的东西也会经常带给王铎。王铎案头的一件观赏石就是顾国宝给的，王铎曾在谢札中写道："顾兄给我这件石头，就像崛崃诸峰的缩小版。置于几上，盘桓把玩，真让人从心底里佩服您的餐霞饮露之风。您还惦记着我的拙墨，感谢兄长的抬爱之情。您这是把我这棵小苗硬是给错看成凌霄的青松了，还未落笔，不由得先冲着身旁的侍者笑了起来。"②

崇祯八年（1635年）四月，顾国宝的母亲过七十大寿，王铎专门撰写了《贺顾母太夫人七秩寿序》为贺。文中，王铎不吝笔墨褒扬了顾国宝的为政之勤，还殷切希望他能为国分忧，不违慈母之教，不辱先人之风。

顾国宝这次登门还有一个事情，那就是请王铎给自己的小园子写

---

① 参见王铎手稿《立秋呈顾珠岩》，山东博物馆藏。
② 参见《本集文》卷五十二《答珠岩》。

个序。顾国宝说:"我有个小园子,大概打理了一下,既不求景致有多美丽,也不求装点之物有多多。摆上石头,种上花,斋中有书,庭中有水,置以渔舫壶觞,到处是蕉梅柳桂橘栌枇杷樱桃菊兰榴椒,为的是自娱自乐。我不求多,多了就役心劳神了。我给小园子取了个名字叫'可闲斋'。人这一辈子,成天忙忙碌碌的,有几个人能真正闲下来呢?天地万物都因为心有牵念而不能闲,我却可以放下诸事,让自己闲起来。可闲而闲之,有何不可呢?"①

　　王铎却深不以为然。在稍后拟成的《可闲斋记》里,王铎对顾国宝的想法大发议论:"闻君之言让我忧虑,顾兄怎么能轻易就说'闲'呢?天下惟有道者不求,有意者不闲。人不得闲,并不仅仅是因为贪名逐利,就是在清静独处的时候,也要心有牵念而不能真得闲下来呀。顾兄怎么就轻易说起'可闲'来了呢?神宗皇帝在位四十八年,国家无事,士大夫当然可以徜徉于山水泉林之间,与农父、樵夫相往还,想不闲也没事可忙;但现在可不是那个时候了,如今兵火四起,民生凋敝,皇上日夜都在操劳,恨不得赶快平息寇乱,臣子们又怎敢轻易言闲呢?珠岩兄是吏部的谏官,您的工作可是非同小可,既要为国家选拔急需的人才,更要全力纠劾那些不称职的官员。您应当与几位矢志报国者一道,解决朝廷所面临的内忧外患。您应该用数百日的劳心竭力来治乱保邦,以换取国家的安宁。等功成身退,您就可以怡养于山石泉林之间了,这才是大家对您的期望啊。而今之时,您却流连于一园之乐,但求独善其身,这又怎么能行呢?现在国势飘摇,四海求救,朝廷内外、万方百姓都在期待您挺身而出,匡扶社稷。而珠岩兄还徜徉在自己的一丘一壑之间,醉心于可闲而

---

① 参见王铎手稿《可闲斋记》,山东博物馆藏。

闲,这实在让我感到非常忧虑。""昔日太平之时,士人们都拥有一座小园子,徜徉其间自得其乐,这当然是一件雅事;现在这个时候,诸事纷纷扰扰,士大夫们都在心念四方,梦寐之间也都是朝廷上的忧心之事。假令贤人君子都寄怀于山水泉林,自比于农父、樵夫而独善其身,祖宗尊贤敬士的果报又如何能传至今日呢?人人都沉醉于自己成德乐道的小情趣里,这又如何不是世道的隐忧呢?""所以,我认为一家园林虽小,却可以折射出世道风俗、政权治乱的影子。士大夫们究竟能闲与否,要看我们所处的时势,可不能轻易就说'可闲',愿吾兄思之!期望兄台能勤力为国,匡扶社稷。等到四海平宁之时,上天必然会以'闲'来回报您,我也可以回到我的崝嵘山房去徜徉度日了。木不愿社主,兰不愿王配,我可以取闲以自得其乐,那是因为我没有您肩头的重任,愿顾兄体谅我的直言。"

穷则独善其身,达则兼济天下,亦曰"时"也。早些年间,王铎在老家修建了"拟山园"和"崝嵘山房",憧憬着退休后的田园生活。退而著书自娱,这是王铎心底里的理想生活。但是,他无法割舍的还是仕途晋升、光宗耀祖,这种矛盾的心情并不仅仅体现在王铎的身上。学而优则仕,这是每个寒门士子都在为之努力的狭窄出路。回到北京这几年,王铎在挣扎中求进,但无论仕途是怎样的不顺,他也还在坚持着。王铎现在虽然懒于朝政,成天把山林之志挂在嘴边,但心底里依然期望着能再进一步。宴饮游历之际,酬唱挥毫之余,他对国事家事的忧虑之心也未曾放下。

文章千古事,王铎非常看重自己的文名。他深知,自己的诗文不仅是要给当代人看的,更是要给后来人看的,每一篇诗文都关乎着自己的形象。他数次整理、印行了自己的文集,遍请名人作序广为传播,其目的不言而喻。后来,这篇《可闲斋记》果然就收录在他的文集当中。对于这一点，落笔之际他就已经很清楚了。即便如此，当我们再来审读这篇《可闲斋记》时，总感觉其中好像少了点什么。没错，王铎并没有把内心完全敞开，他只是向读者露出了一个侧面，一个激昂澎湃、忧国忧民的乱世名臣形象。形象需要打造，也需要小心维护，王铎就是这么做的。顾珠岩是个谏官，以衷心之言规谏谏官，正好可以帮王铎打造自己的名臣形象，可谓两全其美。

在崇祯朝激烈的党争当中，谏官言官卷入其中，往往成为无休止争斗的推手和工具。朝堂之上，台前幕后暗流涌动之中，冲锋在前的往往就是这些谏官言官们。汹汹之言是靠着他们前赴后继来推动的，此间的疯狂举动、大义凛然难于言表，非如此不足以称谏官也。也正因为此，谏官是令人望而生畏、敬而远之的。半年前才新组队的"八仙"，其中关系也很微妙，但能够组成"八仙"是源自朴素的同年情结。顾珠岩也是同年，也在北京任职，却没能成为"八仙"中的一员，恐怕还是因为戴着一顶"谏官"的帽子吧。

遗憾的是，顾珠岩并不是一个"称职"的谏官。从祖父顾养谦到他，顾家已是三代为官了。顾养谦的威名响彻当代，顾珠岩被选为谏官是因系出名门。但是顾珠岩骨子里是个散淡之人，或许是祖、父辈的人生遭际给他的内心留下了阴影，也或许是见惯了太多的钩心斗角、尔虞我诈，顾珠岩已没有了挺身争斗的雄心。从王铎在《贺顾母太夫人七秩寿序》中所历数的顾氏政绩来看，他也只是中规中矩地履职行事，并未深陷到党争之中，更没有以激烈进谏博得天下清名。他喜欢徜徉于自己的小园子，喜欢闲静自处。作为一个官宦子弟，顾珠岩不作恶不争名，身处乱世而洁身自好，其实已属难得了。

顾珠岩的"可闲而闲"其实是不可得的，国事纷纭、大厦将倾之际，他活得也并不轻松。数年后，顾珠岩死于任上，这是他的人生悲剧。但能够躲过时代鼎革的荣辱浮沉，对于这个清介之士而言，不妨说也是一种幸运。

## 僧、道情缘

王铎这年与僧道的往也非常频繁，这透露出他心境的微妙变化，从中我们可探知一二。

京城周边寺院道观林立，景致清幽，是游历出行的绝佳去处。

长春寺又名长椿寺，位于长椿街，因与住处相距不远，所以是王铎的常去之所。时间长了，他和寺内的高僧也成了朋友，闲暇时便相对谈禅，暂时忘却尘世的烦恼。

夏日傍晚，王铎又到长春寺里，想和高僧闲谈一番。碰巧高僧外出，无缘得见。王铎有《与长春寺僧》其一曰："随时都有杂务缠身，难得到寺中与我师一叙。寺中青蓁蔽日，幽静清玄，磬音声声，香火缭绕，顿觉心空万物。功名浮事于我何益？数年来疾病缠身，居家调养，倒可以让我静下心来反观自己的内心。人生何处不山林？又何必整日里念念归隐？门前草木发，心远地自偏。"其二曰："我师向何处而去？定然是溪流深处，隐然晨光石梯里。经函种种深藏箧内，新月隐隐渐上池西。访我师不遇，漫题壁间，笔迹如龙蛇飞动，惊诸鬼神；抚松盘桓，虎鹿鸣禽与我相期。久困尘世里，苍颜白发，羞与师言，但愿我师勿烦相扰。远梦依依，但随我师归诸烟溪之间。"[1]

王铎与诗僧印凡也有多年的交谊。崇祯八年（1635年）六月，印凡游方至京，王铎曾与之相晤于御史王佽（大苏）的斋中，这是二人的初次会面。王铎对印凡的印象极好，他在《印凡上人诗序》

---

[1] 参见王铎手稿《与长春寺僧》《期山僧不至》，山东博物馆藏。

中说："相视皆静气，有泉鸣幽谷之致……印凡有庐，即在五岳十洲也。"①并有诗云："上人杖锡北游，对坐谈禅，六月里亦可得无上清凉。我与师都是漂泊者，孤舟一楫，随缘飘荡，四海之内，皆是吾乡。"②崇祯九年（1636年）秋天，诗僧印凡自庐山来到南京，王铎与他相聚于吴来箎的寓所中。印凡知识渊博、超凡脱俗，令王铎极为钦佩，他在诗中说："我师远从彭蠡居处来此，对秋水辄赋新诗。一杖云游，知向何处？但随意行止，心闲无为。"③印凡在南京盘桓数月，多与王铎相往还。冬日，印凡将返庐山，王铎有诗为别："羡吾师得山林萧散之气，飘然云游，又岂是我辈可以邀留的呢？吾师一身洒落，谈笑悠游，自是高僧气象，令人钦仰不已。冬雪已近，梅花开时，惟望我师待我，月下共寻幽。"④

南京一别，转眼四年。已是春末夏初时节，故人不至，等来的却是印凡圆寂的消息，王铎有诗为悼。对于方外高僧的离世，王铎并未表现出特别的悲痛之情。在佛家教义中，往生轮回并非生死悬隔的悲切永诀。王铎在诗中表达出淡淡的忧伤和对逝者的思念："春中下五老，终日敲诗已忘归林。不意来时之约，竟成空忆了。吾师往矣，燕地为之飞雪，牛首山为之垂阴。吾师将何往？杯酒奠处，苍苍暮烟垂。"⑤

秋凉渐起，王铎与蒋德璟结伴同游昌平诸山。山中寺院林立，浣花庵即在其中。浣花庵友苍上人是王铎的方外挚友，每去必访，这次

---

① 《清代诗文集汇编》（7），第25页。
② 参见《本集初》七律卷二《王大苏斋晤庐山诗僧印凡》。
③ 参见《本集初》五律卷十《庐山印凡来集飞卿萃清轩》。
④ 参见《本集初》五律卷十《送庐山僧印凡》。
⑤ 参见《本集初》五律卷十八《吊印凡》。

自然也不例外。但这次前往，依然没能见到他。

友苍上人身居方外，随意行止，访而不遇也是常有的事。前一年秋天就有一次，到访不遇让王铎心中怅然，有诗《怪友苍不至》云："来访不遇，徒令茶水僧忙碌陪伴，我整夜枯坐孤吟，甚是怏怏。寒月当空，我心寂寂。窗外繁松密遮，正雪后天气，透过户帘也能感到彻骨的寒意。本是乘兴而来，期望能与我师围炉夜话，可陪伴我的只有泠泠脆响的磬音。"①

王铎书名已隆盛于当世，每至寺中便有僧人求书，这本是佛缘雅事，王铎也乐意为之。王铎与友苍上人的交往，大约就是从笔墨缘开始的。王铎曾为友苍上人题鹫峰，《鹫峰题与友苍》诗言："雨后清凉，偶来古寺相寻，得遇吾师友苍上人。漠漠人烟外，钟磬之音袅袅，悠然清脆。禅房之内，僧床随意而陈，户外秋草随意生发，已与阶平。鹫峰兀立群山之中，望之俨然。此行去处白云绕，回望处，知与我师隔几程？"②但总是见面的机会多，王铎每次来访，必与友苍相对谈禅，《题浣花庵招友苍》诗云："京城不远，却难得寺中清幽。禅房寂寂，到此万念俱空。古月悬空，春风漫拂，世外已千载，古寺尚依然。人迹稀少，时光不动，慈悲善念，流布周身。与我师对坐，心地得光明。"③友苍上人是方外高僧，京城周边寺院林立，诸寺皆是他的行住之所。金刚寺在延庆龙庆峡，王铎也曾到此与友苍上人一叙，写下《金刚寺友苍轩中》一诗："到此方知我师依水而居，此中幽玄令人神往。楼中日光往来，满室禅香缥缈。战火满地，未惊方

---

① 参见《拟山园选集》（2），第1095页。
② 参见《本集初》五律卷十七《鹫峰题与友苍》。
③ 参见《本集初》五律卷十七《题浣花庵招友苍》。

外，我师身健长生不老，满庭苍松日日闲。与师晤坐，千虑尽消，相对无言，清虚静好。"①夏秋季节访僧可得寺中清凉，冬日访僧则是另有一番况味，有《访友苍》一诗为证："天寒水益清，数里至松林。积雪凝寒，出户不多时即可来到这里，在傍晚的钟声里，享受这静谧与清幽。寺院中飘荡着悠悠香霭，梵音泠泠，更觉山光浅淡可人。年龄大了，走不多时便觉得疲劳，宦途久了，不待回首已觉得心累。此刻沉吟，为终老计，得散淡心。"②

王铎与友苍上人的交往超越了尘俗，散淡随缘而聚。不期然间，友苍上人已成为王铎漂泊之际的精神依归。在写给友苍上人的一首七律《投友苍》中，王铎将这种心绪坦露出来："命运又安排我回到了京城，终日混迹于官场。不论日常里有多少纷纭俗事，真正让我梦寐思念的却是您。天寒时节，井浅水凝，梦里惟闻我师禅房中的泠泠磬音。功名仕进未必让我欣喜，儿女婚嫁也未曾感动我内心。世间万事，如此而已，若得我师山居有约，我愿此生足履长随！"③

再访友苍上人不遇确实让人感到遗憾，但能在山中游历也是一件乐事，王铎将此行的行迹思虑都一一记在了诗中。《与僧山木》："木不材而得天年，材与不材，本无须挂怀，但与君言说却又忧从中来。自怜遭际，惭愧千载，又怎能躲开这须发苍然？草木荣发，万类怡然，荣辱浮沉，且付与绵延大山。羡慕我师自得天年，体健心闲，真如壮木植于烟皋之上。"《题浣花庵》："到此即可悟得真趣，又何劳五岳千山采苢而食呢？幸而得此幽静之所，怎能不停下匆匆步履？佛

---

① 参见《拟山园选集》（2），第1095页。
② 参见《拟山园选集》（2），第1099页。
③ 参见《拟山园选集》（6），第2749页。

堂之上净念虽生，但又如何可以忘却那遍地的烽火？梵音清且远，仙境邈难寻。"此中情境里，王铎思念江苏镇江的僧人无因："江流东去，如浮玉般澄澈，水声激荡终日不辍。我师寺中景物如何，身体可安？想来应是芭蕉映碧色，携杖徜徉，诸花香环绕其间。若与我师相对坐，想必也会解除尘世牵绊，隐然飘去。"时近傍晚，与僧人山木对坐相叙："人生随时被俗事缠绕，难得清净心。我师冰雪之性，心空万有，居此山林与磬音相伴，心境坦然。我辈却汲汲于仕途功名，疾病缠身，所求又为何呢？何时又能与鱼鸟相闲、观照自心？万相由心生，须从心间悟，心田开处，草木自春，又何必耿耿于归隐山林？"①

与蒋德璟游浣花庵归来后不数日，王铎再与张如薫去嵩河庵、浣花庵一游。

张如薫，字又树，号十洲，河南信阳人，崇祯八年（1635年）进士，时任兵部武选司郎中。张如薫初授户部主事，榷河西务，前一年才返回北京。这天他们一同前去的保安寺、嵩河庵在京城地安门西大街附近，离住处不远，抬脚即到。王铎有诗记曰："晚钟声声，归鸟散淡，秋光映照，云天空阔。我与君皆是闲静之人，一同到寂静的竹房走走。西山掩映在紫翠之中，园中藤萝爬满壁间，愈觉秋意的凉爽。驻足于此，方知天地造化离我不远，神仙所居即在身旁。"②此行再过浣花庵，恰遇云游至此的碧鸡僧，王铎有诗云："问师所来，知南方炎热，藤根蔓发已五尺有奇。一路风尘，缁衣未补，涉水跋山，

---

① 参见王铎手稿《与僧山木》《题浣花庵》《与焦山无因》《同八公庵中，日夕与山木》，山东博物馆藏。

② 参见王铎手稿《与张十洲过嵩河庵》，山东博物馆藏。

须发苍然。而今四方兵火，西南地区已是鸡犬鼎沸，秦地也是狼烟四起。我师云游至此，请且暂驻行足吧，不要征尘未洗，又匆匆西行而去了。"①

游寺访僧是王铎出行的重要去向，与道家的交往也是如此。

立秋后，王铎有诗《寄茅山道者》。茅山，又名句曲山、地肺山，是位于江苏句容的道教名山，被道家称为"上清宗坛"。茅山上清道极盛于唐宋，传至崇祯时已有千百年。山中道观林立，香火极盛，得道法师更是代不乏人。王铎与茅山道者相识应在任职南京游历茅山之时，数年来也一直保持着联系。诗中言："茅山之古远难以追溯，其萧散虚灵之气得自太微之初。别来一直思念，看来是我逗留的时间太久了，贪着太多，所以后来就不给我机会多去游历了。我师芳坛中满是炼丹的器具，仙书罗列深藏洞中，此中境界令人神往。我师徜徉于此，如此深求人生淡泊之意，素虚的境界又何难达到呢？"②

在另一首《宜践》诗中，王铎表达了对悟道的感怀："山中况味，只有亲自去才能体会。徜徉于此，诸忧皆忘，此中真意又岂可言传？以桑麻之事教子弟，晨兴理荒秽，花露湿人衣。对霄崖而守朴，却难以抛却世路之忧。寻元悟道必须随意所之，忘其所求，刻意追寻又如何能超然物外呢？"③王铎每每想躲到山中去寻求真意，流连于山石泉林之间，但难以割舍的还是人事之忧和仕途期念。徘徊于入世与出世之间，内心的思绪总是向着两个方向去拉扯，更让自己茫然无措了。无欲无求、随意行止的境界，悟到而难以做到，愿望与现实之间

---

① 参见王铎手稿《浣花庵遇碧鸡僧》，山东博物馆藏。
② 参见王铎手稿《寄茅山道者》，山东博物馆藏。
③ 参见王铎手稿《宜践》，山东博物馆藏。

的距离越拉扯越大，这又岂是登山访道可以解决的呢？

六月廿六日，王铎写下了两首《学道》诗。诗题原作"欲学道"，"欲"字虽已涂去，但也恰恰表明了此际他对道家的向往。其一云："早已知道世事如梦，所以我不再执着奔忙，无事时便跑到深山里待上几天。岁月催人，不觉间我已是白发苍颜了。这些年我以丹药调养身体，在神丹护持之下厉鬼也不敢近身了。花开花谢，一任自然，我的心如花地中的野牛一样，无欲且安闲。人生在世，驰驱奔忙，万事总要一一面对。但只要一闲下来，我的耳畔便只有古水潺潺了。"其二云："海外之事幽远玄妙，烟涛微茫信难求矣。刈去房边杂草，便拥有了满室明媚，我心欣然。世路经过蜀道平，我深信，今时的心意已臻于太初境界了。鹏翼高飞，龙游四海，虽高难我也能够降伏驾驭。光明境界，随意舒卷，我身太平，长啸和安！"[①] 闭门即是深山，王铎不再执着于归隐泉林，他开始在日常生活当中修炼心性，这是道家思想带给他的感悟。修道悟道，不留意、不用心、不挂怀，但得闲暇便去修道学仙，这大约是王铎此时最真实的生活状态了。

作为经历了寒窗苦读而取得功名的寒门学子，王铎的骨子里还是儒家的精神。对光宗耀祖、仕途精进的内心渴望，支撑他在坎壈浮沉中戚戚守望。但生逢乱世，党争蜂起，王铎只能尽量置身于党争之外，曾经驱驰仕路的雄心也早已消磨殆尽了。王铎生而迂阔，虽有报国之心却无治世之能，激情澎湃的背后又不乏凡俗和卑微，消沉的情绪便如影随形了。仕途终难舍却，内心的郁郁不平也总要得到排遣，在仕与隐之间的无尽纠葛当中，佛与道就成为他抚慰内心的思想依归。王铎曾撰写《嵩山中岳庙玉皇殿建万圣阁碑》《重修大智寺碑》《乌程

---

[①] 参见王铎手稿《学道》，山东博物馆藏。

金文禅寺碑》等佛、道碑文，可以见出他在佛、道思想上的追求。

王铎的佛、道情缘可以追溯到他的青年时期，随着人生步履的浮沉迁转，他对佛、道思想的体悟与倾向也在悄然发生着变化。在这一过程当中，王铎越来越倾向于道，这也和他的性格和遭际有着丝丝缕缕的联系。

寺院进入王铎的生活当中，并不需要什么特定的人生机缘。在晚明，宫廷皇室崇尚佛、道，民间则更为普及。在他的童年时期，寺院早已广布乡间闾里，成为普通民众日常生活当中的一部分。寺院除了作为宗教场所，也早已成为民众日常的活动场所。寺院既可以为善男信女和普通民众提供住宿服务，也成为朋友间宴集聚会、文玩交易的场所，甚至未及入葬的棺椁也可以停放在寺院之中，凡此种种，都可见寺院与民众日常的紧密关系。

孟津小集镇的西烟寺是王铎青年时期的读书场所。入仕之后数次返乡，王铎时常与乡友们相聚于此，这里是王铎时时思念的地方。万历四十一年（1613年），王铎在嵩山读书就居住在少林溪南的退居僧舍。天启元年（1621年）冬，王铎准备下一年春的会试时，也是住在了京郊的报国寺。天启四年（1624年）冬，王铎自家乡返回北京，曾到西山遍游香山寺、碧云寺、洪光寺、玉皇阁等处。天启五年（1625年）秋，再游报国寺毗卢阁。冬日，四叔王本直来到京城，王铎陪同他到天坛以东的法藏寺游览。天启六年（1626年）三月，与胡镜等游元洪寺，王铎有诗纪之。五月六日北京地震，家人无恙，王铎将其归因于前夜诵佛经之举。王铎觉得佛法灵验，友人也多知他是念佛人。从游历佛寺到诵经念佛深研佛理，这是一个自然而然的过程。天启七年（1627年）夏，王铎赴福建主持乡试，经金、焦二山访金山寺，一路游历，并遍访沿途寺院。崇祯元年（1628年）春，王铎到昌平祀陵后游历了山中寺院。崇祯三年（1630年）清明节，王铎居乡游柳寺，为僧契玄作书。五月，与二弟王镛及诸位友人再游柳寺。八月，游少林寺、退居寺等，过五乳峰，游初祖、二祖庵，并作《骑虎和尚记》。九月，读书少室山下，与游方至此的浙僧东渤、少林僧海沤同游。崇祯四年（1631年）二月，王铎与弟王鑨、王镆及僧人契玄同登李家山岗，并分韵赋诗。五月，在返京途中，曾至内丘圆津庵与僧太虚晤，并为其题写了"无净"隶书额。过真定，又与寇从化饮于大悲阁。崇祯五年（1632年）六月，王铎在受命册封潞安六合王的途中，至山西高平白衣庵观赏菊花，为游方至此的僧友契玄作书。秋日返回家乡，再与家乡亲友同集于契玄上人的柳寺，酒后于寺中石壁上作画。岁末时节，与亲友重游西烟寺，共同守岁。崇祯六年（1633年）三月，王铎于返京途中行至巩县，与友人约游慈云寺。四月，游赵州柏林寺，观壁间所画古水。六月，蒋德璟丁母忧归乡，王铎在彰义门的观音庵为他送行。重阳后，又与张鼎延、袁枢同游报国寺，饮于寺中松下。崇祯七年（1634年）四月，王铎到自在庵祷雨。约同时，沂州宋之普将使荆藩，王铎与友人在自在庵为宋氏设酒送行。八月，家乡亲友至京，寓居在元洪寺，王铎前往与之同游。秋日，福建颜茂猷被特赐进士，王铎访之于白塔寺。与张晓霞、张民表、僧人石芝等相晤于天宁寺，并为僧石芝作书。崇祯八年（1635年）二月，王铎到昌平祀陵，再游山中诸寺。六月，在御史王俟斋中与庐山寺僧印凡晤谈。八月，在赴南京翰林院事任途中，王铎重游内丘的圆津庵，与僧胤玄相晤。经封丘曹岗，休憩于大梁寺。过家乡，与亲友同游紫岩寺，数日后再游。十一月，经商邱开元寺，拜观颜真卿《八关斋会报德记》碑。崇祯九年（1636年），王铎在南京翰林院事任上，更是遍游南中诸寺。二月，与同年张四知同游普德寺。三月，与张镜心、屈动及父亲再游弘济寺、虎穴寺、栖霞寺、观音庵、鸡鸣寺等地，于栖霞山僧舍临王献之《洛神赋》。与张镜心同游蒋山灵谷寺、城南吉祥寺，赏寺中梅花。复游高座寺，与古林寺僧印涵同游山间。再与张镜心、屈动等人游开善寺、观音寺、灵谷寺、清凉寺。再游报恩寺，为题"庄严法界"匾额。秋日，再游凤凰山天界寺、瓦官寺，与印凡相晤于吴来簏斋中。冬日，于僧舍中冒雨看竹。印凡将还庐山，王铎有诗赠别。再游灵谷寺，观寺中梅松万株。游莲花庵、鸡鸣寺看梅，为寺僧作书。崇祯十年（1637年）二月，王铎将返北京，为孙谋跋其所书的《华严经》，称赏其愿力广大。再游静海寺三宿岩。夏日间，回乡后休养病体，未能与乡友们同去柳寺，王铎有诗寄赠僧人一衲。稍后，王铎即与亲友集于柳寺，酒酣兴来题草书于壁间。秋日，始返北京，经内丘，再游圆津寺、且亭寺，至真定游大佛寺，至涿州与僧寒虚同游观音寺。九月至北京，即游京西演法寺，时旧病复发，遂于寺中养病，与僧人心香、药树游。腊月，游石磴庵，并与侯方镇、侯方域等人聚于十方庵。崇祯十一年（1638年）三月，王铎与熊文举等人一同祀陵，沿途游览了香山寺等处。并同孙钥游观音寺、锦山寺、北山华严寺、功德寺、碧云寺等寺院。崇祯十二年（1639年）二月，清兵退去，王铎结束了在大明门的值守，出京祭祀帝王庙后，与刘理顺、胡开文等人同游昌平山中的香山寺、洪光寺、碧云寺、洪法寺、玉泉寺等，并为洪光寺文芳上人题字。春日，僧太虚、印玄远至，赠王铎以奇石。游功德寺，晤得庵上人。夏日，再祀西陵，与马刚中、李士淳等人游昌平玉光寺、瑞峰庵、盘道庵、白衣庵等处。秋日，游卧佛寺，夜宿慈惠寺，为吴隆媺开棺换衣，哭奠亡者。冬日，访楚烟于永光寺。送僧印凡归庐山。有诗寄南京灵谷寺循元上人、天界寺谷语上人、古林庵印函等僧人。

王铎对于佛事是认真而虔诚的。崇祯十六年（1643年），孟津城屡遭兵火，故宅被毁坏，王铎有文《欲建一寺郦山双槐东南名觉海，久以兵难流离他郡，恨身尚滞留，未得作佛事》①，以未能完成建寺院的心愿而深感遗憾。

以上所记，均索自文献，漏记、缺失在所难免，显然这只是庚辰以前王铎到寺院游历访僧的一小部分。尽管如此，也可以大致勾画出他与佛家交游的时序脉络。庚辰这年的秋天，王铎游寺访僧的活动愈加频繁，这当然是和他的心境密切相关的。佛家讲求出世静修，不问世间俗事，王铎既然不能忘怀于仕途，当然就无法做到出世了。他和佛家的情缘，更多的还是停留在与高僧相对谈禅，徜徉于寺院幽静的环境当中，以期获得暂时的平静与安宁。佛家与王铎的现实之间，终究是隔着一道永远无法跨越的屏障。

相较于与佛家的密切，道家在王铎生活中所占的比重好像并不算大。但是，道家在王铎内心的位置却也相当重要。

在晚明社会当中，道观与寺院一样广泛分布于民众生活的角角落落，在名山大川当中更是如此。在同一座山中，往往寺院与道观相邻，僧道并立，香火缭绕间信众往还。因地处偏僻幽静，道观和寺院又都是游人们愿去的地方。走走停停，放松身心，更能与僧道往还，获得心灵的感悟与宁静，何乐而不为呢？在王铎的游历当中，遇到寺院即访僧，路过道观即问道，好像并没有刻意的选择与取舍，正如同二者在他心里的存在。

检索已有的文献，王铎与道家的交游好像开始得并不算早，事实或许并非如此。天启六年（1626年）端午节，王铎与同年李明睿、

---

① 《拟山园选集》（5），第2179页。

王博野闲饮于天坛道士高岣嵝的家中。高岣嵝原名不详，是北京天坛的炼师，奉皇家之命做修道炼丹的工作。王铎与高岣嵝交厚，他在《重修三官神殿募缘疏》中言："道士高岣嵝清静似稷丘公（古仙人）。"并有诗云："高师东行访仙大海之上，采仙药于蓬莱之巅。我师高旷若此，潜心修炼，日后必能成正果、登仙境。"① 天启七年（1627年）八月，王铎到福州主持乡考，在曹学佺的陪同下游历了万年宫，并有诗《同能始游万年宫》云："共欲栖息在此玄府，得混元之气，岁久可御罡风。"② 崇祯三年（1630年）八月，王铎至洛阳，礼吕洞宾祠。复至嵩山，游王子晋祠，并登中岳庙天中阁、太师顶，感灵虚之意。崇祯四年（1631年）秋日，王铎游北京西苑的灵济宫，情忆道院中松萝。崇祯十一年（1638年）春日，王铎与孙钥同游西陵诸寺院，并到玄真庙一游。游天坛，过道院与高岣嵝一叙。崇祯十二年（1639年）夏，王铎到昌平祀陵以后，与诸友顺道前往岣嵝崖玉皇阁、斗母宫等处。十二月，王铎奉诏祀天坛，夜宿在南宫斋，有诗其一记曰："斋居南宫斋，虔诚理心事，香火袅袅中，夜光渐沉。闭门谢客，灯光掌处，倦禽惊起。世故久经，感慨良多，方悟旧经皆缘物而起。冬月悬天，寒辉冷凝，人不寐，且孤吟。"其二："避众俱由我心拙，客子离家祷梦多。命势艰难，心愈老，游宦已久，乖讹偏偏多。"③ 岁暮，王铎与黄锦一同拜谒了太医院的药圣庙，并与林欲楫、黄锦在道院谈海南事。

如果我们单从与佛、道交往的频率来看，可以看出王铎与佛家是

---

① 参见《清代诗文集汇编》（7），第332页。
② 参见《拟山园选集》（5），第2243页。
③ 参见《本集初》五律卷十六《南宫斋宿夜咏》。

更为密切的。但是在心底里,他对道家的情愫却是日渐深厚的。虽然在此后的岁月里,他也一如既往地与僧人们相往还。但既然不能忘情于仕途尘事,王铎就不可能真正走向佛家。而对道家则不然:一者,道家无须出世,居家静修即可得到心灵的安放,而归隐之乐亦可向内心去寻求,这就给滞留仕途的王铎预留了足够的心理空间;再者,道家讲求炼丹养生、清静无为,这对多年来饱受病痛折磨的王铎来说,也具有极大的吸引力。仕与隐,王铎的内心就纠结于此二者。超然物外即可得心灵的解脱,既无须远离仕途放弃功名荣耀,又可以养生静修以调养病体,道家思想的这些优点,都与此际王铎的内心最为契合。

对仕途的倦怠和对归隐的渴望是相伴相生的。早在天启七年(1627年)十月,王铎自福建返京的途中登上庐山,遍览庐山胜景,流连于烟霞之间,他在《庐山记》中感慨道:"士大夫栖身于烟霞之外,自然浊视功名,心向山林,又怎会无动于衷呢?从今以后,我将结庐于其中矣。"[①]

崇祯八年(1635年)冬到十年(1637年)春,王铎在南京翰林院事任上。远离了北京政权中心的人事纷扰,徜徉于金陵的山水之间,诗酒游历,意兴盎然。这是王铎入仕以来最为快乐的一段时光。由南京北上赴任时,王铎的内心是怏怏不乐的。居乡半年,他流连于家山,筑"崝嵘山房"以备闲居,对即将开始的京城仕宦生活充满了深深的倦怠之情。返回北京三年来,一系列的人生遭际更加重了他的倦怠之心,返乡归隐的念头愈发强烈。家山不可归,思念之情与日俱增,归隐成了他心底挥之不去的念头。这种渴念也唤醒了他深藏多

---

[①] 参见《清代诗文集汇编》(7),第152页。

年的道家情愫。

庚辰这一年，王铎在京城筑一闲室，名其曰"琅华"。其意取自《道藏》："琅华者，有逍遥出世之意。我久居京城，不能归山，又怎能不企慕道家的林泉之趣呢？但是人各有志，或者志在泉林而不贪逐荣华富贵，或者志在功名而不贪泉林之乐，二者其实是一回事，没什么可嗤笑的。我在庭院中种草买花，装点门面，又于室内焚香静坐，手挥五弦，可以说是自娱自乐吧。杖藜而歌，倚石而书，潇洒度日，了无牵挂。每得凝神静坐，悠然陶然，恍若置身于山林之间，徜徉于老庄逍遥之境，自养我心神。假若此馆能对我言，又怎会认可我劳生于无益之事、远离山石林泉、忘怀上古之乐呢？必令我咀嚼道腴矣。"[①] 王铎作此赋之际，对于道家的倾心已愈发强烈。秋天，王铎在《学道》诗中，更是表露出了"欲"学道的心思：既不能归隐山林，那就于闹市之中取静，安闲自适，服丹调养，花开花谢，长保太平，这又何尝不是一种理想的生活状态呢？此心既生，念念相续，学道的想法也就随着时间的推移愈发强烈了。

时间到了崇祯十七年（1644年）三月，明王朝大厦的倾覆已在旦夕之间了。王铎举家避乱，辗转河南、山东、安徽等地，又流落至江南。疮痍满目，艰辛备尝，这时王铎的内心产生了强烈的学道愿望。不光是愿望强烈，他这次真的要付诸行动了！在写给黄文焕的诗中，王铎表达了此际的心境。（按：黄文焕，字惟章，号坤五，福州永福人，天启五年（1625年）进士。崇祯时授翰林编修，受黄道周案牵连下狱，出狱后乞身归里，后寓居南京。黄文焕为学淹博，为人清雅，与王铎颇有道缘。此年二人在淮上相遇，一叙而别。别后，王

---

① 参见《本集诗》赋卷三《琅华馆赋》。

铎有多首诗寄赠黄文焕,言及自己学道之事。)《愿为道士》二首其一曰:"万事任自然,仙境清虚,飘然可至。我今远离人世纷扰,冥心自观,体悟入道之门。东方欲晓,天鸡一鸣下界白,光明所至,正如王母开启丹炉。心神飞扬,腋下生风,登云汉亦非难事矣,何为而舍之?"其二曰:"我生已过半百,内心所思只在探求道家本源。花露晶莹,我心澹澹,溪水尽处,清虚所生。此时惟忘我,万籁皆自然。神仙居处难为说,且共鸟兽相往还。"①《隐心告维章》:"什么都该放下,就是不能远离了道思。学佛要严守律性,莫如远虫唧唧,流波潺潺,一会即欣然。我今老迈,病体迁延,抚今思昔,泪下潸然。家国之悲但与君说,老境颓唐已无力报国了。春水接天,船房寂寂。凄然枯坐,惟见月色如洗,心事付暗涛。华发生,旧文凋,帝业且如此,可容钓海鳌?"②《生悟》:"学道之事到今天才开始,实在惭愧!心中有万千忧愁,又如何能轻易排解?未知山林中,何人在炼药?满眼里只是天天增加的新坟。生且不易,每日逐波,何如心若奔鹿荡及八荒?忧思无尽,忧思无尽,可将崧桂火,烧尽杞人文?"③

归隐之心多次提及,王铎遂飘然学道,并真的要去道观里了,穿上了道服,戴上了道冠。《予著道衣道冠学道同禹峰作歌寄维章》云:"我心无系亦无求,不日来到维扬州。震泽之山高千仞,中有仙人居石楼。黄鹤高飞,我心慕之,道服在身,飘然即去。"④仪式既有了,名亦早有之,王铎自曰"痴庵道人"已多年。一切都是那么正式,又是那么自然。

---

① 参见《拟山园选集》(3),第1513—1514页。
② 参见《拟山园选集》(2),第994页。
③ 参见《拟山园选集》(3),第1514页。
④ 参见《本集诗》七古卷八《予著道衣道冠学道同禹峰作歌寄维章》。

但是，学佛难，学道亦难，王铎心里终究无法忘情的，还是宦途。道服道冠虽然都装扮上了，但是云中一纸诏书来，王铎又随之飞奔而去了：甲申（1644年）五月十五日，福王朱由崧在南京即皇帝位，召王铎为礼部尚书、东阁大学士。当时王铎在浙江嘉兴，闻命后即刻出发，十余日就赶到了南京，入阁、宣誓、谢恩，忙得不亦乐乎。佛、道情缘，在王铎的心底也就是大概如此吧。

顺治二年（1645年）冬，王铎在南京献降已经过去了大半年。往日的兵戈离乱仿佛大梦一场，再次回到北京的冷宅当中，王铎有一首《道帔》诗："世事离乱后，多病老身犹混迹于人间。想道帔飘飘隐于山林，此境尚可追攀。江湖游历久，净地在何川？日月乾坤转，我自闭玄关。犀轩毛节他年座，芝草璃庐何处山？人生坎壈，半生已掷，真恍若一梦。桃花流水窅然去，道心在此间。"[①] 箱底的一袭道帔又让王铎的心飞走了，但不论怎么飞走，总还是要回来的。顺治三年（1646年）春，王铎正式接受了清廷的任职，这一袭道帔又被重新放回箱底。这大约就是王铎佛、道情缘的一个注脚吧。

---

[①] 参见《拟山园选集》（5），第2473页。

## 十  挥毫

王铎留给后世的最为华彩的篇章,无疑就是他的书画了。他非常看重自己的书画,也确信它们能够流传后世。书画活动在他一生当中占据着极为重要的位置,和他的人生交游、履历浮沉等都密切关联。所以,他的悲喜忧欢也都一一记录和映射在这些书画作品当中了。

当然,王铎的书画活动并不只有"挥毫",它关联到书画创作、鉴定品评、艺术思想等诸多方面。而这诸多方面又以"挥毫"的形式呈现出来,落实到绢素上传达给我们。因此,我们在这里就以"挥毫"来指代王铎的书画活动。

### 京中书画纪事

庚辰年里,王铎有十个月的时间是在北京度过的。十月上旬,王铎离京南下,此后旅途奔波、奔丧、移家居忧,安顿下来已是腊月下旬了。因此,王铎本年的书画活动主要集中在居于北京的这段时间里。

王铎的骨子里充满了激情与浪漫。庚辰年,王铎决意在朝堂上保持低调内敛,胸中的激情也就更多地投入挥毫当中。在挥毫之际,他可以毫无顾忌地泼洒激情,完全释放自己的心性。因此,挥毫就成了化解胸中郁结的最佳方式。这一段时间的挥毫作品,创作于不同的情境,关涉不同的人员和交际活动,折射出了别样的文化意味。

依照时序将这些作品整合起来,就大致构成了王铎在庚辰年的书画纪事。因主要是在北京时所写,所以可称为"京中书画纪事"。

王铎挥毫非常频繁,依据其传世作品来叙述,难免有所疏漏,但可大概知其全貌。对此,已在其他章节叙述过的,此处就不再重复了。

下面，我们且先罗列他本年的传世书画，然后述其事，来讲述崇祯十三年（1640年）王铎的"京中书画纪事"。

正月十三日恰逢立春节气。按照惯例，在这一天崇祯皇帝要亲率文武去东郊迎春，祈求丰收。返回后还要赏赐众臣，意为施惠泽于黎民苍生。国势虽处于飘摇之中，但节日中的礼节程序还是不能少的，也算是给寒冷的北京城增加点节日的气氛吧。

返回家中后，在书斋里掌起灯来，王铎展纸挥毫，以应酬友人所求。他为元老亲翁临摹了一件行草卷，依次是《淳化阁帖》中王献之《廿九日帖》《江东帖》《鹅群帖》，虞世南《三宝弟子帖》和颜真卿《鹿脯帖》。名为摹帖，实为信笔背临，这是王铎日常应酬作品中常见的手法。该卷书作自运的成分远大于临写，以法帖为文本率性挥洒并非王铎的独创，这是时风使然。以临帖当作应酬作品，既可以让受书人找到文本的来历，从而勾连起对法帖的记忆，又可以展现出书写者高超的笔墨驾驭能力，更容易让书写人与受书人产生认知上的共振。王铎自言"一日临帖，一日应索"，此类书作则兼具临帖与应索的功用，可见其日常书写情形之一斑。

《忆紫山作》五律诗轴，绫本，纵213厘米，横52厘米。款曰："伊老教正。庚辰春，王铎。"[1]受书人郑之尹，字伊如，浙江会稽人，天启五年（1625年）进士，官至山西金事。郑之尹家资殷富，明亡后，其子郑遵谦事鲁王抗清，郑之尹屡屡阻止未果，郑遵谦兵败死。

临《淳化阁帖》王羲之《丘令帖》，绫本，纵252厘米，横49

---

[1]《王铎书法展纪念册》。《王铎年谱长编》，第565页。

厘米，款曰："庚辰春日，王铎。"①临王献之《新妇服地黄汤帖》《鸭头丸帖》，草书，绫本，纵206厘米，横48.5厘米，款曰："庚辰春日，王铎。"②临王献之《安石帖》轴，绫本，纵163厘米，横46.5厘米，款曰："庚辰春闰，王铎。"③此三件临作皆为纵轴，书写时间相近，且皆无受书人名款。《阁帖》原为小字横卷，王铎将其展大临为纵轴，这是他创造性临摹的典型形式。

五月间，张应星、刘理顺、薛所蕴三人来访。来的都是同乡，又是多年的好友，相聚自然毫不拘束。王铎在家中的东斋即兴挥毫作草书《千字文》长卷，纸本，纵26.5厘米，横1052厘米，题赠张应星。张应星，字得一，河南光州人，天启五年（1625年）进士，时任京畿御史，后巡抚陕西、福建，德威并重。

梁周兴嗣次韵的《千字文》在南朝末期就迅速取代了流传已久的《急就章》，成为流传最广、影响也最为深远的童蒙字书。《千字文》千字不重，文义优美，是写字识字的基础教材，其内容更为民众所熟知。因其使用广泛，历代书家竞写《千字文》也就成为一个特殊的文化现象。以《千字文》为文本来展示自己的书法水平，无疑是最佳选择。故而《千字文》书写诸体纷呈，历代绵延不绝。唐代草书《千字文》者，以张旭、怀素、高闲等人为著。其书作满纸纵横，恣意挥洒，完全不考虑识读的问题，因为大家都太熟悉它的内容了。在王铎的时代，书写《千字文》的风气依然不见衰歇。

王铎大草颠逸开张，恣肆朴茂，其中笔意大约源自米芾、二王和

---

① 《王鐸の書法》条幅篇。《王铎年谱长编》，第565页。
② 北京匡时2018年秋拍。
③ 山东博物馆藏。

张旭等人。这种书体最适合当众挥毫，颠倒缠绕的笔致更是极具现场感。"忽然绝叫三五声，满壁纵横千万字"，观者为之振奋，或以草僧怀素比之，本意当然是要褒扬王铎的书法了。王铎却深不以为然，非但如此，他还会怒形于色、耿耿于怀。在历代草书家中，他最看不上的就是怀素，也最恨别人把他俩扯上关系。王铎在书法上追求的是"古、雅、繁、难"，而怀素却变乱古法"惊诸时人"，他认为怀素不过是哗众取宠而已。在他的一生当中，王铎无数次表达了要与怀素和尚划清界限的态度。但世人不懂，偏偏要奉承他是怀素，这让王铎非常恼火。于是王铎要题在卷后，严正声明自己的态度，不仅要让在场的人明白，更要让以后的人也清楚。他在这件《千字文》的款中说："庚辰五月，我用羲、献父子大草之法，糅合张芝、张旭、柳公权、虞世南等诸家笔意，融会于这一轴当中，书为得一老亲家。此中有真意，然观者须谨慎，一定不要把我和怀素这个恶俗之辈相提并论。你们或许觉得那是在捧我，但我是绝不会接受的。特记数语于末，敬请诸君周知！"[①]

但是，王铎的严正声明依然改变不了俗人们的认识，这实在是让人无奈。六年后的顺治三年（1646年）三月十五日，王铎在写给女婿张璿的《杜甫诗》草书卷后再次发作："我学书法已经四十多年了，凡落笔都有出处，绝不是乱写，相信一定会有懂我的人。俗人不知，硬说我是高闲、张旭、怀素之流的野道，简直是一派胡言！我不服！不服！不服！"[②]

王铎的"不服"可不只是对不懂书法的人说的，恰恰相反，所

---

[①] 参见佳士得纽约1996年拍。该卷为伪，然亦有所本，可兹依据。
[②] 参见王铎手稿《杜甫诗卷》，上海博物馆藏。

谓"俗人"里倒是有一大批把持着书坛话语权的"书家"们。这些"书家"又大多是江南董其昌书风的追随者，他们隐然间形成了巨大的潮流，与享有时名的王铎相抗衡，从臧否书法到臧否人物，毫不遮掩他们的用心。王铎对他们从隐忍包容到公开叫板，也是经历了一个时间历程的。庚辰五月间，大明王朝还在苟延残喘，世事时局也尚未经历鼎革变迁，一切还在酝酿之中，王铎也还在客气地隐忍着。

六月，王铎临《阁帖》草书轴，绫本，纵166厘米，横48.5厘米。所临诸帖依次为王羲之《知远帖》《太常司州帖》，王献之《玄度帖》和王羲之《择药帖》。款曰："吹台老先生一笑。庚辰六月，王铎。"①吹台老先生，不详。

夏日夜晚，宋之普登门拜访。书斋闲谈之际，王铎赠宋之普别号"岱云"，并为他书写了《文语》轴，行书，绫本，纵254.2厘米，横48.3厘米，语云："云之为体，无自心，而能肤合电章，沾被天下。自彼盘古，罔有衰歇。今觏宋公以'岱云'别号，不独仰景泰翁（宋之普父）也。嘘枯洒润，龙田文明，其望熙亨非棘欤？庚辰夏宵奉，王铎。"②

宋之普，字则甫，号今礎，山东沂州人，崇祯元年（1628年）进士，官至户部左侍郎。崇祯二年（1629年）秋，居乡休假的王铎即有诗寄怀宋之普等诸友人。此后数年间，二人诗文往还不断，王铎曾多次为宋之普作书题赠，并为其所藏书画题咏作跋。崇祯八年（1635年）八月，王铎被命署南京翰林院事。离京之际，宋之普和杨观光专门为之设宴饯行。十几年的交往，王铎与宋之普早已互相引为

---

① 《王鐸の書法》条幅篇。《王铎年谱长编》，第568页。
② 北京故宫博物院藏。

知己了。宋之普的这次来访，所聊的也大约不离山林云水。王铎灵感忽来，想到了"岱云"二字，愿将其赠为宋之普的别号。二人一拍即合，王铎随即展绫挥毫，纪此盛事。云者，散淡悠然，事事无心，而能泽被天下、德润苍生，这正是宋之普的为人品格。岱者，山也。宋之普的父亲宋鸣梧，号泰斗，即有泰岱之意。"岱云"二字，岱蕴含山安凝重之意，云则有飘举闲雅之风，动静阴阳互为补充，既可向泰斗先生致以敬意，又符合宋之普的心性气质。自这天开始，宋之普的别号便又多了一个"岱云"。

宋之普的父亲宋鸣梧，字泰候，号泰斗，万历四十三年（1615年）进士，官至左佥都御史。宋氏父子同殿称臣，名重一时，深受崇祯帝的器重。崇祯九年（1636年），宋鸣梧去世，被追封为正议大夫、都察院左都御史，崇祀乡贤。宋之普家风清正，以诗文传家，但生于末代乱世，人生坎坷也是无可避免的。甲申国变后，宋之普避乱南下，一度任职于南明政权。但事已不可为，宋之普后被威逼仕清，官至常州知府，与王铎还有更多的人生交集。顺治八年（1651年）元宵，宋之普请假回山东老家为父亲展墓，王铎有诗赠别。顺治十二年（1655年）宋之普致仕，讲学于"道南堂"，北归而终。

庚辰这年的夏日，王铎为同年刘调羹临《阁帖》王献之《知铁石帖》轴，草书，绫本，纵207厘米，横53厘米，款云："庚辰夏，王铎为仲老刘年家丈。"[①]刘调羹，字仲济，河南禹州人。刘调羹时任御史，后巡按福建，为人清正不阿，因此有"北人不爱钱"之民谣。王铎与刘调羹是同年、同乡，已有二十年人生交谊。

这年夏天，王铎另有几件无受书人名款的书画传世：《同友游潞

---

① 赤井清美藏，日本《淡水会·明清书画展》。《王铎年谱长编》，第569页。

安天台山作》行书轴，绫本，253×53厘米，款云："庚辰夏夜书草，王铎。"①草书轴，绫本，纵183厘米，横40厘米，款云："庚辰夏，王铎。"②水墨《山水图》轴，绫本，款云："庚辰夏月，王铎。"③

处暑时节，王铎有行草书《七月写怀之十九二十》《若到》《与刘钟台谈庐山》自作诗卷，此卷写于往年临王羲之草书卷之前。有二跋："崇祯十三年七月十八日薄莫，北畿之琅华斋。""先年书末数，皆临古体，空前一段以待题者。十三年秋偶抽笔书近作四首，故明其段落之不伦如此。"④此卷无受书人名款，且合两年所书为一卷，临古兼具自运，闲来欲书，应非泛泛应酬之作。

七月，王铎为山西友人点苍作行书《自作诗》长卷，纸本，纵29.6厘米，横530.7厘米，款云："近作奉点苍老乡亲正之、味之。王铎忝洪同里，故称亲云。"⑤王铎先世为山西洪洞人，因此他也以山西人自居。为山西友人作书，王铎就要自称"洪洞王铎"或"太原王铎"，这当然是为了拉近乡情关系。点苍，生平不详。

仲秋时节，王铎临《阁帖》王凝之《八月廿九日帖》行书轴，绫本，纵256.5厘米，横51.5厘米，款云："拟晋王凝之书。庚辰八月十一日夜月下，孟津王铎。"⑥

九月十七日，王铎为刘光旸所藏的米芾书帖作跋。跋云："他刻米帖赝书不少，太阳一出，萤火失其光。王铎。"又跋云："元章书

---

① 香港近墨堂藏。
② 关冕钧《三秋阁书画录》卷下。《王铎年谱长编》，第569页。
③ 安大略博物馆藏。
④ 《王铎行书墨迹三种》（1）。《王铎年谱长编》，第570页。
⑤ 北京故宫博物院藏。
⑥ 日本福冈教育大学藏。

气雄度旷,其佳处若据泰山,观沧海,涛光潆荡,眼界一拓,雨若宝之。庚辰九月十七夜,题于琅华馆。王铎。"①

刘光旸,字雨若,安徽旌德人,工篆刻、鉴定,是明末清初著名的刻碑手。他是王铎的好友,王铎所书的《二十帖》《拟山园帖》等皆为其所刻。刻帖能否传世受人追捧,刻碑手的技艺起到了举足轻重的作用。自北宋官刻《淳化阁帖》后,历代刻书帖者当以数千计,然可称佳品者却屈指可数。在照相印刷术出现之前,摹刻法帖是把书法名迹化身千万的重要手段。名家真迹多藏于内府或少数藏家手中,能得见真迹者只是极少数人,绝大多数人习字还是以传刻、翻刻的法帖为范本。因此,刻帖在中国传统书法文化中一直产生着广泛而深远的影响。品评刻帖优劣,不仅关乎学书者写字的水准,也是重要的书写文化活动。书家名声的确立和传播当然离不开刻帖的宣扬,书家本人或友人们都会参与到集刻本人书迹的工程当中。刻帖往往要花费巨资,而刻碑手又关乎刻帖的成败,因此对刻手的选择就决不能等闲视之。王铎素来重视书名,在将自己的书迹刻帖之时,对刻碑手是极为挑剔的。刘光旸是能够得到王铎认可的极少数刻碑手之一。王铎曾在写给友人的信中说:"刘雨若刪镌书,旌德佳士也,当是伏灵芝后第一腕。"可见他对刘光旸的高度认可。从传世刻帖来看,王书刘刻也几乎成了标配。

刘光旸精于篆刻和刻帖,对书家微妙的笔法和手法特征都有着极深切的体悟,这是他刻好法帖的基础。也正因为有这种特殊的体悟,他才能精于鉴定,对书画真伪的判别有着常人所不具备的特别感觉。刻工需要严谨敬业的工匠精神,往往要一生做一件事或数代人做一件

---

① 王铎跋米芾帖,《翰香馆法书》卷七。《王铎年谱长编》,第573—574页。

事，把技艺往精微处去锤炼。因此这种技艺也就成为个人或家族的文化标志，刘光旸的族子刘玉标也精于此道，即是一例。

顺治初年，尚书冯溢将刘光旸招至京城，令其刻《快雪堂法帖》进呈皇上。刻帖得到了顺治帝的高度评价，刘光旸也因此得授鸿胪序班。

刘光旸的刻碑技艺得到了明、清两代士人的高度评价，如宋荦《刘鸿胪歌》言："宣城刘公名光旸，年过六十鬓发苍。一身落拓仅三尺，双瞳如水辨毫芒。……《琅华馆》与《快雪堂》，至今处处生颜色。……犹云绝技必古人，穷搜墨宝前具陈。……官列鸿胪承帝眷，从兹出入文华殿。……"[1]刘光旸在顺治朝备极恩宠，世人争与其识面。然而顺治去世以后，刘光旸失去了恩宠眷顾，遂至门前冷落车马稀了。他漂泊于京城，仅以薄俸度日。岁暮年高，失意无限，他犹自署"鸿胪"以念旧日辉煌。入清后，王铎为刘光旸鉴定、题跋、作书颇多，继续延续着密切的交谊。

王铎与刘光旸以书法结缘。王铎的许多书迹都经由刘光旸刻帖传世，从而书名广播；而刘光旸也借助王铎的书名，为世人所认识与推崇，这也是他能在顺治朝备极恩宠的重要前因。王铎为刘光旸所得书帖作跋，也可见二人在雇佣关系之外，还有着更多的艺术品鉴与交流。

九月间，王铎还为张若麒临《淳化阁帖》行草册，纸本，十一开，每开纵27.5厘米，横15.7厘米。依次临写了王筠《寒凝帖》，柳公权《圣慈帖》《伏审帖》《奉荣帖》，李世民《江书帖》《怀让帖》，陈伯智《热甚帖》《寒严帖》等，款云："崇祯十三年九月，

---

[1] 宋荦《西陂类稿》卷一《刘鸿胪歌》。《王铎年谱长编》，第574页。

孟津王铎为天石老先生博笑。"①张若麒是杨嗣昌阵营中人，与黄道周等人的恩怨纠结下文详述。

秋日，王铎临《淳化阁帖》卷五《隋法帖》行书，绢本，纵240厘米，横48厘米，款云："王铎。庚辰秋仿。"②无受书人名款。

九月二十二日，王铎受任南京礼部尚书。九月二十四夜，王铎挑灯为黄培跋其所藏的宋拓《圣教序》。此后，王铎就忙着交接公务、处理私事，近二十日后才得稍暇。他在给刘理顺所临的《淳化阁帖》草书卷后落款云："明崇祯十三年十月，将南发，万事相扰，十有六昼夜不得交睫，劳顿之极。至十二日午始得一睡。起而挥此，弩末之力也。湛六刘老亲翁可发一笑。王铎。"③又为其临《阁帖》王羲之《秋月帖》《小园帖》《爱为上帖》《知问帖》草书轴。此时在极忙碌的情形下，王铎尚能偷空为黄培、刘理顺二人题字作别，可见他们在王铎心中的分量。

临行之前，王铎拜访户部尚书侯恂。为感谢这位家乡前辈多年来对自己的照应，王铎作《六根无尘图》奉上，款云："六老亲翁一笑，王铎。庚辰冬日。"④另，王铎写设色花鸟，赠同年王家彦为别。王家彦，字开美，一字尊五，福建莆田人，天启二年（1622年）进士。甲申国变，王家彦殉国。

另，王铎临《阁帖》轴，草书绫本，纵263厘米，横48.5厘米，款云："庚辰冬。王铎为……"钤"王铎之印、大宗伯印"。⑤此轴

---

① 北京故宫博物院藏。
② 首都博物馆藏。
③ 北京翰海1995年秋拍。
④ 《86日本书艺院展图录》。《王铎年谱长编》，第590页。
⑤ 山东博物馆藏。

为王铎受任南京礼部尚书以后,临行之际为友人所书,受书人名款疑被裁去。

## 王铎庚辰的书画生态

"书画生态"一词,是指着眼于书画家在人生的某个阶段所处的创作环境,从而进一步观照他在这一时期的艺术生存状态。书画家艺术史地位的确立都经历了一个"历时性"的过程,正如王羲之"书圣"地位的确立是在初唐,颜真卿书法地位的确立是在北宋,其艺术史地位的"定论"并不是在他们那个时代所获得的。如果我们以今天的立场来评判艺术史,也往往会发现"定论"和历史真相之间存在着诸多"镜像偏移"。要贴近和还原真实的历史,获得更为准确的历史信息,我们首先就要克服"定论"和历史事实之间存在的"镜像偏移"。对其"书画生态"的关注,是我们研究王铎书画真相的起点。

岁在庚辰,王铎扬名于后世的书画造诣已渐趋老境,他当时的"书画之名"也还在建立的过程当中。庚辰是他人生历程中的一个段落,庚辰书画也只是他人生创作当中的一个篇章。我们将目光投向王铎在庚辰的"挥毫"活动,观照他此时的"书画生态",并将其放置在王铎一生的框架中来审视,就会发现它所具有的特别意义。

审视王铎书画的艺术理念和笔墨创作,其核心在书法上。

王铎出身于孟津双槐里的一个农家,无论从家学渊源、家藏积淀还是从师承关系上来看,他书法的起点都不能算高。但凭着对王羲之、王献之、李邕、苏轼等人传拓本的精深体悟,青年时期的王铎在书法上就已经高出时人。王铎对自己的书法非常自信,"吾临帖善于使转……学书三十年，手画心摹，海内必有能知我者耳"[1]。这种自信，是建立在他精深的临池之功上的，更决定于他的天资颖悟与极高水准的艺术思想。

庚辰这一年的四年前（1636年），王铎在《文丹》中言："文以妙悟为第一义。"要追求"宕""奇"，"妙在擒拿"，文中要有奇，"使人目怖心震"，文要"深心大力""斩钉截铁"。[2]所论虽是作文的丹髓，却也完全可以当作书法观。

王铎对自己的书法极为看重，常做"千古之想"。他在落款和题记当中，常常会表达出对自己的不满意，待日后书道有进；或是"定会嫌此、欲唾卷上、奈何奈何"等叹息自责；或是屡屡表达出纸墨不称手、状态不佳等抱怨之辞。这些话并非谦辞，它们恰恰表达出王铎对自己书名的高度重视。以至于在他深陷献城降清的低落之际，还要以"史上留好字数行"的愿望，来自我宽慰和自我回护。

在与王铎同时代的书画家当中，声名最为隆盛的当属前辈董其昌了。

董其昌比王铎大三十七岁，二人在礼部的官职履历也非常相似。董其昌虽然已经去世三年多了，但他在书画上的影响却在不断加强。董其昌书画不仅名满朝野，还享誉国外，外国使者也争相购求，视为珍宝。他在书法上提倡"目击道存"的艺术思想，创造出生秀淡雅的艺术风格，对赵孟頫"复古"之风笼罩之势进行反拨，被众多追随者奉为圭臬。绘画上，他提出的"南北宗"理论也得到广泛认可，成为一时新风。

---

[1] 王铎临《淳化阁帖·褚遂良帖》，浙江省博物馆藏。
[2] 参见《本集初》卷八十二《文丹》。

王铎书法跌宕雄强，古雅朴茂，有北人之风，通条巨轴跌宕缠绕，已开一代风气。他视绘画为余事，对山水、兰草、竹石均有涉猎，其中他的山水以墨挥运，高阔雄壮。和书法一样，他的山水强调力量和气势，所谓大、奥、古、创，取法王维、荆浩、关仝、范宽等人，崇峰高峻、山石崚嶒。这与董其昌所提倡和践行的生秀淡雅之风已殊非同调。

董其昌对王铎这位后辈才俊在书画上的才能很赏识，时时奖掖和鼓励。而王铎对这位前辈高官也尊重和仰慕，说过许多钦敬之辞。但二人在艺术思想上的分歧是不可弥合的。董其昌在世时，两人一直非常客气地交往着。

崇祯九年（1636年）十一月，董其昌在松江去世，此时王铎正在南京翰林院事任上。对于董其昌的去世，王铎没有什么特别的表示和纪念。王铎一生为他人撰写纪念诗文、墓志、传记无数，其中虽然不乏礼节应酬之作，但至少也表明了双方的往来情谊。王铎和董其昌本人多有交集，与董其昌的友人、学生们常有交往，如与陈继儒、王思任、黄元功、吴晃等人交谊深厚。而董其昌去世，王铎表现得如此淡然，也就可见他们关系的疏远了。

董其昌去世后八年，明清鼎革。王铎的影响在北方五省越来越大，一度有"南董北王"之称。王铎为北方人，董其昌是南方人，董其昌的追随者继续秉持"南北宗论"的观点，极力宣扬董其昌而贬抑王铎，称其书有"毡裘气"，魔气甚重，"不知书法为何物，故胆大心粗"，体现出艺术流派间的强烈排他性。而王铎晚年在评价董其昌时也逐渐语气不善，直言其小字尚可观，大字则不敢苟同。其实回到崇祯十三年（1640年），王铎虽尚未得到时人的广泛认可，但他对声名隆盛的董其昌也未必服气，只是两方尚能言语相安罢了。

王铎的同辈书家人数众多。在当时人眼中，王铎的书法地位尚远不及今日，至少还没有得到更为广泛的认可。董其昌的追随者们当然就不必说了，我们再略举数例便可了解。

倪元璐、黄道周和王铎是同年进士，他们三人入仕之初便一起供职翰林，相约攻书。在书法上他们彼此惺惺相惜，造诣也是各有千秋。崇祯四年（1631年），黄道周尝评倪书云："同年中倪鸿宝笔法深古……过数十年与王、苏并宝当世，但恐鄙屑不为之耳。"① 在倪、黄二人眼里，书法不过是道德学问的余事。与王铎的孜孜以求不同，他们对书法的态度显然是更加超脱的。

同年洪周禄（半石）能诗工书，行草尤妙绝一时。董玄宰尚自谓不如，看来洪周禄也绝非浪得浮名之辈，他的书名也未尝不是驰誉一时的。同年南居仁隶书有名于时，曾得到黄道周的激赏："（隶书）今时唯南太史中斡，意度极佳，能加损小篆，自为行幅。"② 晚明之际，隶书尚处于低谷期。然士大夫们临习隶书渐成风气，王铎也参与其间。但时代压之不能高古，他们隶书的成就尚远不能和行草书相比。从黄道周的评语来看，南居仁的隶书成就显然是要高出王铎的。

陕西华州郭宗昌，崇祯年间曾应召入都。王铎、钱谦益等人均与之交善，然郭宗昌以不屑逢迎愤而归家。郭宗昌善书画、金石、篆刻，有名于当时。王铎即盛赞郭氏隶书，称其为"三百年第一手"，应非溢美之辞。

再如，张民表，字林宗，弱冠举于乡，后隐居不仕，诗文草书名满天下，有晋人风。王铎尝向范景文举荐张民表，殷殷推举之意，颇

---

① 《黄漳浦集》卷二十二《书秦华玉镌诸楷法后》。《王铎年谱长编》，第206—207页。
② 《黄漳浦集》卷十四《书品论》。《王铎年谱长编》，第687页。

见相惜之情。李尔育，字咸若，号遂臣，崇祯十年（1637年）进士。崇祯十一年（1638年），王铎与李尔育共守大明门，李曾以铜雀瓦砚相赠。李尔育"生平尤精书法，楷宗钟王，行摹米蔡，神明变化，不拘于法而无不如法。有《紫光堂帖》行于世"①。显然，李尔育亦颇具书名，与王铎皆有名于同时。

庚辰这一年，王铎过访博平侯郭振明于瀚园。宴饮之余，王铎乘兴挥毫，却碰上了软钉子。这个郭振明（含星）是孝元皇后的兄长，也是文雅之士，善鼓琴，行草书宗米芾，亦称秀雅。对于颇具书名的王铎，郭振明其实是看不上眼的，他说："今人学书法，动辄即称得古法，然不能与己意交乘，未能造作者实地，所以仍是野道，难欺识者之眼。且高迈如千载以上的王羲之，他的用字也并非古字，流传下来的诸帖今天看来也颇合时宜。今观王铎书法，结构姿态斤斤规模古人，尚不能化为己质，而又矜奇上怪好用古字，虽然雅称追踪古人，但其实已失之远矣。所以，如果说王铎懂书法是可以的，但要说他是能代表这个时代的大家，我却是不认可的。"②

当然，王铎对于这种不同的声音也有自己的立场："书学要以师古为第一要义。近世书家过多强调己意而动无法度，如同琴不按谱，这样任性又有何难呢？变化从心而不逾矩，这才应是书法的精髓所在。"③他又有知音难遇之叹："不知者必谓我言也诩，何诩何诩？安得知己旦暮遇之乎？"知己难遇，曲高则和寡，历来如此。前一年（1639年）八月，王铎在临《阁帖》后写道："书学之难与诗文等，

---

① 《（乾隆）武安县志》卷十七《艺文》收张榕端《参议李公传》。
② 参见宋起凤《稗说》卷四《李郭戚畹》。《王铎年谱长编》，第593页。
③ 参见王铎临《阁帖》卷，浙江省博物馆藏。

作不易，识岂易易也？每有挥洒，辄为三叹。伯牙钟期，良有所以然者。"① 这些话也都真切地道出了王铎在庚辰的书法生态。

  王铎好用古字，并非时风使然，他倒是引领了稍后的时风。王铎、黄道周和倪元璐三位同年是标领后世的书法大家，相较之下，王铎好用古字的特点就显得更为突出。他在书写时大量使用了古奥难解的异体字形，这和他嗜古、尚古的治学理念是分不开的。王铎为文好用古文，以"古"为至上，所以他的诗文并不通俗易读。书写时大量使用颇有陌生感的古奥异体字形，也的确在古雅的基础上增加了异样的艺术感觉。这种极具辨识度的用字习惯，更彰显了他特立独行的艺术品格，在惊诸时人的同时，自然也会招致一些人的诟病。这种尚古的风气，和士人热衷于收藏古彝器有关联。另外，陕西、山西、河南等地取法汉代隶书的风气也渐次形成。王铎沉迷于商周鼎彝，因为钟鼎篆书的字形大致就是这些古奥字形的源头。中年以后，王铎开始习写两汉隶书，汉隶中的异体字形也被他大量采用，还加以改造并充实到楷书和行草书的书写当中。但是，这时好用古字的风尚尚未形成，王铎也就显得特立独行了。王铎能身体力行且一以贯之，并逐渐引领了这一风尚。傅山比王铎小十五岁，晚明时他也在追摹王铎的书法，只是在王铎仕清之后，傅山因厌恶其人品才转学他家。应该说，王铎引领的好用古字之风在傅山这一代书家身上已然形成了风尚，与清初的考据之学互为表里，遂开一代风气。王铎的书风面目，已开风气之先。在这种风尚的酝酿期，王铎以其敏锐的艺术感觉发时代之先声，的确有筚路蓝缕之功。考察王铎书法的成因，"好用古字"自然是不容忽视的因素之一。

---

① 王铎临《阁帖》卷九王献之《愿余帖》，日本拍卖。《王铎年谱长编》，第523页。

尚未经过历史的淬炼反观，时人对王铎书法有不同声音也是必然的，毕竟他也只是当时众多善书者中的一员。尽管如此，王铎书法高迈的艺术气质还是得到了大多数时人的认可与追捧，尤其在自己的家人、同乡、同年、同僚当中更是如此。他的弟子彭而述曾在《王觉斯先生集叙》中说："四十季来，荐绅士大夫罙罳绮疏，无先生一字，则以为其人鄙不足道。"①彭氏所言虽有追怀溢美之意，但也从另一个侧面为我们展现了庚辰间王铎书法的生态状况。

王铎生于北方，从地域上来说是北人。南北地域文化的差异本来就存在，而董其昌画分"南北宗"的理论更是将这一差异人为地放大了出来。崇祯年间，北人书法被推扬也有特定的文化机缘，王铎的友人王臣直即是一例。王臣直，字圣邻，山西平阳人，万历间举人。王臣直善行草书，他的书迹传入禁中，得到了崇祯皇帝的高度评价。崇祯评王臣直的字说"笔法浑成，有北人气骨"②。崇祯所说的"北人气骨"，值得我们去关注。崇祯为什么喜欢北人气骨呢？这当然是有所指向的。崇祯登基后，着手扫除了阉党，希望能重振朝纲。但随着阉党势力倒台，东林党又卷土重来了，派系争斗的局面并没有得到丝毫改观。见惯了朝臣党争的纷乱龌龊，崇祯最厌恶的就是结党了，他对东林党也失去了好感。而东林结党于南方，形成了巨大的势力，影响遍及朝野。崇祯因不喜欢东林党而不喜欢南方人，这就是问题的症结所在了。崇祯说"北人气骨"，并不是专门评价书法。他对北方人气骨的偏爱与宣扬，有其政治用意在。皇帝的用意势必会影响到艺术风潮，使文艺上形成了对北人气骨的推扬之风。王铎生为北人，书画

---

① 《清代诗文集汇编》（6），第396页。
② 《（康熙）平阳府志》卷二十三《人物下》。

更是体现出雄放的"北人气骨"。因此，他的书画声名得以在当代提高，当然也离不开这一时代风尚的影响。

如果从创作功用的角度来看，王铎的书画作品也可以分为"有受书人名款"和"无受书人名款"两大类。明清官员虽然在日常生活中书写了大量的书迹，但在为官期间通常是不卖字的，作品也主要用于礼品赠送。在他们去世以后，这些"礼品"才成为商品进入市场。但这只是通常而言，需要具体情况具体分析。

无受书人名款即没有特定的作品接受人，这一类作品的创作应该会包含有出售的目的。虽然王铎极少谈及这一类作品的流向，但"无受书人名款"作品在他书作当中的占比并不小，显然也不是偶一为之。

数年后，王铎自言："月来病，力疾勉书。时绝粮，书数条卖之，得五斗粟，买墨，墨不嘉，奈何？"[①] 卖字换米买墨之事赫然在记，无须讳言。晚明文官薪酬很低，以至不足以养家糊口，身为三品京官的王铎也不例外。但是，京官们自有他们的隐性收入，这些灰色收入多由地方官吏提供，也属当时的成例，在此不细表。王铎一家老小在京城，日常的开支用度自然不是个小数目，再加上笔墨书籍、人情往来、诗文印行等支出，就绝非他微薄的薪酬可以支撑了。卖字画换钱显然是他比较重要的经济来源。张镜心在王铎去世后透露："四裔使臣至，必购公书，上其国王以为重。……鸿文法书，裔夏购求。"[②] 只是，张镜心所言也不乏谀墓之意。王铎晚年生活拮据，所谓"一字千金、购书者云集"也恐非实情吧。

---

[①] 王铎手稿《赠汤若望诗》册，美国旧金山亚洲艺术博物馆藏。
[②] 张镜心《赠太保礼部尚书王文安公神道碑铭》，《云隐堂集》文卷十四。《王铎年谱长编》，第1306—1307页。

关于额外的收入，王铎本人历来讳言，还是请张镜心来帮我们了解一些真相吧。前朝之事但说无妨："（王铎）丙子（1636年）掌南院，奉太封公与俱，而四方操贽谒文者趾相错，所荐金币以供封公充赠赍。"①既然四方拜谒者趾踵相错，王铎收的钱也应不是小数目。钱收了许多，这毕竟是不太光彩的事，但全部上交由老父亲来支配，却又成了孝心之举，值得褒扬。可是在次年（1637年）二月，王铎举家登舟北渡之时，却无钱雇舟，还要辗转写信请人出钱，说的话也非常委婉客气。②关于事情的真正原委我们并不清楚，或许只是王铎的小技巧：额外收的钱全交给老父亲保管了，不便外扬，两袖清风地离开南京也有利于自己的清名。请人雇船一事总会宣扬开来（就像他的书信就保留到了今天），朋友出的钱他也自然会以书画相酬，并非伸手白要的。这样一来，可就算是两全其美了。

王铎颇有山水之兴，一生行履遍布南北，所到之处也往往会有题记，大书深刻藏之名山。另有大量碑版、题壁、稿草书迹等，散布在各方。这些书迹虽无受书人名款，但其功用并非严格意义上的书画"作品"，故不在此讨论之列。

有受书人名款的书画作品数量众多、所占比重较大。如果加以分类，可以将其分为宴会酬酢、赠送问讯、专供收藏等诸多功用。有受书人名款的作品都有明确的接受人，甚至多有长题，详细记载了书画创作的时间、地点、事件、人物、创作心态等诸多信息，为我们了解王铎的书画生态提供了重要依据。

---

① 张镜心《赠太保礼部尚书王文安公神道碑铭》，《云隐堂集》文卷十四。《王铎年谱长编》，第1305页。

② 王铎手稿《与人书》，上海博物馆藏。

王铎喜欢当众挥毫，而当众挥毫又往往是酒后。有专人磨墨、抻绫，一干人等围观，长条巨幅，醉眼狂语，最易调动起王铎的创作激情。巨管饱蘸浓墨，笔势颠倒盘旋，也最易激发出观者的热情。这种极具场景感的挥毫方式，让书写者和观众的情绪互相激发，也最适合王铎那种跳宕缠绕的线质节奏，从而创作出书斋场景下难以产生的艺术效果。好友相聚，现场求书画，王铎当然是乐意捉管的。但若苦于应酬，那就难免令人反感了。王铎曾抱怨："刻下赴无益宴聚，又劳五指，奈何？"① 在这种情形下被迫挥毫，当然是很难有佳作出现的。与兴酣挥毫相反，如果环境局促、天气不佳、工具不称手或者身体状况不好等，都会影响到作品的质量，从而引发他的抱怨，可见他对自己作品的矜持之心。

以书画赠送是文人雅事，更是当时的风气。王铎多以书画赠送友人，而他受赠的情况也不乏其例，甚至他也主动要求朋友们为自己作书画。这种以书画相赠的方式和写信、诗文酬唱的意义相类，是文人们的日常交游方式。王铎赠送书画，或为定交建立友情，或为感谢友人的帮助、接待和馈赠，或为完成友人的请托等。凡此种种，都是为了拉近感情，以便疏通关节处理现实事务。在王铎的这些作品当中，专门为收藏而创作的书画也占有很大比重。

为家人而创作。王铎不时将自己的佳作题赠给兄弟、子侄，其目的就是让家人们收藏学习，以传之久远。王铎的二弟王镛、三弟王鑨都家富收藏。多年来王铎一直给自己的兄弟创作书画，以补充他们的藏品。在这些作品上的落款题记中，王铎会谆谆提示"收藏家室、勿示他客，世世传之子孙"，可见出他对这类作品的珍视之情。

---

① 王铎《与戴明说》，香港近墨堂书法基金会藏。

为亲戚而创作。王铎为亲戚而创作的作品也数量众多。如亲家梁云构、张鼎延、张镜心、薛所蕴等人，都对王铎的书画有特别的偏爱之情。他们不仅珍藏王铎的书信和书画作品，还特意将其摹勒上石、刻成法帖以传之久远。对于他们的美意，王铎自然是感动于心，他也有意识地将自己的书画精品赠送给诸位亲戚们。

为藏家友人所创作。在王铎的友人当中，有许多家富收藏者。如袁枢、孙承泽、张若麒、戴明说、宋权、冯可宾、张元弼、李元鼎、龚鼎孳、丁耀亢、王鹏冲等人，他们都是明清之际的重要收藏家。这些友人本身就是诗文书画大家，精于鉴定，拥有丰厚的家业资产。在与他们的交往过程中，王铎一方面经眼了大量藏品，在鉴赏品题之余，不断提高着自己的鉴赏和创作能力；另一方面，王铎也得到了他们多方面的资助与支持。正因为此，王铎的书画精品也成为他们的藏品。许多友人虽非收藏世家，但他们却是王铎的坚定追随者，有些甚至是未能谋面的仰慕者。他们也会通过各种关系来求得王铎的书画，用以观赏和珍藏。当然，王铎在为友人们创作出精品之后，同样会题上"世世好藏之""付家藏""勿示人"等语，以表达出对于双方友情的郑重其事。

王铎书画所赠送的人群，大抵是家乡亲友、同年、同僚和同好者。即使是初次见面或者未曾谋面者，他们之间也都有友情关系相牵连。因此，王铎的书画就勾连了一个庞大的、时序相连的受众群体，并由此形成了贯穿他一生的交游脉络。

对于自己赠送作品的流向，王铎大致把握着以友情为中心的原则，即所谓"翰不虚动，动必有由"，并非是有求必应。

顺治八年（1651年）春，得知王铎将游崇效寺，景观老和尚特意命人提前两天磨墨，做好了准备工作，打算请王铎作书摹勒上石。

饱含敬意的举动令王铎颇受感动，遂书近作留赠寺院，并自言："不知大和尚是否嫌我的布施太过吝啬了呢？"

但对于不屑之人的求书，王铎就不会答应了。崇祯九年（1636年）春天，王铎与张镜心同登钟山绝顶。同样是仰慕王铎的书名，守陵太监捧出了珍藏的宋绢请王铎挥毫。这个守陵太监的态度不可谓不郑重，但王铎却只管饮酒，宁可将醉墨挥洒在岩石之上，也不给太监写一个字。这全是因为王铎痛恨阉党，因此虽是萍水相逢，但因为对方是太监，求字的事就不了了之了。

如果说通过上述两个例子，让我们对王铎的原则有了较为清晰的把握，那下面这个例子却又让我们对此产生了怀疑。

庚辰这年的九月，王铎临《淳化阁帖》草书册，依次为王筠的《寒凝帖》，柳公权的《圣慈帖》《伏审帖》《奉荣帖》，李世民的《江书帖》《怀让帖》，陈伯智的《热甚帖》《寒严帖》等，计十一开，每开 25.7×15.7 厘米。款云："崇祯十三年九月，孟津王铎为天石老先生博笑。"[①] 这个"天石老先生"是张若麒，字天石，山东胶州人，崇祯四年（1631年）进士。张若麒、张应甲父子富收藏，名重于明清之际。可能大家觉得这个张若麒是个大收藏家，王铎给他写字没有任何不妥，这和王铎的赠送原则应该并无相抵牾之处，但是细细查看就会发现其实不然。

两年前群臣攻击杨嗣昌的议和之策，黄道周与杨嗣昌论辩于平台，王铎当时是坚定地站在黄道周一方的。张若麒也是积极的参与者，只不过他躲在另一方的阵营里。张若麒时任给事中，在关键时刻上疏攻击黄道周，结果导致黄道周被贬了六级，外调到江西布政司都

---

[①] 王铎临《阁帖》，北京故宫博物院藏。

事。在对黄道周处理过程中起主导作用的当然是崇祯，但是授意张若麒站出来的却不是崇祯皇帝，而是众矢之的杨嗣昌。"嗣昌惧上将复用道周者，急募人参之，于是张若麒应募，遂上《拥戴不效怨望纷然疏》"①。张若麒是杨嗣昌一方的人，对于张若麒在关键时刻的"挺身而出"，杨嗣昌一直记在心里。不久，杨嗣昌就以张若麒知兵为由，将他调为兵部职方司主事，很快又升其为郎中。崇祯十五年（1642年），因松山城失守，张若麒入狱，论死。他的入狱也和杨嗣昌一派失势有关。李自成攻陷京师后，张若麒被释放并接受伪职任山东海防御使。顺治元年（1644年），张若麒迎降清军，被授予顺天府丞。仕清以后，张若麒和王铎同在京城"贰臣"圈，交往更加密切。张若麒的书风面貌也非常接近王铎，足可见他是王铎艺术上的忠实追随者。但是在当下，这可是另外一回事。

崇祯庚辰间，士大夫以名节相尚，朝堂争斗已是如火如荼。王铎能将书画赠送给张若麒，为自己同年挚友的"政敌"挥毫，还要谦虚亲近地"博君一笑"，那可就显出非同寻常的意味了。如果说张若麒家富收藏，给了王铎经济上的支持和艺术上的宣扬，王铎因不愿失去这样一个追随者而挥毫，也大概可以说得过去，但这显然不是问题的关键所在。要知道当时士大夫们对名节的追求近乎疯狂，宁愿被贬、被廷杖、被外放充军甚至是被杀头，也在所不惜，他们对"清名"看得太重了。往往被贬谪者足未出京，就已经是清名满天下了。而士大夫们争相赠诗送行，也可以沾得一些清名，写诗壮行的事王铎当然也没少干过。那些被贬离京之人的"风光"丝毫也不亚于衣锦还乡，他们昂首挺胸，气吞万里。因"平台论辩"被贬之时，黄道

---

① 文秉《烈皇小识》卷六。《王铎年谱长编》，第482页。

周曾对崇祯帝说："臣今日不言，臣负陛下；陛下今日杀臣，是陛下负臣。"①在黄道周的眼里，天地之"理"至高无上。他求仁得仁，心地坦荡。黄道周离京之时，王铎和一帮友人们齐聚在黄道周的寓所为他壮行，那是何等的壮怀激烈！

但是，王铎不是黄道周，也不是党系中人，无须为自己的派系负责，尽管他和党人们一直保持着密切的交往。他尽量小心周旋于其间，努力打造着自己的"名臣"形象。王铎的内心敏感而细密，在交游处世中更不乏自己的小心思。之前为了谋得南京的职位，他就没少走关系用心思，这让同年倪元璐对他很是不齿："……孟津兄总求南司成，庶子、掌院非其所屑，其意唯恐人不据之也。数日来始知此兄营求可耻之状，不忍言之。年翁亦不必告人。"②

王铎没有为理学献身的决心，坎坷于仕途，也终于不能割舍对官位的眷恋。山林之志长在，也只能时时纠结于内心而已。他对自己的书画满怀期许，艺术活动不仅仅是他的修行，也是他交游处世的工具，时时处处相伴随行。这件写给张若麒的册页颇耐人寻味，这是否和他数日后升任南京礼部尚书有关呢？或许也未可知。

王铎是个普通人，活得凡俗而真实。艺术是高尚的，透过书画反观王铎的世路浮沉与人生期许，我们明白与艺术不同，人生是处处泥沼的。

---

① 《黄忠端公年谱》卷二。《王铎年谱长编》，第506页。
② 倪元璐《致文震孟》，《有明名贤遗翰》，汉皋文渊书局（清光绪丁亥刻本）。

## 十一 诗文酬唱

　　以风雅相尚，诗文酬唱、问讯投赠是那个时代文人们所热衷的活动，也是他们日常交际的重要记录，王铎也不例外。王铎立志以诗文传世，所作极多，其内容涉及日常往来的方方面面，其中虽多虚套礼节，但其纪事记言非常详尽，从中可以窥见他与各色人等的交游和心态思虑，自有其特定的价值。故不嫌弃琐碎，予以整理简述。

## 柬友

（一）

　　正月里，昆山葛鼏兄弟来到京城，王铎作长诗投赠。

　　王铎与葛氏的交往可以从庚辰这年再往前追溯三十年。葛氏兄弟的父亲葛锡璠，字中恬，号鲁生，万历二十九年（1601年）进士，官至河南按察使。当时王铎尚为诸生，葛锡璠尝振拔之，对王铎有知遇之恩。因为这层关系，王铎对葛锡璠执弟子礼。葛锡璠致仕后，归乡居住十五年，勤俭自持，门庭肃然，家富藏书，有八子，皆好学之士。葛锡璠于崇祯七年（1634年）去世，王铎闻讯后，尝有《悼鲁生葛师》哀之。此后，王铎与葛氏兄弟一直保持着良好的关系。崇祯九年（1636年）秋，王铎在南京翰林院事任上时，葛锡璠的三子葛鼐（毅调）、四子葛鼏（端调）曾到幕府山拜望。在南京期间，葛鼏曾为王铎的《拟山园初集》作序，款曰"门生昆山举人葛鼏"，对王铎极尽钦仰之情。王铎当然也会对葛氏兄弟的科考仕途多加砥砺与推举。此番葛氏兄弟至京，或为参加即将开始的会试吧。

　　王铎在诗中表达了对葛锡璠的感念与追忆之情，并对葛氏兄弟的文辞修养极力褒扬，更流露出了对三十年来仕途坎壈的感慨和对家乡故园的思念。

(二)

年后京城多雪。可能是正月里宴会太过频繁的缘故，王铎的旧病又复发了。哪也去不了，只能待在家中煎药，好好调养身体。

本来张慎言、刘遵宪、李觉斯等几位友人约着去城西泛舟的，但王铎实在去不了，心里感到非常遗憾。热闹处去不了，一个人就着室内的炭火煮药，烟气氤氲中愈发觉得孤寂落寞，于是给朋友们写信。

他在给翰林院编修黄文焕（坤五）的诗中写道："……体瘦由何得？心劳惟汝知。故山花正好，惆怅是幽期。"①黄文焕是天启五年（1625年）的进士，福建永福人。黄文焕和黄道周是同乡，在翰林时又同台讲学，关系非同一般，二人也被崇祯帝视为同党。崇祯十四年（1641年），因为受到黄道周的牵连，黄文焕也下狱了一段时间。此时王铎和黄文焕缔交尚不过两三年的时间，但他们已经彼此引为知己了。后来，在王铎避难江南期间和仕清之后，也一直与黄文焕保持着联系。

王铎和御史曹溶于庚辰的前一年才缔交，二人也颇有相见恨晚的感觉。曹溶，字洁躬，号秋岳，浙江嘉兴人，崇祯十年（1637年）进士。王铎投诗《秋岳》云："久困于宦事，深感初心已违。现在闭门养病，客人稀少，倒是有了一番难得的清静。静中自省，我病体迁延已数年未愈，这些天又终日与药臼相伴，更悟得岩泉之志的可贵。此愿长怀，必须要下决心来实现了。"②但宏愿发过，仍要低头面对现实。现实如同一张大网，将人牢牢困住。王铎在《赖尔》中写道：

---

① 《本集初》五律卷十八《病中示黄坤五》。
② 参见《拟山园选集》（2），第704页。

"还是手捧一杯酒,寂寥过此生吧。仕途坎壈令人嗟叹,兵戈满地也不见平息,如此春光里,还是忍泪听流莺吧。"①曹溶为人清正超然,故王铎能以心事相交。入清后,二人一直保持着非常亲近的关系。曹溶虽然仕清,但也情非得已,政事上多见消极,而对前明遗民傅山等人则多有呵护支持。

（三）

闰正月,王铎作七古长歌投户部主事楚烟:"宦途不顺算不得什么,我已经看开了。年近五十了,白发频添,著书学问迟延耽搁才让我于心不安啊。与君谈诗,浇胸中块垒,笑人世浮沉,恩怨升沉只如糠秕吧。杜甫、王维也不是什么一品大员,他们的诗文却能传于千古,这可比眼下的功名重要多了。惟今之愿,但传文名吧。"②楚烟,字非烟,曹州人,天启五年（1625年）进士。曾荡平海寇有功,多惠政,民赖以安。崇祯十五年（1642年）,民军破城曹州,楚烟被执不屈而死。

（四）

春日里,王铎有七言古诗《太守歌赠周敏山》:"敏山敏山意气真,胡为坎壈困风尘。……闻君学书复学剑,太守諴民民不怨。"③诗中表达了对周氏的勉励与褒扬。

"敏山"即周光夏,河南永康人,天启五年（1625年）进士,崇祯九年（1636年）任淮安知府,此次赴京或为外官考绩之事。明代外官考绩一般三年一次,每次赴京考绩的外官都要花费颇巨,各方

---

① 参见《拟山园选集》（2）,第704页。
② 参见《本集初》七古卷五《长歌为楚非烟》。
③ 《本集初》七古卷五《太守歌赠周敏山》。

打点后才能顺利通过。这种外官打点各部门的事已经形成常例，也成为京官们重要的经济来源。周光夏与王铎是河南同乡，二人平时交集不多。

（五）

柬友人韩四维。韩四维，字张甫，号芹城，昌平人，崇祯四年（1631年）进士。韩四维先授庶吉士，擢检讨，再升国子监司业，官至左春坊左庶子，在崇祯朝有十四年的翰林经历。甲申国变后，韩四维在苏州西郊的支硎山筑室隐居。

二人已有十多年的交情了。这期间王铎宦迹南北，韩四维则是一直在北京。二人同在北京的时间还是比较多的，兄弟往来遂以故人相称。王铎在《韩芹城》诗中谈道："春光和暖，杨柳已发芽，墟烟霭霭，正可与韩君择期一聚。朋友间贵在随时往来，随意行止，从不拘泥。相期一杯酒，即可胜书札千言，足矣慰相思。"①

（六）

立夏后，庚辰科进士放榜，武进龚九畴名落孙山。三年后的崇祯十六年（1643年），龚九畴才得中癸未科进士，入清后官至中书。

龚九畴，字禹锡，诗文才气颇得王铎的激赏。此际，龚九畴以文章干谒游走公门，却遭到权臣的贬抑和打压，王铎深为之不平，有诗赠曰②："汉室才子贾谊狂，古笔崚嶒士无双。洒泪忧时遭绛灌，至今千载知洛阳。"他将龚九畴比作多才而遭忌的汉代贾谊，自古才高者遭忌，然遭忌者可留千古之名。"自古以来奇士不易得见，俗子张狂却掩盖了世人的眼目。以龚君之才，若生在汉时也必是高士，寻常小

---

① 参见《本集初》五古卷十《韩芹城》。
② 参见王铎手稿《赠龚生禹锡》，山东博物馆藏。

人的嫉妒根本无需挂怀。龚君胸怀洒落，笔底蛟斗雨旋，震动人心，小目气弱之人根本不敢正视，我一瞻望就为之赞叹了。像龚君这样的大才之人，却被昏聩的长官压制嗔责，以致您一怒之下欲废笔砚。我劝龚君，世事难料，不必与小人争短长，一笑了之即可。君子之道自有神骨，龚君文章自有光芒，不必见赏于俗人的眼目。当今皇上喜好文章，如此阳春高文必定不会被长久埋没的。君子不逐小人之利，如此世道我们也不好多做评论了。我老了，由衷欣赏龚君的才华，后生可畏诚非虚语也。人生的命运得失本来就是如此，何必忧谗畏讥呢？龚君本是的卢马，不愁前路无人识。"“古人震世非浅薄，未见缨带馨千秋。仰看燕山不尽云，雪销海射天光流。”文章千古事，且看淡功名得失，他鼓励九畴，必定能成为震世之才。

王铎对后学的砥砺和期许之情溢于言表，可知龚九畴并非寻常之辈。然世态纷纭，小人当道，积学之士不能得显，又岂非龚生一人呢？

（七）

秋气渐凉，友人宋玫送来鲜蛏。美味可尝，友情可感，王铎对着这一堆来自大海中的鲜活蛏子，细细打量。在吃它之前，不由得要赋诗一首："蛏君呀，薄薄的外壳之上还沾附着浮沫，你本是沧海中的波臣，怎么被送到了这里呢？这实在是令人嗟叹。你终究无法逃脱被网罗的命运，只能在悲叹中吞吐着泥沙。你有蛟窟藏身又能怎样呢？宦海无涯，你终究还是难逃此运呀。君子藏器，可怜你不知此理，终落得盘中之物，再无缘化身龙蛇！"①王铎此诗虽有调侃，但也不无身世之叹。藏器之理，说时容易做时难。王铎悲蛏之意，何意竟成谶

---

① 参见王铎手稿《九青送鲜蛏》，山东博物馆藏。

语！？数年之后便也应验在自己的身上了。

宋玫，字文玉，一字九青，山东莱阳人，天启五年（1625年）进士。崇祯初，擢为吏科给事中、刑部都给事中，历太常少卿、大理寺卿、工部右侍郎。崇祯十五年（1642年），宋玫以廷推阁臣之事下狱，除名后居莱阳。清军攻陷莱阳时，宋玫死难。

宋玫诗学杜少陵，苍浑有致，与王铎颇相合，二人订交应在宋玫考中进士后不久。崇祯元年（1628年）夏，王铎返乡之时，宋玫即与友人们给王铎送别。次年（1629年）秋，王铎在孟津有诗寄怀宋玫等人："去年别时花正开，而今芦叶萧萧时。嵩山日落，秋水迢迢，故人千里，我心寂寥。叶黄易生悲意，忧时欲令头白。我自拙于世事，问诸君，择室宜向何丘？"①崇祯十一年（1638年）夏，王铎访杨观光，有诗柬宋玫、薛所蕴："知君体素重，可以为云雷。因之审漆胶，友道期中谐……百物秘精英，朋友多伪色。赖斯缔素心，萧萧永今夕。"②又，宋玫过访，王铎亦有诗云："与君一相见，长作千里别。君子读书以树大业，壮士迟暮亦当自勉。与君相对，促膝而谈，如游远山深邃处。"③崇祯十二年（1639年）秋，孙承泽邀游瀚园水亭，王铎与宋玫一同前往，有诗云："日远平湖澹澹，京城碌碌，竟得此方闲散之地。我心穆穆，更何况对此漠漠烟峦？三五知己可逍遥于此，奈何天下苍生却在兵火流离之间！白云千载，悠悠往还，但倾杯中物，莫问向何边。"④

---

①参见《本集初》五律卷八《山中怀宋今礎张湛虚宋九青宋玄平王锡侯》。
②《本集初》五古卷八《夏日访杨葵宸话言柬宋九青薛行坞》。
③参见《本集初》五古卷八《宋九青过访》。
④参见《本集初》五律卷十六《孙北海夏国山邀水亭同宋九青》。

## （八）

八九月间，友人袁翼隆有书信至，王铎为拟明雅六章以作答。又有五律云："道不可行吾将隐，身处危途心不惊。岂知天心忽寐，君子宜自强不息刚健有为。天子之心化育天下，凤麟亦知其所生。回首再思岩壑之计，进退踌躇，进退踌躇，何以慰抚我心中之情？"①

王铎在给袁翼隆的两次答诗中，所表达的思虑都比较隐晦。这与他一直宣称的山林岩壑之乐颇有不同，表现出在此际进退两难的踌躇心境。考虑到近期的政坛变局，薛国观集团即将倒台，王铎或许已经看到了仕途进阶的希望，或许已经听闻自己职位即将变动的消息，再存倦怠之心，打算徜徉于山林显然就不合时宜了。天子若考虑给自己晋升的机会，那自己就应该"君子启元亨"了。此时再回思岩壑之计，也就有了"维谷此时情"。（按：袁翼隆，待考。王铎将袁翼隆引为知己，二人的交往非常密切。王铎尝为袁氏作画，款云："小枝小苴耳，安能谱混沌面目？竢雨后需墨，割一段太湖，挂之高堂素壁。塞峭孤高，藤萝不蔫。足下似崛岈耶？或崛岈似足下耶？应袍笏拜问石丈。"）②

崇祯十年（1637年）深冬，王铎从老家回京任东宫侍班，有诗《答遵五、翼隆》③："冬寒气不舒，冻鸟藏其翅。吾亦自兹病，郁郁不得志，药院杵臼响，服食惑识智。莫能康一身，何知经济事？委顿三经月，与客若相避。冰流开水碎，火烧隔林微。茶火见余闲，病亦有所利。望子午照来，敝庐已泛地。言笑多缅欢，肝肠于斯寄。如此已

---

① 参见王铎手稿《答袁翼隆》，山东博物馆藏。
② 参见《清代诗文集汇编》（7），第299页。
③ 《拟山园选集》（1），第530页。

多欣，奚必倾壶醉。"王铎在诗中言居家养病，盼与袁翼隆、王家彦相聚叙谈，其情感人，亦可见他们友情之深厚。此诗同寄袁翼隆与王家彦，二人或为同乡。

崇祯十二年（1639年）岁暮，王铎有诗《岁晚柬袁翼隆》："岁晚还为客，客身奋欲飞。冰流开水碎，火烧隔林微，年长思知己，官老忏息机。尧桨空梦寐，心为愧征衣。"①岁暮人衰，本易感伤，彼时对王铎而言尤其如此。十二月十日，王铎在自己的生日有诗《初度》四首，其中有"屡辱中朝命，归心鬓欲皤""半生牙齿在，宁愿有知音"②等句。并有《思二女》，纪念一年前去世的两位女儿。病体迁延，仕途坎壈，王铎的第三次上疏请求归养也未获批准。在这种岁晚落寞的心境当中，王铎临纸倾诉的人一定是他引为知己者。袁翼隆，显然就是其中的一位。

王铎另有诗《告叔杲适翼隆书至》："惟昔与子交，慕义同根株。然诺耻相负，申椒佩鞠之。……慷慨当波流，各靖去其私。时事棘以艰，不惜七尺躯。……缄书致远意，永终益瞿瞿。朋友深相摄，誓与古人徒。……"③诗中言"重义""然诺""血气""慷慨"者，皆可见袁翼隆性情品行之一斑。

王铎与袁翼隆相交多年，意气相投。时逢乱世，文献飘零，袁氏生平暂付阙如，二人的交游也已仅存星点信息，但依然可以从中见出二人的心性。崇祯十七年（1644年）二月，王铎举家避乱，买舟南下。舟中得闲暇，为袁翼隆先后作隶书诗册二，后册款云："……翼

---

① 《本集初》五律卷十六《岁晚柬袁翼隆》。
② 《本集初》五律卷十七《初度》。
③ 《拟山园选集》（1），第588页。

隆再教。予在都下素不书隶，恐应者不暇也。今避地洁身□□如蚁，舟中作此为翼隆，知我胡为乎暇耶，热热之濯，可□一莞尔。"①漂泊之际，千里投书，这大概就是王铎与袁翼隆交情的最好注脚了。

（九）

还是冬初南发之际，王铎以诗题赠李觉斯，兼呈张缙彦。

张缙彦，字濂源，号坦公，河南新乡人，崇祯四年（1631年）进士。历任清涧、三原知县，迁户部主事，授编修、兵科给事中等职。入清后，官至工部右侍郎。顺治十七（1660年）年，张缙彦以"文字狱"获罪流放宁古塔，卒于康熙十一年（1672年）。

王铎与张缙彦是同乡和同年举人，同在两朝为官，有三十多年的人生交谊。张缙彦是王铎人生中极为重要的友人之一，我们也将他们的交游作一略述：

天启元年（1621年）八月，王铎与张缙彦一同中举，开始了他们的人生交谊。张缙彦先世山西洪洞，迁到新乡，与王铎有着相同的祖籍地，这更拉近了他们的感情。乡试张榜后，王铎就特地去拜访了张缙彦的父亲张问仁（心吾）。

崇祯五年（1632年）六月，王铎受命册封潞安六合王毕，经过新乡时遭遇大盗，幸得张缙彦父亲帮助得以逃脱。然在都中所集的书籍、奇石、书版、印章、字画等被大盗损毁过半。

崇祯十年（1637年）八月，王铎在返京途中有诗《想共山寄坦公》寄怀张缙彦："分襟碣石后，屡订苏门期。……林虑秋光泛，为君惜此时。"②（按："林虑"即林虑山，在张缙彦的老家。）

---

① 王铎《五律诗》册，美国旧金山亚洲艺术博物馆藏。
② 《拟山园选集》（5），第2114页。

崇祯十二年（1639年）五月十二日，是张缙彦父亲七十岁的生日。王铎为之作《张心翁荣寿貤封序》："铎于年谊尤为子行，夙受德，能默默乎？"①又奉诗轴三件祝寿：其一，行书四言诗轴，绫本，纵300厘米，横50.8厘米，款云："己卯，年侄王铎即席走笔，奉介心翁张老年伯百有余岁。"②其二，行书五古诗轴，绫本，纵355厘米，横50.8厘米，款云："即席作，王铎为心翁老年伯寿兼求正。"③其三，行草五律诗轴，绫本，纵300厘米，横78厘米，款云："心翁老年伯教正。王铎，己卯夏。"④。六月，王铎再作行书《心翁张老年伯寿祝百龄兼道微尚不肯再仕七律五首》卷，款云："崇祯十二年六月，事颇嘉然，濡墨方书，事辄至，书数字，辍笔不得书。思家园垂帘无人迹，安可得也？眷年侄王铎。"⑤秋日，王铎又为张缙彦父撰写了《心翁张老年伯辞官序》，经名刻手刘光旸、张翱所刻，款云："时崇祯十二年秋之吉，仿魏晋唐诸家，作正书于琅华斋中。眷年侄崝樵王铎撰并书。"⑥十一月，时任兵科都给事中的张缙彦弹劾总理兵部尚书熊文灿误国，熊文灿被下狱。王铎亦在《戊寅纪》中严责熊文灿，表现出和张缙彦相同的政治立场。冬夜，王铎与张缙彦、张如蕙聚于户部左侍郎刘广生斋中，同乡聚谈，感慨时局之乱。

庚辰这年十月中旬，张缙彦向崇祯进言："广西巡抚林赞为安南的头目郑梘代请王爵。安南本是登庸篡逆，降封都统。……今之请封，

---

① 上海博物馆藏。
② 上海博物馆藏。
③ 无锡博物院藏。
④ 北京荣宝斋藏。
⑤ 上海博物馆藏。
⑥ 辽宁省博物馆藏。

何功也？……荒夷要挟，绝不可徇情开此例！……"①这一建言得到了崇祯帝的认可。而此际正是与王铎别离之时。王铎去后，家庭连遭变乱，漂泊无定。张缙彦也在明末乱局中饱受离乱之苦。

崇祯十四年（1641年）冬，张缙彦的父亲张问仁去世，王铎为之作《明故真定府通判封文林郎兵科都给事中心吾张公暨赠孺人李氏王氏合葬墓表》："予两遇寇新乡，公翼予独至，憾无能赎公者。……后于长安闻公摧寇，见公辞爵，始知有轻轩冕之心。"②

崇祯十五年（1642年）秋，张缙彦在新乡居忧，王铎寄函言欲避乱新乡。九月二十五日，王铎举家赴新乡。月底抵达，与张缙彦相聚，并入孟庄，登耘斗山，欲偕同朱五溪、郭世元终隐于此，名其山曰"遁山"。十一月，张缙彦被夺情升任兵部左侍郎添设，王铎为制贺序，并序张缙彦文集。张缙彦将北发，王铎一家眷属百余口也启程下江南避乱，张缙彦有诗送别。

崇祯十六年（1643年）秋，避乱返北的王铎在辉县见到了张缙彦，二人惊喜不已。八月四日，王铎为张缙彦作《芝兰竹石图》卷，同观者有郭世元、郑世宪、郭士标、张缝彦、汪度等人。同日，王铎与张缙彦诸人同观郭士标所藏米芾《吴江舟中诗》卷，并作跋。重阳节，郭世元作《松芝图》为张缙彦贺寿，王铎为之题长歌。秋日，王铎与张缙彦、郭世元同饮于"有斐园"，园中古石险怪，菊花正开，饮酎之际，王铎索绢书《云谷赋》。并与郭世元夜宿张缙彦兄长的园榭，与张缙彦兄弟同登啸风亭。过访张缙彦的依水园，为其小亭题写"水凫"匾额。见素壁初成，王铎遂于酒酣之际写大竹数十条

---

① 参见《明崇祯实录》卷十三。
②《清代诗文集汇编》（7），第478页。

于其间，并题郭世元所画松鹤。冬日，张缙彦约王铎、郭士标、郭世元同游苏门深山。又与张缙彦、郭世元、汪度同登耘斗山。张缙彦超擢兵部尚书，王铎作《贺张坦公擢兵部尚书序》为贺，并有诗《送坦公陟大司马北上》数首，言"社稷安危君辈事，药山那得厮云根"[1]，为其壮行。张缙彦则为王铎跋《遁山文集》："此集出，即所推少陵、昌黎恐让席尔。"[2]

崇祯十七年（1644年）正月，王铎一家自辉县移至濬县，途中有诗柬张缙彦、郭世元等诸友，言离群牵念之意。国变后，王铎再度漂泊江南，而张缙彦则亲历了北都之乱。三月，张缙彦降李自成。四月，清军入关，张缙彦潜回了乡里。五月，王铎接受南明政权的任命。八月，已为太子太保、户部尚书兼文渊阁大学士的王铎为张缙彦请功，言其擒伪将士，抹去了张缙彦降附李自成的污点。二人数度书信往来，备言牵念之情。张缙彦的妻子王孺人去世，王铎为之作墓志铭。十月，经王铎保举吹拂，张缙彦得以恢复兵部尚书，总督河北、山西、河南军务。

鼎革之后，王铎与张缙彦都出仕清廷，又接续起另一段人生交谊。

顺治三年（1646年）夏日，雨十余日方止，王铎有诗《雨后感》寄怀张缙彦："百年休作千年计，十日须防九日穷。"[3] 可知此际王铎意绪懒散，不敢思忖身后之名，但求能保眼下之安的心境。

顺治四年（1647年）八月，张缙彦至京。欢会之际，王铎有诗《喜见坦公乘车来赠歌柬王屋行坞梦祯玉调》云："结交兮如林，几

---

[1]《拟山园选集》（5），第2373页。
[2]《拟山园选集》（1），第70页。
[3]《拟山园选集》（6），第2685页

人兮知心？目中吾汝白发侵，知君难舍秀壑深。"①二人相聚痛饮，感人世沧桑。此行张缙彦赴京，"吏部奏言：故明兵部尚书张缙彦逡巡来归，不应录用，从之"②，可知此时张缙彦的求职之路尚有周折。八月九日，王铎与张缙彦、梁云构、薛所蕴几位同乡聚集于张鼎延的斋中饮酒，闻邻居潘氏笙歌奏伎甚欢，遂又移到潘氏斋中泥饮通宵，天明才散去，这是离乱之后这些前朝官员的生活常态。秋雨中，薛所蕴招集王铎和张缙彦饮于万寿宫，王铎有诗数首，慨叹离乱重逢正堪醉饮，并乘兴挥毫作书，一豁胸中之气。

顺治五年（1648年）夏，王铎卧病京城，梁云构、张鼎延过访探病，闲谈多时。王铎有感遂作长诗问讯张缙彦。王铎病体稍愈，又与张缙彦等人饮于张鼎延的斋中，秋夜云飞，挑灯拼醉，遂赋长诗。十二月十日是王铎的生日，张缙彦和梁云构、张鼎延、薛所蕴等人到王铎斋中饮酒祝寿。本月，王铎与薛所蕴、李茂卿夜酌于古槐之下，张缙彦、丁耀亢后至，这次又是通宵之饮。

顺治六年（1649年）五月，王铎为宋权作《枯兰复花图》，此夜与张缙彦等十余人饮于三槐下，共赏此画。此后张缙彦离京返乡。

顺治七年（1650年）三月，张缙彦再从新乡来到京城，王铎有诗致喜。六月，王铎邀汪度饮于三弟龙松馆中，有诗寄怀张缙彦。夏日间，张缙彦招王铎与党崇雅等人饮于"吕园"，席间谈论诗文，互相唱和，王铎乘酒兴挥毫作书赠张缙彦。沈奕琛又招集王铎与张缙彦、曹溶宴饮听曲。

顺治八年（1651年）二月，王铎为张缙彦作行书五律诗轴。春

---

① 《本集诗》七古卷十一《喜见坦公乘车来赠歌柬王屋行坞梦祯玉调》。
② 《清世祖实录》卷三十三。

日，王铎有诗函《春志语坦公洙源萝月》问张缙彦、张缝彦兄弟："欲将万里眼，尽散百年愁。""寿已知如是，不愁紫绀钱。万禽皆有去，岂我未知还？"①诗中所言，俱是老年心境了。四月六日，王铎受命祭告华山，十五日启程。五月底，祭告华山毕。此后一路周折，游历会友，经陕西、四川、湖北、河南诸地，至十二月方返回孟津。归家后，王铎写信给张缙彦的大哥张缝彦："长兄一家都是我的人生知己，今生哪天不记挂于怀呢？……我病已久，打算卸任居乡里了。以后我们就可以披发行歌，也使老家山河不再有落寞之感了。"② 然而，他散发行吟的愿望却也无法实现了。

顺治九年（1652年）二月，王铎病逝。闻讣告，张缙彦代合省诸公作《祭王觉斯先生文》。冬日，应王无咎之请，张缙彦为撰《觉斯先生家庙碑记》，并作《王觉斯先生传》，追忆纪念亡友。

顺治十六（1659年）年，王铎去世已七年有余。值《拟山园帖》十卷刻成之际，张缙彦为之作跋，盛赞王铎书法妙天下，非董其昌、邢侗可比。这也是二人人生交谊的一种延续吧。

百余年后，二人还会同登《明季贰臣传》，令人唏嘘。

## 撰文

王铎文名隆盛于当代，写文章是他日常生活中非常重要的事项。这些文章或因公务而写，或因私事而撰，都记录了一段特定的光阴情境，折射出他的交游行迹与内心思虑。

我们且将王铎在庚辰年的文章大致分为公文和"私文"两大类。

---

① 《拟山园选集》（6），第1981页。
② 王铎手稿《洙源萝月》，辽宁省博物馆藏。

"私文"或因人情之请，或是触物而发，大多洋洋洒洒，极具纵横之气，是数量最多、分量最重的一部分。读其文，如与其人晤对，言语转承间，感慨系之矣。略述其文如下：

### 公文一例

庚辰年，王铎在政务上不甚用心，也不愿多去表达对国事的态度。所以，他不像以往有那么多的上书论政和牢骚不平。但日常的公务文案也会按要求来完成。《神乐观提点高习政父母》的封诰文书即是一例。

封诰文书都有常规的模板，行文也无需太过用心，王铎就将其交给侍书的文吏来代劳了。草稿拟成后，王铎以朱笔圈改，再交由文吏誊抄了事。其文曰："敕曰：朕闻鹤息崆峒，抱神以静，幽人自守，殆类于此。尔寿官高，乃太常寺神乐观提点某之父。上善若水，常德如溪，行表乡间，志循矩矱。不苟合于流俗，惟自得于逍遥。兹以子考成，封尔云，尔齿及耄，尔眉近期。道家宗风也。尔以绿瞳黄发，婆娑岁月，其授丹砂与玄箓哉。敕曰：鹿邑之母，灵溪浴家，所深惜者，尔刘氏乃太常寺神乐观提点高母，鸡鸣簪佩，燕处丝麻，馨香尚余，兰之陨矣，兹人云，存菡萏于珠灯，贲琳琅于宝笈。"[①]

神乐观提点高习政任职期满，考核通过，朝廷遂封诰他的父母，以示荣宠。其父高寿，身体尚健，封为"承德郎"；其母刘氏已去世多年，追封为"安"。一人功名既成，则封妻荫子，为祖上封诰功名，这是莫大的荣耀，也是每个士子都特别看重的事情。甚至有人为了给祖上博得更好的"功名"，宁愿暂时放弃自己的升迁机会。封诰

---

① 参见王铎手稿《神乐观提点高习政父母》，山东博物馆藏。

文书多由礼部起草颁行，所以王铎经常参与这类事情。

很凑巧，此前任命高习政为神乐观提点的诏书《敕命太常寺神乐观提点高习政》也是由王铎来起草的："敕曰：古者云门奏于太容，今圜丘祀天享帝，肆奉常，和元音，朕将茌郊坛，升中合漠，非赖于大乐正乎？尔太常寺神乐观提点高习政，律董六鸣，歌谐万舞。陶匏蒲席，百工宣于咸池。凤辇龙游，九奏献于帝座。朕格于神明，尔劳在奔走，兹以考成，晋尔阶承德郎，锡之诰命，夫乐以象成，朕务兵戈偃息，太平升中，俾四海还时雍之治，燔柴上行，有日矣。尔益劝于考悬，无怠于心，以鸣盛化。钦哉。"① 高习政精于音律歌乐，被敕命为神乐观提点，以歌乐征升平之象，化四海干戈，其职责是"领乐生舞生而时教肄之，考起进退。以备大祀天地、神祇及宗庙、社稷之祭"。神乐观提点是正六品官员，隶属太常寺。

## 祭文

生老病死，本为人生常态。在王铎的人生当中，经历了太多的生死离别，其间的悲愤感伤、思念绵长，也大多记录在他的诗文当中了。

居官者以能够为祖上博得追封和封诰为荣耀。光宗耀祖是大孝之举。父母离世，必请名士为父母铭墓、写纪念文章，这也被视为孝行。为了表达这份孝心，士子们一旦考取了功名或者是加官晋爵，就要请人为先人表墓，即使父母已去世多年。王铎文名隆盛于当时，友人中有父母离世者，王铎就主动写诗文慰问，或应友人之请撰文纪念，这都是人际交往中的重要事项。王铎一生所写的祭文数量非常多，这都成为他人生交往的重要见证。

---

① 《本集文》卷五《制诰》。

（一）

四月十三日，陕西参政郭浣去世。数日后，王铎为之作《明通议大夫陕西参政孟诸郭公墓志铭》[①]。

郭浣，字季昭，号孟诸，别号石门山人，河南新乡人，崇祯三年（1630年）进士。郭浣是前礼部尚书郭淐的四弟，官至陕西凉州兵备道布政司参政，为人清正，勤政爱民，卒于官。

郭浣去世后，朝廷追赠他为太常寺少卿的谕旨迟迟未下，权相周延儒向郭浣的三子郭士标索贿三千两白银，不交钱就不发谕旨。郭士标言，先人清介终身，所以才位不偿德。今身后若以贿得赠，虽荣亦辱。遂誓不满足周延儒的索贿要求。后经监察御史王璋上奏表功，郭浣才得以获得追赠。

王铎曾去新乡与郭浣见面，郭浣的热情招待让王铎非常感怀。崇祯九年（1636年），太常寺正卿张镜心举荐郭浣可当重任，郭浣遂被起用为陕西巩昌府知府。他们这些河南同乡之间互相扶持砥砺，由此可见一斑。

郭浣的三子郭士标过继给伯父礼部尚书郭淐，得以嗣官生。因王铎与先父郭浣为家乡友人，郭士标哭请王铎为郭浣铭墓。王铎以洋洋数千言，历述郭浣的生平行状，盛赞其为人为官之风，算是对已故乡友所表达的敬重与哀思吧。

（二）

庚辰夏，晋安张元弼去世。噩耗传来，王铎有诗哀之，其一曰："君为贤人，万里相隔，不意今日阴阳两决，空余遗风在丘园了。于今只见张君游宦遗迹，身后之名何人评说？破屋数间曾贮万卷典籍，

---

[①]《清代诗文集汇编》（7），第446页。

凄风吹雨遮蔽晋安荔园。闽天孤月高悬，照彻万里海门，伤心无尽。"其二曰："高士已往，无缘与君再见，思念无尽，知君已羽化登仙。遥寄哀思，泪洒筼竹林间，风舞飞花，为君堆满石坛。犹忆张君平生事，自是高旷隐逸者流。今我来思，雨雪霏霏，漫天风雨起，如何不搅动我哀恸如湍？"[1]（按：张元弼，生平不详，当为王铎的居官友人。）

（三）

崇祯十二年（1639年）八月，保定巡抚张其平因清军入侵内地时属邑失亡多，被崇祯帝下令处死，同时被处死的文武诸臣有三十二人之多。封疆大吏获罪，被斩首于西市，实在令人心颜震动。王铎曾有多首诗悼念哀挽张其平，但在当时的高压之下，这种哀悼纪念也只能在私下里进行，以免节外生枝。

时间过去了一年，到了张其平的周年忌日，王铎内心里的哀恸与思念被再度唤起。故人入梦，梦中张其平把盏谈谑，面露喜色，不复有生前郁结不平的情状。醒后，王铎感慨万端："君为封疆，平生不得志，受如此大过而仍有淑傥之意气，是真的达于天命了吗？"[2]遂执笔为撰《巡抚保定副都御史心矩张公墓志》。

张其平，字心矩，万历四十四年（1616年）进士，河南偃师人。王铎十多岁时即与张其平相遇于洛阳。二人见面不用介绍，张其平一笑即言："我是张其平，你是王铎吗？"兄弟之情仿佛前生注定，令人感怀。三十多年前的这一幕情景，而今再思，也真的是如在眼前。

张其平为人豁达坦荡，待王铎如兄弟。二人每次相见之时，都要

---

[1] 参见王铎手稿《吊晋安张元弼》，山东博物馆藏。
[2] 参见《清代诗文集汇编》（7），第415页。

击节和歌，不醉不休。天启四年（1624年），张其平丁父忧居乡，王铎则归乡省亲，二人相距不远。值张其平四十岁生日，王铎有诗为寿。崇祯三年（1630年）十一月九日，礼部郎中张其平的父母合葬于偃师西南山阴，王铎为撰《袁宜人合葬墓志铭》。崇祯六年（1633年）三月，王铎返京途中行至偃师，张其平与王龙友等人于东郊武园设宴饯行，王铎有诗为记。秋末雨余，暑气未退，王铎有诗寄怀张其平。十二月十三日，张其平巡抚保定，其门人阮元声、刘理顺请王铎为之作赠序壮行，题为《送心矩张公开府真定序》，文曰："自兹而往，于考吏绥民之外，夙夜匪懈，矢心克诘，庶几以不二之心，答天子之明保，谢在廷之推毂，震叠上谷，谧护神京，括而砥砺之，在此行耳。"①赠序可谓壮怀激烈！但是此刻他们谁也不知，此行的凶险已难以避免了。崇祯七年（1634年）夏日，与张其平及河南诸友人泛舟，望西山，王铎诗中有言："干戈夷虏不在眼，何不痛饮使心哀？……功成行乐拂衣归，八十腰软杖无力。"②从诗句可知，他们对今后的变乱也依然没有丝毫觉察。崇祯八年（1635年）八月，王铎赴南京翰林院事任，行至真定。（此时二人已结为儿女亲家。）张其平置酒坐定，阖门与二三人酒，"酒酣谈噱，令歌者歌，击筑者击筑，且曰：彼歌谐若何？"酒喝到月落星移，此乐何极！然兴尽悲来，张其平泣下起舞，彷徨间若有郁结藏于胸中，坐中人不知其故，皆为之怆然。张其平曰："人生有穷与不穷，这难道不是命吗？大家是知道我的。"③一会笑一会又悲，张其平是有感于身世啊！他或许已经有了

---

① 《清代诗文集汇编》（7），第56页。
② 《本集初》七古卷一《梁眉居常二如张心矩许佩宛屈鹏洲张子依绿园泛京外舟》。
③ 参见《本集文》卷六十六《巡抚保定副都御史心矩张公墓志铭》。

不祥的预感。

崇祯九年（1636年）秋，王铎在南京任上，有诗寄怀张其平："滹沱秋气早，洲外采蘼芜。久别能无思？应知有所图。关河燕地重，兵火晋山孤。大厦灵鸿橥，踌躇日为晡。"①对远在兵火之地的张其平表达了深切的牵念之情。此际张其平在真定督师操练，清军犯至涞、易之间，火攻歼数十骑，敌退去。张其平耻以捷闻，考绩晋升为副都御史。秋日，清军再由墙岭南下，逼近京东五十里处驻扎，踌躇四十余日未进兵。其兵锋已挫，正是进击的好时机，但明军不肯出击。张其平统辖的营兵有一半调往房山、固安，余下的只有三千人而已。中枢命令张其平监视良、涿的清军。清军南下，又令其镇守霸州。刚抵达霸州，又令其守阜成门。崇祯念张其平勤王先至，予以嘉奖。清兵继续南下，数十万明军难以调动协调，崇祯命张其平协督镇剿。至夜，兵营火起，张其平指挥三千兵马冲锋，多有射杀，清军稍却。黎明时，张其平部退入雄县，清军随即急攻雄县。清军围困真定已经八天了，张其平还在苦苦支撑着。时清军旌旗蔽野，明军诸将皆逡巡不敢向前，张其平提剑大骂："真定不光关乎我们个人的身家性命，更是关乎国家大局，怎能不拼死守卫？"遂冒雨镞拼死搏杀。城中人听闻杀声，只知军心得以大振，不知是张其平身先士卒的缘故。三军用命，击退清军，真定之围得以暂时解除。然至十一月十九日，真定已是危在旦夕了。守城的军队原有十万之众，但一直按兵不动，只知索粮扰民而已。张其平部进入城中，恳请总督兵马的太监出兵，但督兵太监嗳喏畏敌，只是掣肘军务而已，根本无法形成合力。张其平身为巡抚，只能分兵救援邢、洺、内丘、滑、濬等地。援兵皆作壁上观，

---

① 《本集初》五律卷十《寄张心矩》。

令人心寒，张其平以一身镇守危城，如何能分身以四应呢？王铎以书函问，张其平怏怏不已，做好了马革裹尸的打算。但张其平并不知重重掣肘的根源在哪，唏嘘抑郁又能怎样呢？最终只落得身败名裂而已。封疆获罪，岂非命也耶？"君入而勤王，昼走涿，夜走霸，今日良乡，明日阜成门，命如危卵，目不交，食不咽，当白刃铁戈之前，不惧虎吻。视拥数万者，处处按甲不动，则何也？"①

张其平坐失真定之罪，于崇祯十二年（1639年）八月被处死。国势飘摇，战事不利，表面上看是将帅指挥不力所造成的。但是，明、清两军的战力早已不可同日而语。明王朝君臣还在帝国大梦中沉迷，从未正视两方的真正差距，还以为清军只是关外蛮夷，不堪一击，未战已经先输了一筹。崇祯初年废除了内臣监军，但随着内忧外患加剧和军事上的接连失利，内臣监军又卷土重来。各方互相掣肘，难以形成合力，其结果就是一败涂地。

张其平因失地而遭杀身，是时事乱局所致，更是崇祯帝此时暴虐无常性格的牺牲品。他虽努力勤王，浴血冲杀，却最终落得个身败名裂、横尸西市的下场。"以身徒劳于是非黑白混淆之世，以性命待于汤镬之前"，这不仅是他个人的悲哀，更是一个时代的悲哀。张其平身死而背罪名，门庭为之蒙羞，妻子不敢献祭。作为他的生前挚友，王铎也只能在其遇难的周年之际才悄悄写下了墓志祭文。"他日必恤臣子之分，君可慰矣"，或许能为之正名就是对亡者最大的告慰了。可惜张其平并没有等到这一天。明王朝匆匆倒闭了，清王朝也不可能为战场上的对手立传，张其平注定被历史遗忘了，只有罪名还一直跟随着他。

---

① 《本集文》卷六十六《巡抚保定副都御史心矩张公墓志铭》。

(四)

七月二十七日，山西友人张希夏的母亲去世。

张希夏，字西河，蒲州人，崇祯元年（1628年）进士，时任礼部给事中。张希夏出身贫寒，性至孝，为人端谨中正，与王铎的同年李绍贤是儿女亲家。王铎与张希夏同在礼部任职，且以山西同乡相待，更有李绍贤在中间的牵线连接，感情自然是至为亲近的。

五月里，张希夏曾对王铎说起家事。父亲已经去世多年了，母亲尚在蒲州老家，谈起往岁艰辛，"泣辄稷稷下"。两月后，张希夏即奔母丧返乡，并安排父母合葬的事宜。王铎为撰《张母李孺人墓志铭》，致以悼念之意。崇祯十四年（1641年）四月十六日，王铎居怀州丁忧，撰并楷书了《张公暨配太孺人李氏合葬墓志铭》。款有"乡晚生洪洞王铎撰"句，足可见他的殷殷之情。

二人再次有交集，已是在四年之后的南明弘光朝了。张希夏能升任太常少卿，再升礼科给事中，这当然都离不开王铎的支持。南京沦陷后，王铎降清，张希夏又短暂任职于鲁王政权，后不知所终。人生两途，二人的交谊也走向终结了。

(五)

庚辰这一年秋，李绍贤的母亲去世，王铎作《蒲州李母挽歌》及《问卿慕劭公洎夫人合传》册，前文已述。

## 序文

邀请知名文士为文集作序，付梓印行以提高影响，这在当时也是一种风气。王铎在崇祯年间数次印行了自己的诗文集，也邀请了众多名士为自己作序文。互相推举吹拂是扩大影响的现实需要，也体现出他们的交往友情，是社会文化生活的一个缩影。

王铎素有文名，应朋友之请作序文是必然的事情。另外，像贺寿一类的序文更是承载着众多友情因素，可以拉近双方的感情，王铎当然乐意为之。

　　庚辰这一年，王铎作有几篇重要的序文，如为南居仁的父亲作《贺玄圃南年伯八十寿序》，为黄培的祖父黄嘉善作《太保大司马黄公梓山奏议序》，以及为同年顾国宝作《可闲斋记》等。这几篇序文都是受友人之请而作，感情充沛，洋洋一千余言，体现出王铎和友人们的真挚情谊。前文已述，不再赘言。

　　夏、秋间，胡敬辰拟将《檀雪斋集》付梓，请王铎为之作序文。胡敬辰，字直卿，又字青莲，浙江余姚人，是王铎的同年进士。同年来请，自然要欣然从命。

　　文曰："胡君青莲为人介直，不屑于阿附逢迎，与朋友交坦荡，其中必有大异于常人者。他一再遭受朝中阉宦小人的陷害，而诗文洒落如故，能自得其乐，是什么原因呢？诗文之道关于治化，大手笔立根于天、地、人三才，渊荡万有。实不可矜于细末之技而忘风雅颂的精神，正如朝庙郊社不可以立鱼竿披蓑衣，边塞战阵之时也不可以仅穿着细软的布衣。当下文章多不知敦厚之理，已致衰微了。青莲为人敦厚，自守正气，轻物而不求助，文风自然无所矫饰，文质彬彬然后君子，洒脱而得其乐，实属难能可贵。能如此，其文施之于景物则温且柔，施之于朝庙则无琐屑之失，自有龙旂鸾珑之度，可救时文衰敝，隐括治化之声。青莲身体力行，欲振文风于时下，守道而乐，此乐何极！所以诗文应泠然有云外之箫音，悠然为烟峰间鹤唳，得超然之致；又须有睨柱秦庭、不辞艰危，于燕市击筑，旁若无人的雄阔气度。或者是他不屑于阿谀逢迎，而将蓬勃之气藏于内，不尽现于事功而展现于文，洋洋大观竟至于此？昔者以文自命者，凡遇坎壈则发为愤怒不平，胸中郁郁何能有乐可言？青莲深悉此中之乐，所以说他有大过人之处，难道不对吗？根于情理，关乎治化，诗文可以登峰造极，必能传世无疑也。朝夕之间，国家也需要青莲公的辅佐，古时大臣忧时体国，青莲会漠不关心国事吗？以文章关乎治化，国家治则积其敦厚，与万智相斟酌，肃肃忧勤，那些说青莲无忧勤之心的人又是言自何来呢？世人如有能知青莲厚理守气者，闻说我言，必不仅从诗文来他了。以是为序。门弟王铎撰。"①

整理印行诗文集可以扬名于当代，留名于后世。而一摞诗文集不仅可以抬高身价，更可以作为一个文人身份地位的象征，所以多数士人都热衷于此。而请当代名流显宦为诗文集撰写序言也由是成风。王铎的诗文享有时名，找他求诗文以壮声威者自然是络绎不绝。为胡敬辰文集作序王铎自是欣然接受，至于胡氏诗文的造诣如何倒在其次了。

胡敬辰著有《檀雪斋集》四十卷。他作文故为涩体，文风艰涩，难以句读，诗格也只能算是"公安派"的末流，造诣并不高。王铎在序言中却极力褒扬了胡敬辰的造诣，盛赞其诗文可以振一代文风，显然就是溢美之词了。王铎之所以愿意这样去写，那就纯是出于为朋友捧场的心态了。

王铎与胡敬辰的交往已有二十年，同年之谊将他们紧紧地联系在一起。宦迹南北，升沉各异，二人的交游信息也只存星点了。但略述其事，我们依然可以见出大致的脉络。

崇祯二年（1629年），王铎休假居乡，曾以诗柬胡敬辰，胡敬辰遂有和章《酬王觉四社兄所惠诗四章，步其韵，则邯郸之学耳，

---

① 参见王铎手稿《檀雪斋集序》，山东博物馆藏。

讶偏师唐突乎否？（有叙）》，"吾友觉四太史，世所尊声大中允也，……我爱其圣快于誓琴捃之月，投以紫清、灌彼玉蕤香之章，何殊元白"云云，诗中盛赞了王铎的诗文书法，有"买羊知失望，得袖可携归""芬荡防风粥，书工鲁峻碑。茂毫畴得驾，五绝且凌时"[①]等句。又有《一仿之不足，故赓之。买菜乎？求益也，或诗有以多为贵者，请复之》诗，亦可见胡敬辰文风之一斑。

崇祯六年（1633年）秋，王铎过访胡敬辰，并有五律四首赠之："秋日得闲，访胡君一叙，披襟共对朝晖。别才欷白幛，古意入朱徽。兵火遍地，叹光阴易逝、知音难觅。胸中郁郁之情难疏，与君一叙竟忘归时。""凉风吹客意，稍别念分群。胡君或返江乡，江湖他年，各自孑然。文章三寸管，君乡吴越之间，又有几多白云？嵊山红藤杖，闲来挂向君。""胡君耻于官场纠葛，超然无所欲求。乐与我谈黄老之术，不知何人可与胡君老却山林？"[②]二人相聚苦短，别离在即。此际王铎正谋求南京闲职，而胡敬辰则拙于仕宦，渴望归乡闲住。

崇祯十一年（1638年），王铎有诗《柬胡青莲》："人生多坎壈，一切或皆由命定，世态人情若此，夫复何言？新诗已成和者寡，乱世多才谤易生。君在江乡住，远离魑魅，幡然有所悟，或生高士心，肯为我作嗟世之歌否？"[③]这一年国势飘摇、清军入侵、友人死难、病体迁延、守城御敌等诸事，都令王铎悲愤激越，郁郁之情难疏。他在诗中与胡敬辰所述，正是此际心境的直接体现。

庚辰的前一年（1639年）秋日，王铎与胡敬辰相遇于京城。别

---

[①] 胡敬辰《檀雪斋集》卷二十二。《王铎年谱长编》，第151页。
[②] 参见《本集初》五律卷八《赠胡青莲》。
[③] 参见《本集初》五律卷十三《柬胡青莲》。

后重逢，感慨良多，王铎有诗记云："索居愈觉思念之切，幽寻胡君相议景房。一别经年，新诗改罢，更觉故人之情的绵厚悠长。人世多梗阻，风物已秋霜。秋色虽暂冷，春序有余香。"①

胡敬辰仕途不显，天启二年（1622年）中进士后，他曾任江西驿传道，后任光禄寺录事，也只是个从九品的小官，这大概和他不善游走有关吧。他虽有诗文集传于世，但为文风所限，造诣了了。胡敬辰只是晚明社会职场下层的普通士子，为人耿介不逢于时，其生平悲欢也大都掩没于世事尘埃之中了。他与王铎的同年之谊，以及二十余年间的诗文往还，依然能够折射出普通士子的人生求索与悲欢喜乐，约略寻之即令人唏嘘感慨。

## 独坐感怀

与函问、答复、应请等所作的诗文不同，独坐感怀大约更能接近王铎的内心。独坐之际所作的诗文并不针对特定的接受人，自然少了些人情的羁绊，因此也就更接近他的内心独白。

庚辰春、夏、秋三个季节，王铎都是在北京度过的。凡独处所想他都会随时记录下来，真切反映出此间的心境。

春季多雪，病体迁延，王铎在书斋中闭门读书，围炉煮药。静下心来审视过往种种，思虑去留得失，他写下了两首五古②。

《二月读书》："凡物各有诗，我胡劳其形？耳目皆为累，冲心淡无营。"诗中所言是王铎对人生的感悟：凡物各有其本心，自有其性灵，皆自然而然、平淡天成。我这些年东奔西走，孜孜以求，可到

---

① 参见《本集初》五律卷十五《遇胡青莲》。
② 《本集初》五古卷十《二月读书》《京华》。

头来又得到了什么呢？耳目之欲徒令人劳顿，反倒是蒙蔽了我的本心。做人如此，作诗文也是如此，我应该放下机巧心、经营心和执著心，淡然随缘就足够了。"绚烂至极，复归平淡"，这是王铎在艺术上的淬火与沉淀，更是他对人生的感悟。去掉火气，平淡悠长，这是他要去追求的人生境界，尽管他最终也无法达到。

《京华》："当春不宜寒，冷风昼夜吹。……手把周汉书，不复知其余。人事竞纷华，我性据乌皮。所贵自适志，将以遂其私。"京华为客已久，在自己的庚辰年中，王铎决意韬光养晦，淡漠守志。春寒料峭，宦途渺茫。独守宅中，王铎深切地体会到自己本性生拙难以左右逢源。本性既难改移，那就守拙自适，静心读书。人事不贵通达，能随缘适性也就足够了，且将万千纷扰关在门外吧。

托物以言志，是王铎常用的手法。《宝剑篇》[1]以宝剑自况，言兵火满地、生灵涂炭之际，宝剑却被锈涩深藏，终日与铅刀为伍，恨英雄无用武之地，壮志难舒。也表达了国势飘摇之际，小人当道，自己不被重用的愤懑凄凉之意。另有《咏天马》七古诗，感叹身世之悲："天马天马凡几匹，可于图中见精神。光逸神飞若红龙，驯牧之人难以驾驭它，只能束手而立，吐舌嗟叹，因何就骤得此神驹呢？"[2]但如今千里马却泯然众人之间，无人能识其神迈。"俯仰乾坤独郁陶，枥前慨慷只流泪。"善马应当与英雄相随建功立业，但现实却是与驽马为伍被排挤压制，世无伯乐，实在令人哀叹。世人贵同不贵异，如此超群脱俗的人物，自然会遭到凡俗之辈的嫉妒和猜疑。王铎以马为题悲个人身世、叹世态时情，与《宝剑篇》有异曲同工之处。

---

[1]《本集初》七古卷五《宝剑篇》。
[2] 参见王铎手稿《咏天马》，山东博物馆藏。

座中闻击筑，王铎感而与之共情，遂作长歌。击筑声慷慨悲壮，最易触发人胸中的不平之气。王铎自言，数年来偃仰京邸、滞于宦途，但胸中仍是昔日少年狂气。听闻击筑声，仿佛置身易水之畔，悲凉顿生。"莫笑荆轲剑术疏，古人朋友尚为死。"①感慨古人的义气慷慨，其实也是表达了自己对世风日下的激愤不平。

庚辰前一年春，清军饱掠而去，但再次进犯的威胁却一直存在着。明军军备废弛、军饷不继，边防戍卒更是苦不堪言。而今哀鸿遍野，天灾不断，内外交困之际又要征兵加赋了。征兵加赋的结果就是逼迫难民们不断叛乱，叛乱加剧又要继续征兵加赋，财政亏空、腐败横生，大明王朝已经陷入了严重的恶性循环。

春日多雪，严寒不辍，燕京尚且如此，塞外更何以堪？王铎感此而作《塞北》长歌②。塞外苦寒，自然条件的恶劣尚难以忍受，而异族兵马又不时来袭，戍边将士的生死只在朝暮之间。朝廷听信奸臣之言继续征兵，这纯粹是误国之言，令人仰面哭天。王铎只能徒唤奈何，"安得罢戍刀耕田，免使白骨白满山"，王朝气数已尽，谁也拿不出解决问题的办法来。

面对这场浩劫，王铎深感无能为力。他只有将满腔感慨在诗文中倾泻出来："我十五岁学习剑术，二十岁习读兵书。多年来闻说关东夷狄之患，令我为之长嗟吁。军饷不济，战马长饥，将士们更是疏于战法，数十年来匪患不断。战事既不得力，功罪赏罚又不明晰。殉国者不获封赏却遭嫉妒，朝廷又严刑追责，封疆大吏被诛者动辄数十人，令朝野为之胆寒。我多少次上疏言兵，却从并未被采纳过。眼见

---

①《本集诗》七古卷二《座中闻击筑》。
②《本集初》七古卷四《塞北》。

得数十万生灵丧命,徒令我垂泪哀叹。国士蒙羞,又有何人能知?战场之上,壮士悲歌死节,他们最易招来小人的妒忌之心。自古英雄为功勋所困,为流言所伤,令我辈挥泪凭吊。朝堂上害气未除,权奸小人又在背地里议抚,误国的小人们结成了帮派,他们把持朝政、祸乱朝堂,国家为之蒙难。如今清兵暂时退去了,那是靠着皇上的圣明,那些专事朝纲的大学士与兵部要员们又做了些什么呢?这场战事令身经百战的老将黯然无色,今年萧砀山怒鸣也是上天发出的预警。一将功成万骨枯,但数十万生灵涂炭也未换得一将功成啊。可怜七十余战,将军白发,一战未成。"①

"自有十年寇,不闻死士心",辽东战场的溃败实在是将帅昏聩所致。邸报传来,竟然还在大谈安国之策,还在吹嘘前线奏捷。一味奏报转战之苦,却从来没见过边城之围的解除。一临战阵就抱怨没有骁勇铁骑,登上战车又说缺少铁衣。派去督师的太监与权臣们勾结在一起,边关危机四伏,日日飞来的却总是捷报!②

京城周边也是一派乱象:"道上无行人,日中无吉色,城垣颓废,乌食死肉,阴风呼啸,雪野荒寂。朝中无人,实在让人思念起国初的于谦与三杨。军备废弛,只是空做做样子而已,没有一个人主动与清军作战,甚至尚未迎敌就望风而逃了。而到了战后论功时,他们却都纷纷出来请功,有功无功一干人等都列名于封章之上。请问诸位将帅,国难当头,你们不与清军战死,只求老来能够寿终正寝,国家要你们究竟有何用?究竟有何用?"③

---

① 参见《本集初》五古卷十《感戎事》。
② 参见《本集初》五律卷十八《邸报》。
③ 参见《本集初》七古卷五《御虏篇》。

在王铎的思虑当中，将战事失利归咎于权臣指挥不力、将帅无能，清军退去也完全是皇上圣明决断的结果。对于殉国友人所遭遇的不公正待遇，他也只是在抱怨小人们的妒忌；崇祯帝对大臣严刑追责，他的亲家、保定巡抚张其平也被处死。"封疆获罪，岂非命也？"他内心悲哀却又无可奈何，只能将之归为命运不济。在王铎的视野里，他看不到大明王朝摇摇欲坠的根源所在。对于衰微的时局，他更提不出有效的解决办法来。激愤袭来，他会唱出"一举踏庑阵，再举夺辽东"的豪情壮语，但是，也仅此而已了。空有一腔热情，仅寄希望于一二英雄救世，这种文臣的迂阔在王铎身上也真切地存在着。

"文章千古灭不灭？功勋妒忌成灰土。"[①] 王铎在二十年的仕宦生涯中，经历了多少颠沛流离，见惯了多少朝堂争斗，生离死别、荣辱升沉已经磨灭了他胸中的锐气。昔日友人用生命换来的功勋在小人的妒忌攻击之下化为灰土，朝堂之上是非不辨、忠奸不分，政策摇摆不定，国事衰微更是一筹莫展。建功立业、光耀门楣越来越变得没有意义。年近半百之时，王铎审视自己走过的路，才更清楚地认识到"文章千古事"，文章才应是自己真正的功业。

王铎一直小心注意身体，但疾病却时时袭来，迁延难愈。身体变得臃肿，自己也没有心情去照镜子。二十年来一直与酒相伴，如今只赚得这一副老须髯，究竟有什么用处呢？老眼昏花，拿出镜子来照照自己，本来是干净明亮的镜子里，却也蒙上了一层轻雾。想想三四十年纪时，精力旺盛，势若奔雷。那时手捧诗书便不会觉得饿，率意挥洒是何等的气概？现在身体老了，精力也不足了，关键是没了年轻时的激情，只剩下让妻女嘲羞的份了。"对镜不语暗伤神"，还是别自

---

[①] 参见《本集诗》七古卷二《感旧》。

找无趣了吧。①

六月中旬，庚辰的立秋节气就已经来到了。天气未见得有多大变化，但毕竟已经是秋天了。秋天来了，王铎的日子依然平平淡淡，但国事却不是这样了。

天灾继续，财政亏空、民不聊生的局面更加恶化。六月二十九日，巡抚延绥右佥都御史、同年刘令誉奏言《开渠导河得水田万亩备救荒》策，得到崇祯帝的认可，下诏渐推广，但远水已难救近火，旱灾还在持续，漕运河水也已枯竭。蝗灾铺天盖地，政府只能靠做法事灭蝗，当然不会有什么效果。七月初十，诏令再次下发两万金来赈济顺天、保定等地的灾民。八月，下令开仓粟赈济河东的饥民，再发帑币三万金赈济真定、山东、河南等地的灾民。帝国已是千疮百孔，遍布各地的灾民又如何能救济？到了九月份，灾情已经让朝廷一筹莫展，只得又搬出了停刑的老办法来，祈求上苍眷顾，但也只能是求得心理的安慰罢了。

此时兵火再生，消停了一段时间的农民军又卷土重来。刚进秋天，张献忠的队伍就攻陷了大竹县，各地叛军闻风而动，局势再度紧张起来。杨嗣昌督师剿贼，七月间，明军先是在宜昌的兴山打了一次胜仗，左良玉又在四川半边山小胜。但是到了月底，明军再度失利，杨嗣昌奏请皇上治罪。崇祯皇帝只能依靠杨嗣昌来支撑危局了，不但没治罪还追发了五万金犒劳军队，以期扭转战局。九月初，明军在四川围困住李自成部。弹尽粮绝的李自成几次想自杀都被部下给救下，后得以突围南下。叛军迫近凤阳，杨嗣昌命令各抚、监协同进剿，算是暂时稳住了局面。

---

① 参见《本集初》七古卷二《匣镜歌》。

趁着明军和农民军斗争之际，关外的皇太极也出兵了。这次出兵很不寻常，不同于以往绕道西北的做法，皇太极下定决心要打锦州，抄近道威胁北京。对于这个情况，杨嗣昌非常警觉，他立即给崇祯帝上疏："蓟辽总督得用可靠的人，如果不能胜任，朝廷必须马上予以裁撤。非常时期，其他大小将官、监司、府县等用人，都要听从前方督抚的意见，吏部和兵部也要全力配合、随时批复，决不允许推诿延误。"[①]崇祯帝全力支持杨嗣昌，马上同意照办。皇上亲自督办，自然是立竿见影。七月份，辽东前线总兵曹变蛟、左光先、吴三桂合力抵御清兵于黄土台，在松山、杏山，打了三个胜仗，破坏了皇太极的战略企图。这是几年来明军对清军作战少有的胜利，消息传来，君臣为之振奋。从此时一直到第二年五月，双方僵持不下，辽东前线没有大战发生。

但震惊朝廷的事却接连而来了。

首先是首辅薛国观及其政治集团的垮台。薛国观在首辅的位置上已经有一年半了。从朝中的派系来看，薛国观是敢于和东林党对立的一方。正因为这一点，他才得到了温体仁的推荐和崇祯帝的喜欢，登上了首辅的宝座。东林党人因为薛国观的存在而感到极度不适。这时活跃于政坛的复社分子本来就是东林党人，他们在朝中做了很多工作，让皇帝逐渐失去了对薛国观的信任。薛国观上台后任用了一批心机小人，贪赃枉法，拉起队伍和东林党斗，走到今天也是咎由自取。但这其中最关键的，还是敏感多疑的崇祯帝开始对薛国观反感了。

因为"禁中外官私书"一事，崇祯帝对薛国观的拟旨很不满意，认为他没有严格遵守集体决议。崇祯亲自动手改了一遍，让薛国观再

---

[①] 参见《明崇祯实录》卷十三。

拟。薛国观再拟，结果崇祯帝更不满意，于是勃然大怒，让五府、九卿大臣讨论给薛国观处分。定国公徐允祯、吏部尚书傅永淳等讨论的结果是"免职退休"，免于处罚，这显然不合崇祯的心意。刑科给事中袁恺则弹劾薛国观"欺君罔上、嫉贤妒能"，私自提拔小人，必须予以定罪制裁。在崇祯十年（1637年）选任的六位大学士当中，其他人都被免职了，只有薛国观还在把持着朝政。他不是翰林出身，本来是没有资格入阁的，但是凭借着皇帝的喜欢才破格当上了首辅。薛国观不知感恩，阴险刻厉、贪赃枉法，辜负了皇上的信任，罢免致仕已是格外开恩后的结果。

七月底，薛国观卷铺盖走人。免职退休也算是让薛国观很体面地下台，事情本来也就该到此结束了。但是，薛国观不懂得低调，大车小车装满了受贿得来的宝贝，在众目睽睽之下离开北京，这怎么会不出事呢？工作敬业的东厂锦衣卫迅速将事实呈报上去，刑科给事中、王铎的好友袁恺又跑去向皇帝参上一本，薛国观又被连人带车给抓了回来，被直接送到镇抚司查问。审了一个月，九月初一宣判：薛国观遭削籍，其政治集团中的吏部尚书傅永淳被罢官，左副都御史叶有声被下狱，其他各色人等受株连者甚众。崇祯的胸中怒火还是没有平息，第二年（1641年）八月，薛国观被吊死。

此时还发生了一件大事，就是皇上的第五个儿子死了。对于这个小皇子的死，崇祯把账记到了薛国观的头上。两年前薛国观刚入阁主政时，为了在财政问题上有所作为，他向皇帝进言说朝廷没钱，但王公大臣们却富得流油，得让他们捐钱。这让饱受财政困顿之扰的崇祯立即采纳，下令让王公大臣们捐钱。可是这帮皇亲贵戚们带头哭穷拒不配合，为了树立榜样，崇祯先拿武清候李国瑞开了刀。这个李国瑞是李太后哥哥的孙子，李太后是万历皇帝的生母，传说中的"九莲菩萨"的化身。李国瑞家资巨万,"捐款"政策施行后,他不但一毛不拔,还公然哭穷对抗朝廷。崇祯帝一怒之下将其剥爵撤职,入狱查办,勒令他交钱。想不到李国瑞死在了狱中,而"捐钱"的事也没能有效地推行下去。七月初四这天,皇五子得病死了。死之前,他让内臣给崇祯带话:"九莲菩萨来了,她说皇上如果继续对皇亲国戚们下手,皇子们一个也别想活下去。"对于这里面的阴谋,崇祯一点也没看出来,悲痛之余就只剩下了恐惧:没有薛国观的馊主意就没有武清候的死,没有武清候的死就没有皇五子的死。现在九莲菩萨她老人家显灵了,事关皇子们的性命,该怎么办?于是他抓紧时间,先恢复了武清候的爵位,把拿了人家的钱给送了回去。这还不够,初九这天,崇祯帝下诏:"朕念列位皇祖、皇祖母,从今天开始,朕要吃素食、穿粗衣,以表达孝思(请列祖列宗保佑家人)。"崇祯帝害怕了,王铎的同年、少詹士李绍贤上言劝慰:"天子临御万方,不宜淡漠自苦。"① 但崇祯不听,此时他已经方寸大乱了。

面对朝廷一系列的大事,王铎淡然站在一边,进退都淹没在了众人之间。七月底,好友李觉斯升任刑部尚书,官场上走马灯般的人事升沉也没在他心中泛起多大波澜。王铎在平淡中忙碌着自己的日常。

游历所见花鸟琐细,都触动了王铎的内心。他有诗咏怀,托物以言志。

蕣华,即木槿花,朝开而暮谢,花期极短。王铎在《蕣华》诗中言:"木槿花的颜色颇与众殊,繁花日日盛开。馨香尚未远播出去,却又匆匆凋零。花谢可伤,暗香飘零,繁华只在这短短的瞬间而已。木槿花啊,虽有颜色殊众芳,无奈根基浅薄,易被风吹去。""木槿花

---

① 参见《明崇祯实录》卷十三。

用艳丽的容颜装点着帘栊,但又有什么可炫耀的呢?纵然红紫芳菲高低漫开,但根本承受不起朝露严风的些许考验。莫要嫉妒苍松呀,寒冬时节,能挺立在石丛之间的还能有谁呢?"

《女萝》:"阳春时节万物生长,女萝也备受泽恩,袅袅娜娜地混迹在众芳之间。你巧于攀附的能力无人可比,只要攀上了恩泽就绝对不会松手。风吹日晒你都有躲避的方法,只是啊,靠山倒了你可就可怜了。你怎比得上那些在阶旁道边顽强生长的小草呢?人家只靠着自己的一条孤根,就照样生长出了别样的魅力。"

《小雀》:"小雀轻盈,翩翩起舞,谁也比不上你呀,抓住了机遇就可以独自高飞。只是你居于高处而无容物之心,身居要职却昧不识机。飞到田地间就贪吃无度,只想靠着邻近的高厦来为自己增添光辉。群小喧喧,不值一顾,你们且自得其乐吧,就不要再去嘲笑飞天的鸿鹄了吧。"

《水中白鸟》:"水中白鸟,素来居于岩石之间,心志清且远,只在清溪边。你岂会因为身世坎壈就与浊世合流呢?你要远走高飞,择珠树啄,向白云栖。同为羽族,心怀仁义,绝不会在山鸡群中迷失了自己。"

王铎这四首诗[①]写于六月下旬,其中《蕣华》《女萝》《小雀》皆暗讽群小,而《水中白鸟》则为自况,其中思绪当然是有所指向的。在薛国观得势之初,王铎就和薛氏的关系非常紧张。两年来,王铎失去了仕途晋升的机会,胸中压抑郁郁难舒。现在薛国观即将倒台了,风雨已至,薛国观集团的一帮跋扈小人也要跟着树倒猢狲散了。攀附权贵的小人们已叫嚣多时,到头来只落得惶惶如丧家之犬,徒留

---

① 参见王铎手稿《蕣华》《女萝》《小雀》《水中白鸟》,山东博物馆藏。

笑柄而已，深为君子所不齿。王铎以朝开暮谢的蕣华、攀附大树的女萝和喧喧嚷嚷的燕雀，来暗讽薛氏集团的群小们，而以鸿鹄、白鸟自况，立志高飞。很显然，随着薛氏集团的倒台，王铎的内心重新燃起了仕途进阶的希望。良禽择珠树而啄，他在等待着时机。

王铎买绿竹植于庭前，除了装点院落，大概也是为了表明自己的心志："亭前载上了绿竹，每天都可以见到这阴阴绿色。好久没有竹君陪伴了，现在好像见到了久违的故人，不由得感慨系之。只是少了些野趣与静气，这又如何能满足我内心的渴慕呢？居于此间，俯仰独吟，任阴晴晦明转换，人不知我心，我也不欺人。闭门息驾，独守我心，且与菀柳同休憩。虽然人老头亦白，英雄渐迟暮，但我孤高气节不改，此生终不移。"①

昌平天寿陵园的东山口北园，有老槐树已长至数围，硕大无朋。王铎有诗咏之以明心志："围着老槐树再三观瞻，赞叹于它的硕大繁茂。鸟雀、狐貉栖息其间，何曾欺侮了老树的威严？霜雪来袭，也丝毫不会影响到它的坚节。幽居不减其灼，只以崚嶒的气骨示人。老槐树呀，既羞于以新妍之色媚人，附势趋炎之辈也就难以近身了。"②

闭门谢客，静坐闭关。王铎自忖身世艰虞，感慨遂生。《静坐》："颇与门外尘嚣隔绝，静坐息心即是闭关了。闲来浇浇庭中的花卉，捉管挥毫即可幻化出隐隐山湾。我拙于世事，眼见得众人皆碌碌，又有谁愿意闲下来呢？艰难忧患、兵火遍地，我惟愿隐姓埋名避于山间，在云峦深处老却自安。"《自知》："自知富贵不可得，莫如倚杖归田。果能如此我就会怡情适性吗？岁华冉冉人老去，徒伤物候迁。

---

① 参见王铎手稿《亭前买竹》，山东博物馆藏。
② 参见王铎手稿《天寿东山口北园老槐数围》，山东博物馆藏。

虽有神鲤之志，无奈宦途惟艰，卜肆亦无缘。天地空旷、白云悠然，富贵非吾愿，帝乡犹可期。"《吾道》："人生皆有可为，吾道也无尽时。但因何悲歌不已，甘愿隐身于岩壑之中呢？圣主今在朝，舜典可微通。世道或已转通明，我当然就可以隐于泉林之间，高卧丹虹之下了。"①

《庚辰咏》八首②也作于秋季。诗中所叙，或以青松自况，或言逃世之心，均表达了王铎此际清修超然的心境。如："我梦在山松，青霭厚于岭。……松性不受侮，众音闲自回。风霜何敢欺，铁鳞安知冷。……""性不喜纷华，动辄在云烟。一入青山内，流连不问年。忽见草荣枯，方知岁月迁。兴来只孤往，悬崖日与攀。"

韬光养晦也罢，懒于政事也罢，王铎的超然并不是骨子里就有的。他依然在期待着官职晋升的机会，期待着新的人生机缘。等待虽久，但机缘总会到来的。

## 十二 南京，南京

九月二十二日，诏下，王铎被任命为南京礼部尚书。

王铎的这一任命，正逢朝廷人事变动的微妙当口。沸沸扬扬了好几个月，九月初一，薛国观集团的处理结果终于出来了：大学士薛国观，削籍；礼部尚书郎永淳，罢官；左副都御史叶有声，下刑部狱，一时株连者甚众。九月二十日，李日宣上任吏部尚书。李日宣，字晦伯，江西吉水人，万历四十一年（1613年）进士。李日宣是东林

---

① 参见王铎手稿《静坐》《自知》《吾道》，山东博物馆藏。
② 《本集初》五言古卷九《庚辰咏》。

党人，天启五年（1625年），他因被阉党倪文焕弹劾为"东林邪党"而遭削籍。现在，与东林党为敌的薛国观集团也彻底倒台了。东林党卷土重来，首先要变革的当然就是人事了。李日宣掌管吏部，一上任就着手进行人事安排，在用人上当然要费一番思量了。王铎本来是有机会入阁的，但因为得罪了薛国观而被搁置，在礼部左侍郎任上已有一年多了，应该予以提拔。但是王铎毕竟不是东林党人，这两年工作上也不积极，并不适合委以重任。将他提拔为南京礼部尚书，级别上进了一步，面子上也说得过去。关键是想让他腾出北京的位置来安插东林党的同仁，以便日后开展工作。李日宣主意已定，即刻报请崇祯皇帝批准，进行人事交割。

永乐十九年（1421年），明成祖将都城迁往北京。南京作为中央级的政治中心并未被废除，而是作为留都存在着。此后，明王朝一直施行两京制度，南京也得以保留了一整套中央政治机构，像六部、都察院、通政司、大理寺、詹事府，以至翰林院、国子监等都一应俱全。但南京毕竟不是政权中心，各个机构领导们的级别虽与在北京的相同，但手中的权力却是差之千里的。南京的职位基本上是虚职，真正有政治抱负的官员们都不愿意去南京任职。

对于这一人事安排，王铎的朋友们也各有看法。祝福祝愿者很多，为之惋惜者也不在少数。临行前，好友楚烟在《送王觉斯南宗伯》的诗中写道："人皆望霖雨，公乃恋南枝。"① 这其实表达了对朝廷安排的不满和对王铎的惋惜之情。

但王铎本人却是非常高兴的，甚至可以说是很期盼这个结果。在北廷待了这么多年，他早就对政坛纷争和国家时局产生了强烈的失望

---

① 楚烟《送王觉斯南宗伯》，《（康熙）曹州志》卷十八《艺文》。

之情，这三年来尤其如此。从悲愤激越转而为消极倦怠，数次请求归养也不被批准，进不能，退也不可，实在是过得憋屈。现在终于有机会离开了，而且是戴着礼部尚书的桂冠，对家人、对友人、对自己都算交代得过去了，有什么不高兴的呢？在任命下来的第三天，王铎为黄培跋宋拓《圣教序》言："……庚辰立冬霜寒，将南发，夜挑灯跋于北京。孟坚年台保重保重，南礼部尚书兼翰林学士王铎觉斯甫书。"①在跋语中还得写上"南礼部尚书"，这可是极为少见的！说是临别赠言，其实更透露出他难以掩饰的喜悦之情。

南京啊南京，在王铎的心底里，那可是再续前缘之地。

五年前的崇祯八年（1635年）八月六日，王铎被命署南京翰林院事，这是他人生第一次与南京结缘。为了谋得这一职位，王铎私下里可是做了不少工作。

早在崇祯六年（1633年）五月间，王铎任右谕德期满，以资俸例应当升职。时值温体仁主政，党争之势如火如荼。王铎不合于温体仁，又看不惯党争乱象，一心想谋求南京国子监的闲职，远离政治漩涡一意读书。要实现这一愿望，必须有人从中帮助才行，王铎找到了同乡、东林党人侯恂。侯恂，字若谷，一字大真，别号六真居士，万历四十四年（1616年）进士，河南商丘人，太常卿侯执蒲子。天启时，侯恂任御史，在与阉党斗争的过程中，父子兄弟三人相继被黜，一时间商丘侯氏"东林党魁"之名天下皆知。崇祯改元，侯恂官复御史，后拜兵部侍郎视师昌平，崇祯六年（1633年）五月任户部尚书。对于侯恂这位同乡前辈，王铎一直执礼甚恭，关系也走得非常近。侯

---

① 王铎跋《宋拓圣教序》，日本三井文库藏，《三井纪念美术馆藏品图录》。《王铎年谱长编》，第575页。

恂新任户部尚书，大权在握，王铎自然会求他帮自己疏通关系。他在写给侯恂的信中说道："老先生台下正直忠厚，文经武纬，社稷实重赖之。北镇昌平，东西控虏，丰功茂绩，将来鼎钟刻篆，可豫觇矣。铎鹿鹿硜小，离却家园，驰于事应，想望老先生亲台云覆星照，虽相去匪遥，弗能奉侍杖履，恭领玄诲，梦想弥增。家中携来周钟之真者一，图应博古，一一可披。一瓶复然。聊充老先生亲台书室清玩土仪尔，非敢为庭实也。复有启者，铎资俸当有转移，然非敢望升也。南京司业缺将出，专恳老亲台草一函与中堂周阁下，鸿辞丽藻，恳恳焉，则铎得以承命而南，分毫皆明德造赐。铎具有血气，曦日旌心，不敢负国恩，敢负荐之之义哉？……速赐荐礼，庶克早济，何日九顿以布诚素，敬剖肝臆，留神曲成否？又。眷生王铎顿首敬启。"①

王铎这封谦卑恭敬的信一定是起了作用的，没有侯恂的私下运作他恐怕是去不了南京的。但他的这一番操作也让很多人不齿。同年状元文震孟身体不好，本来也打算谋求南京的闲职。倪元璐听闻王铎到处跑关系的事后，心里很不高兴，他在写给文震孟的信中说："孟津兄总求南司成……数日来始知此兄营求可耻之状，不忍言之，年翁亦不必告人。"②但不论怎么说，王铎还是谋得了此职，兴高采烈地准备动身了。临行前，王铎亲自登门感谢侯恂，侯恂也为他设宴饯行。赴南京途中，王铎也多次寄怀侯恂，双方关系甚是密切。

赴任途中先返回家乡。崇祯八年（1635年）十一月，王铎携家人随行，浩浩荡荡南行了。年底，王铎一行赶到南京。除夕之夜，与张镜心守岁石头城。

---

① 王铎手稿《与人书》，北京故宫博物院藏。
② 参见倪元璐《致文震孟》，《有明名贤遗翰》。《王铎年谱长编》，第246页。

崇祯九年（1636年），这是王铎通籍以来最为快乐的一年，值得好好絮叨一番。

遍游金陵诸胜当然是重头戏。在这一年当中，王铎和家人、友人们畅游诸名胜，足迹遍布南京的角角落落，仅诗文所记者就有：清凉山、枕江亭、木末亭、普德寺、雨花台、赤石矶、燕子矶、弘济寺、虎穴寺、天开岩、摄山、千佛岩、观音庵、栖霞山、鸡鸣山、蒋山、灵谷寺、孝陵、方山、吉祥寺、秦淮桃叶渡、钟山、高座寺、凤凰台、溧水乌龙山、古林寺、梅花坞、开善寺、观音寺、紫金山、一拂祠、清凉寺、天门山、牛首山、献花岩、秦淮河、天界寺、瓦官寺、莲花庵、玉泉山、三宿岩、句容茅山等。以上所举之地不过是他足迹所至的一小部分，其中的一些名胜他更是多次前往。从五月份开始，王铎病虐，三个多月后才渐渐恢复，错过了夏秋游历的大好时光，不然他去的地方还会更多。同年张镜心言："每风日晴好，辄奉杖履为溪山游，士林侈为盛谈……"① 由此也可见他们游历之勤。

游历之余，王铎的日常就是会友、宴饮、诗文酬唱和挥毫了。王铎掌管的是南京翰林院事，可以决定许多士子的前途命运。因此，他在南京期间"四方操贽谒文者趾相错"，不仅如此，拜访者奉上的金币也以"供封公充赠赀"的名义收下来，可谓两全其美。王铎整理了自己的诗文集，准备再次付梓印行："或可付秦淮书刻，岂足至洛阳纸腾？"② 对于自己的诗文，王铎当然是信心满满的。他广泛发动关系，请人为自己的文集作序，以助其完成文章的不朽事业：致函同乡请吕维祺作序，请江苏金坛张明弼作序，请浙江鄞县薛冈作序，请浙

---

① 张镜心《云隐堂集》文卷十四。《王铎年谱长编》，第1305页。
② 《本集文》卷五十九《与吕豫石启》。

江嘉定候峒曾作序，请同年山东费县张四知作序，请福建晋江黄居中作序，请门人罗明祖为《文丹》制序，请四川成都范文光作序，请江苏武进薛寀作序等，可见他用心之良苦。

在南京期间，王铎所做的另一件重要事情，就是广泛结交此地的官员名流。王铎在这一年当中的交际情况特别复杂，结交的人物也难以准确记述。好在王铎有一个写诗的习惯，诸多交游都在诗中有所体现。我们可以从中梳理出一个大概的脉络，故不嫌琐碎稍录如下：南户部张如芝、屈动、丁裕庆，应天府尹刘之凤，南尚宝司卿徐石麒、吴家周，孙国敉之子孙宗岱、孙泘如，南京副都御史王道直，南户部员外郎范文光，南尚宝丞赵志孟、戴澳，桐城吴道凝、方其义、方震儒、方朴、方馨、方以智，南京府尹戈允礼，魏国公徐弘基，南祠部孙必显，南户部主事马士英，仓场总督吴光义，陕西乡试阮元声，昆山葛鼒、葛鼐兄弟，南礼部尚书郑三俊，歙县汪逸，怀宁阮大铖，南武选主事候峒曾，南工部郎中陶珙，南京监丞毛湛、卓发之，南刑部郎中赵维寰，南工部尚书蔡思充，南刑部主事龚立本，南大司徒钱春，南京兆司理余若南，两浙巡盐御史田起凤，南京畿道御史张应星，南京督储倪思辉，南国子监丞黄居中等。王铎在南京结交的官员广涉各个部门、各个级别，毋庸讳言，他为自己建立了宽广的人脉关系网。

应该说，在南京任职的一年多时间里，王铎过得开心且充实，每天游历、宴集、酬唱、挥毫，忙并快乐着。唯一美中不足的，是因水土不服，王铎病了三个多月才得以恢复。还从此落下了病根，在以后的年月里也时常发作，令他痛苦不堪。王铎为谋得南京的职务，曾向侯恂表态自己到此处来是要一意读书的。现在看来，并非那么简单。

崇祯十年（1637年）二月，王铎就要离开南京赴詹事府詹事任了。临行之际，王铎的心里满怀不舍。返程途中，他先回到孟津老家，以调养身体为由呆了大半年时间。在这期间，他打理了自己的小园子，修筑了"峥嵘山房"以备闲居，并与乡友们远足欢聚，徜徉徘徊着不愿回京。九月份，王铎才怏怏启程返回北京，重新回到了政治的旋涡当中。从这次返回北京后，王铎便一直没能离开。其间的悲愤激越与消沉倦怠，浮沉荣辱与悲喜忧思，就不再赘述了。

南京是个美丽的地方，也是个让人身心愉悦的地方，离别三年多来，南京更是让王铎念念不忘的地方。现在，南京就在不远的前方了。只是王铎不知，自己梦寐思之的南京，还尚在远方，要到达的时日也还漫长；他更不知道，等待他的南京已非旧日模样，极致的人生荣辱大戏也都将在这里上演。

庚辰冬日行至怀州，即闻父亲去世的噩耗，王铎随即去职丁忧。次年（1641年）四月，王铎的母亲也在怀州去世。此后，王铎举家避乱，漂泊南北。其间他曾路过南京，但也只是匆匆过客而已。再一次来到南京，已是崇祯十七年（1644年）五月下旬了。

崇祯十七年（1644年）三月十七日，李自成攻陷北京；十九日，崇祯帝自经于煤山。十多天后，漂泊于江南的王铎才得闻消息，遂"披发聚友数十人，为位哭于江滩"。五月三日，福王朱由崧监国，十五日即皇帝位（弘光），召王铎为礼部尚书兼东阁大学士。

此番王铎之所以得以召任，是因为与朱由崧的一段旧恩：崇祯十四年（1641年）正月，李自成攻陷洛阳，福王朱常洵死，其子朱由崧由城上缘索而下才得以逃脱。朱由崧逃往怀庆期间，幸有王铎兄弟父子及七舅陈镳护从左右，才确保安然度难。现在朱由崧称帝，在召拜王铎的同时，也荫及他的亲属：七舅陈镳为中书舍人，二弟王镛、长子王无党世袭锦衣卫指挥使。

关于此次应召事，张缙彦《王觉斯先生传》和张凤翔《王铎墓表》都说"辞之不可"，表明了臣子应召时应有的谦让礼节。但王铎接到任命后，还是在极短的时间内赶到了南京，六月十三日见朝，随即上《感谢天恩恭陈谢悃事》："惟事以身许国……自提此一片肝胆，矢心以报圣天子之知。"①"圣天子之知"也的确给王铎带来了莫大的荣耀。数月间，王铎又加太子太保武英殿大学士，再进少傅。一切似乎都在预示着，王铎实现政治抱负的时机到了。

但在入阁后不久，王铎就发现要应对的情况之复杂与凶险，已远非其能力可及了。他在写给彭而述的信《与子篯》中说："孤艇白鸥，久已㑊我，安邦定国，才原不逮。"②如果他自己说"才原不逮"有谦辞的成分，那谈迁的评价就极为公允了："王安石为翰林学士则有余，为宰相则不足，孟津是也。"③王铎一介文人，生逢乱世，被推到了阁臣的位置上，虽有辅国之心但无治世之能，这也就注定了他的大荣大辱与大喜大悲。

十月五日，大学士高弘图四疏乞归，终于得到了允许。临行之际，他嘱咐王铎要渐渐退身。但王铎还沉迷于"所期日后史上，好书数行也"，一脸天真不解其故。高弘图告诫他："大臣道不行则去，毋俟人弹文也。"④只可惜他身处其中，觉悟太迟。

在短短数月的任职期间，王铎频频上疏言事：其一，宽刑慎罚，广布宽仁，赈济灾民，并请皇帝暂停非必要的宫室建设，勿向民间借贷，要节饮并戒女色、酒宴、宫室玩好等。但皇室昏聩已非仁政可

---

① 《清代诗文集汇编》（6），第510页。
② 《清代诗文集汇编》（7），第311页
③④ 谈迁《枣林杂俎》卷二《仁集》。《王铎年谱长编》，第822页。

以挽回了。弘光皇帝命王铎书"万事不如杯在手,一年几见月当头"为榜联,正如吴仰贤所评"二语诚佳,然施之草堂,则为风雅,施之黼座,则成荒淫"①,弘光帝也只是亡国之君而已。其二,数次疏请视师江北以复国仇。但大势已去,也绝无强兵复国之可能了。其三,上《中州死难节事》,预为吕维祺、吴阿衡、乔允升等建庙表彰。此事既有追思亡友的私心,也有振奋精神以图再举的公义,但在时局危亡之际也不过是可有可无的点缀罢了。

在处理具体政务上,王铎的表现也差强人意。他在用人上多照顾旧交关系,他的宽仁之心也多有是非不明之失,给人留下了话柄。而他在票拟文书时又好用《尚书》大诰体,尤其体现出他的迂阔不化。

半年多的辅臣工作已经让王铎心力交瘁。南明弘光元年(1645年)二月二十一日,王铎写下《政府一席非可久居事》,第六次上书请求归养:"不可以昂昂七尺躯,任人牵玩如二岁婴儿。"②但他只是在抱怨人事的牵绊掣肘,并没有决然告归之心,依然在观望着。

王铎与首辅马士英难以合拍,这为他将要面临的凶险埋下了伏笔。而乱世危局中的政治漩涡,更是将王铎卷入了风暴中心。弘光帝朱由崧本是由监国继位,并非明王朝的法定继承人,时时冒出来的"皇室正宗传人"真伪难辨,更将南明政局搅动得扑朔迷离。先是出来个"大悲和尚",自称是潞王,要让弘光退位让贤。经三堂会审,知"大悲和尚"不过是趁乱蒙蔽众人,妄图颠覆弘光政权。王铎上《妖僧疯癫当诛事》疏,力主速诛"大悲和尚"。南明弘光元年(1645年)三月,大悲被处斩。"大悲和尚"一事刚过,紧接着又

---

① 吴仰贤《小匏庵诗话》。《王铎年谱长编》,第831页。
② 《清代诗文集汇编》(6),第495页。

来了一个自称是崇祯"太子"的人，这更威胁到了弘光的地位。对于这个"太子"的真伪，弘光朝廷同样组织了多次会审。王铎曾作东宫侍班，是亲眼见过太子的人。经他再三质问，认定此"太子"为假冒，其时朝中大臣也多认定其为假太子。但乱世动荡，暗流涌动，别有用心者更是借题发挥，利用人们对先皇的追念之情来搅动政局，"太子"的真假成了其次。拥兵自重的左良玉即认定此"太子"为真，朝中一些重臣也在暗中呼应，说马士英、王铎等人故意指认太子为假，戕害太子来保住弘光的皇位。一时间谣言四起，不明就里的南京市民被煽动得群情激愤。

乱局已不可收拾。五月十日，弘光帝趁夜悄悄奔出皇宫。十一日，首辅马士英也挟太后出奔。十二日，还蒙在鼓里的王铎被汹汹而至的南京市民擒住，成了弘光朝廷的替罪羊。市民们把所有的怨气都撒在了他的身上，王铎被群殴，须发尽秃。要不是赵之龙将他移到城狱中，王铎的性命恐难以保全，七舅陈镰就在这场变故中遇害了。一天后，在诸位友人的合力营救下，王铎被释放出来，官复原位，但要去"拥立""太子"。两天来经历的是何等的奇耻大辱，数十年为官，一瞬间却斯文扫地。弘光帝和马士英秘密出逃，自己代为受过，让王铎感到了极度的失望与悲愤！

"太子"还在张罗着登基，清兵就已经临城了。十五日，王铎列名诸文武迎降。短短三四天的时间，王铎的人生就从巅峰一下子坠入深渊中。

十天后，出逃的弘光皇帝被清军逮回了南京。面对弃自己而去的前皇帝，王铎立而不拜，痛斥曰："余非尔臣，安所得拜？"[1] 前朝已

---

[1] 佚名《绛云楼俊遇》。《王铎年谱长编》，第874页。

成过往，王铎为之奋斗坚守了五十余年，到头来只留下彻骨的耻辱，自己苦心经营的人格形象至此也轰然倒地。面对着这个褪下皇帝光环的卑微小人，王铎心底大约只有鄙视与愤恨。"君择臣，臣亦择君，孰肯以其身徒劳于是非黑白混淆之世，以性命日待于汤镬之前欤？"①数月之前在《诘甲申事》中写下的这段话，却成就了王铎此时的选择。

在这个人心疯狂的乱世，生死荣辱或只在一念之间。王铎只是个出身寒门的普通文士，光宗耀祖、名垂青史的渴望一直深植于他的内心，让他始终无法逃脱政治的漩涡，被裹挟到时代的泥沼中无法自拔。王铎毕竟与黄道周等人不同，他的内心里并没有捍卫天地之"理"的决绝之志，更不愿将性命待于汤镬之前，超然物外、悠游于泉林之间又一直是他渴望的心灵皈依。进退踌躇，王铎的内心深处一直处于纠结中。生死之际，屈辱与愤恨已经让他彻底打消了为这个小朝廷殉节的念头。死既不能，生尚有可恋。他在《祷灶》中写："高车驷马，何如一片青山？"从这以后，王铎决意"绝迹仕宦，不与世人相往还。深山流水，有花来辅。松风微引，明月相亲。抚琴独听，万事不知"②。

但是到了八月，王铎还是离开了南京，去往已是清廷的北京。他在《感激天恩事》中写道："虽曰徼幸逃于斧锧，万世之罪人，安可逃诛伐之史笔哉？"③王铎心里很清楚，等待他的将是怎样的声名狼藉。人生至此，只能作一声长叹吧！

南京，是让王铎爱恨交织的地方、念念不忘渴望来到的地方、欢

---

① 《清代诗文集汇编》（6），第601页。
② 《清代诗文集汇编》（6），第598页。
③ 《清代诗文集汇编》（6），第511页。

心游历徜徉无尽的地方、仕途腾达人生梦圆的地方，更是屈辱心酸声名狼藉的地方！时也？命也？庚辰秋天，尚在憧憬之中的王铎自然不知后事，而乙酉秋天再别南京的王铎恐怕对此也难以作答吧。

## 十三 辞京

九月二十四日立冬，进入了崇祯十三年（1640年）的最后一个季节。

立冬这天，王铎还沉浸在刚被任命为南京礼部尚书的喜悦当中，但明王朝却没有什么喜庆的气象。

大旱和蝗灾延续已久。到了冬天，全国范围的大饥荒更加严重，人相食，草木俱尽，道殣相望。为了赈济灾民，王朝也做了一些努力。十月，崇祯命令抵通州的漕米每石要带练米八升以赈饥。但这要到后年才能开始施行，远水已难解近渴了。又出帑金万两，市旧棉衣二万，赈济京师贫民。十一月初二，户部尚书李待问奏请损交际、裁工食，用为恤穷补匮之计。工部主事李振声也奏请限品官占田。杯水车薪之举，还要反复奏议，实在也是无济于事。

辽东之势暂且稳定。十二月，朝廷征调，合兵十余万，命其刻期出关，以加强辽东的防务。崇祯帝听从了兵部的建议，对前线军将进行了大范围调整，并命户部运输粮饷，促蓟、永、关、辽共八镇兵出塞。

这导致王朝内部更加不稳定了。九月，明军大破李自成于函谷。李自成残部南窜，由郧均走伊洛，饥民从之者数万，声威复振。十二月，李自成攻陷永宁杀万安王，连破四十八寨，陷宜阳，聚众数十万。大灾之年，李自成将所劫财物全部散济给饥民，争取到了民心，所到之处追随者甚众，力量不断壮大。

朝堂上，严刑追责也改变不了危局。十月初一，诛杀总督尚书熊文灿；初十日，逮捕前总河道工部尚书周鼎。十一月，监生涂仲吉上奏："黄道周通籍二十载……其一生学力，只知君亲；虽言尝过戆，而志实纯忠。今喘息仅存，独读书不倦：此臣不为道周惜，而为皇上天下万世惜也！昔唐太宗恨魏征之面折，至欲杀而终不果；汉武帝恶汲黯之直诤，虽远出而实优容。皇上方欲远法尧、舜，奈何智出汉、唐贤主下！断不宜以党人轻议学行才品之臣也。"①这篇奏议直指崇祯，通政司为了息事宁人将其压了下来。但是涂仲吉又上疏奏劾通政司遏抑言路，再次疏救黄道周。崇祯一怒之下将涂仲吉下狱施以杖刑，充军发配了事。

崇祯帝变得愈发暴虐，内心的敏感多疑又搅得他惶惶难安。皇五子夭折，谥号悼灵王。三个月以后，崇祯的心里还在惴惴不安，疑神疑鬼，于是他命礼臣议孝和皇太后、庄妃、懿妃的道号。十一月初二，又追封悼灵王为"玄机显应真君"。礼科给事中李焜上奏："诸后祀在奉先殿，传之天下万世；似宜仍前徽称，不可崇邪教以亵圣号。"②但是崇祯帝不听，这引起群臣非议，君臣僵持不下。十二月，改封皇五子为"通宣显应悼灵王"，去掉了"真君"的名号，算是在君臣间达成了妥协，也结束了这场朝堂闹剧。

当然，这些事情已不是王铎所关心的了。他忙着收拾行装，与友人辞别，一路南下奔赴乡里，奔赴难以预知的庚辰冬季了。

---

① 参见《明崇祯实录》卷十三。
② 参见《明崇祯实录》卷十三。

## （一）

将南发之际，王铎要将消息告知身在异地的友人们。

有诗寄原河南道御史金光宸（天枢）。崇祯九年（1636年）"平台论辩"之时，河南道御史金光宸参劾督师张凤翼及镇守通州的兵部右侍郎仇维桢，首叙内臣守御功为借援，又请罢内臣督兵。崇祯帝非常生气："仇维桢刚到通州，你这是借题发挥、沽名钓誉。"本来崇祯帝要重重治罪他们，但刚巧赶上大雷雨天，崇祯帝心有所忌，于是改为了贬职处理。崇祯十五年（1642年），时任左都御史的金光宸当廷申救刘宗周，气势宏壮，百折不挠，再次触怒了崇祯帝而被降职调级。崇祯十六年（1643年）二月，兵部职方郎中尹民兴等请召还刘宗周、金光宸，固执的崇祯帝不准。金光宸是谏臣，多次面折帝王，在廷臣中享有清名。王铎此番函问，也是表达了临别之际对金光宸的牵念与敬意。

有诗赠孙国敉。孙国敉，字国观，原名国光，江苏六合人。孙国敉由贡生廷试第一，曾疏请驳正《三朝要典》。后授内阁中书舍人，蒙召题《九阳图》及敕定琴名，声动朝野。孙国敉精于鉴定，四方碑版法书贾于京师者必先投给他考订。孙国敉晚年居于金陵小馆，与庙市临近。时董其昌为南京礼部尚书，每次经过庙市，董其昌都要到孙国敉家中盘桓终日。一时南京皇亲贵戚中笃嗜词翰者，都表现出礼贤下士的风度，共推孙国敉为执牛耳者，月供其膏火费。孙国敉著作颇丰，所著书不下百余种。

王铎与孙国敉父子交往颇多。崇祯七年（1634年）秋，王铎曾过访孙国敉，饮于真如巷斋，并有长诗为赠，孙国敉亦赠给王铎行书诗扇。崇祯九年（1636年）二月，王铎初到南京，孙国敉的长子孙宗岱（石君）邀游六合汉涧和陈淇的"竹西园"。腊月，孙国敉的次子孙汧如赠与怪石一尊，王铎喜爱有加，"昼夜看不息"。次年返乡时，王铎将怪石带回孟津老家，放在了拟山园中。顺治七年（1650年）秋，孙汧如到北京拜访王铎，并带去了孙国敉的遗稿。王铎有诗《哭伯观中翰》，并有诗《送阿汇返六合》，为孙汧如赠别。

王铎在给孙国敉的诗中写道："知子抱山性，居官已忘贫。藏书青镂管，对酒白头人。鸾啸怀千载，嘤求感十春。天留句曲胜，预约老垂纶。"①表现出王铎对孙国敉的敬重与惜别之情。

有诗寄南京屈动、方震孺、佘淳夫诸友。《寄金陵屈静原方孺未佘淳夫》云："恐道故人别，云光阻旧京。辨交悲易合，垂老感非轻。日吐寒梅气，江高急雪生。远心无近瞩，何自洽山英。"时佘淳夫下第，《寄白门佘淳夫》云："器藏终自爱，迟暮有知音。"②这都表达了王铎对南京友人们的牵念与问候之情。方震孺，字孩未，万历四十一年（1613年）进士，直隶桐城人。崇祯九年（1636年）春，王铎在南京时先认识了方震孺的儿子方朴和方馨，因此结交了方震孺。万历年间，方震孺曾任御史，先后起荐赵南星、高攀龙等东林党人。天启初年，方震孺疏请逐魏忠贤、远客氏，得罪了阉党，后因辽东战事失利被罢免下狱。崇祯初年翦除阉党后，方震孺获释。弘光中，年老的方震孺数请勤王，但因马士英、阮大铖等人阻挠，终未被任用，不久便死去。王铎与方震孺关系密切，诗书往来频繁。将发南京之际，也特以诗书问讯故友。

有诗《投孙睡足》投同年孙徵兰云："自从兄长回到林虑老家去，已经有很长时间不见了，我也将归往南方。一生为功名憔悴，文

---

①《本集初》五律卷十四《孙伯观》。
②《本集初》五律卷十四《寄金陵屈静原方孺未佘淳夫》《寄白门佘淳夫》。

传后世看来是极难做到了。白发渐侵，心绪消沉。长望脱离丹壑的羁绊，任意高飞。"①时孙徵兰已罢官居乡。在稍后的归乡途中，王铎再次寄怀孙徵兰："旅魂凄凄，道阻且长，思君之心，旦暮不忘。月上松间，寒且清泠，犹忆与兄把酒竹园情境。人生荣辱，随鸿飞远，兵火满目，我心凄然。腰间雪刃振振，正欲净洗花门。"②

孙徵兰，字睡足，河南淇县人，天启二年（1622年）进士。官至御史，因直言弹劾权贵而遭罢去。孙徵兰与王铎同年且同乡，感情深厚。孙徵兰归乡后，王铎时时函问，表达了对同年兄弟的牵念和对山居生活的向往。崇祯十二年（1639年），孙徵兰的父母合葬，王铎为撰《孙养素墓志》。南明弘光元年（1645年）春、夏间，王铎作《答睡足》答孙徵兰论诗曰："荡却弱旗细伍，信不有获于今，必有得于古，不得思于前，必有知于后也……若效俗嫩，人人易解……"③

入清之后，孙徵兰不出仕，久居林虑山中。但他与王铎时有交往，一直延续着兄弟之情。顺治四年（1647年）十月，王铎与孙徵兰、张鼎延在北京相见，三位同乡、同年兄弟再次短暂相聚在一起。顺治七年（1650年），王铎有诗《寄讯睡足山居兼柬湛虚》《寄睡足老友》等，谈及"我与睡足兄离别已久，羡君龙潜不为首。我在长安命亦穷，囊无黄金俗子轻。不逢迎侯王者，视官宦如浮萍，然胸中郁郁，所为者，恨与林虑山岩壑久疏矣。今生所愿，惟与兄长日日枕霞，徘徊山中。无奈置身京尘中，周旋于权贵间，抑郁之情难舒，如何能诉我平生心事？"④。顺治八年（1651年）春，孙徵兰有信至，王

---

① 参见《本集初》五律卷十四《投孙睡足》。
② 参见王铎手稿《怀孙睡足》，山东博物馆藏。
③ 《清代诗文集汇编》（7），第311页。
④ 参见《本集诗》七古卷十一《寄睡足老友》。

铎答曰："杯斝知谁健？湖山信老身。堪怜大磴隔，眉睫即风尘。"①并作《孙睡足诗序》："兵戈离乱后，不能忘其诗，能忘故人乎？……豫告林虑一片石，予非诸贵人以诗文为疫疠、以丘壑诟病者，山灵当不拒我。"②序中一如既往地表达出王铎对山林的期慕向往之情，正如早年所作的《孙睡足诗集歌代序》。王铎去世后一年，即顺治十年（1653年），孙徵兰亦卒于家乡，享年六十八岁。

（二）

在北京待了三年，现在终于可以离开了。有一大堆公务要处理交接，还有一众友人要去告别，王铎在南归之前真是忙了好一阵。这些天，王铎为友人们创作书画、参加送别宴会、互赠诗文等，以便更好地踏上即将开始的行程，不给自己留下任何遗憾。

临行前，刘理顺有诗《送南宗伯王觉斯》壮行："前身原自庆历来，恰符五百名世到。……东北西南各阻兵，式遄其归匪私好。"③十一年后的顺治八年（1651年）春，将发祭告华山之际，王铎在友人的饯行宴上自言"五百年前为蔡襄"，此念的缘起或与刘理顺之言不无关系。

南行途中的李觉斯有诗至，王铎遂答其诗："应是五羊秀，怜君谏草存。但知多说论，不意见微言。天窦光非小，昆输道自尊。更期昌玉木，文质越金门。"④

李觉斯，字伯铎，一字晓湘，广东东莞人，天启五年（1625年）进士。崇祯初，李觉斯掌礼、户、刑三科都给事中，历应天府丞、南

---

① 《本集诗》五律卷二十四《答湛虚睡足还朴》。
② 《清代诗文集汇编》（7），第25页。
③ 刘理顺《刘文烈公全集》卷三《送南宗伯王觉斯》。《王铎年谱长编》，第580页。
④ 《本集初》五律卷十四《题李晓湘诗后呈坦公》。

太仆正卿、顺天府尹、工部左右侍郎，庚辰这一年七月底升任为刑部尚书。李觉斯刚刚上任十多天，就赶上了黄道周的事。因对黄道周所拟的处分太轻，不能解皇帝的心头之恨，李觉斯随即被除名，关押到了镇抚司的监狱中。不久，李觉斯丁内艰返乡。王铎在答诗中对李觉斯的忠谏谠论致以敬意，并期望他可以"昌玉木，文质越金门"。第二年（1641年），李觉斯虽官复刑部尚书，但因父亲去世，继续居乡丁忧。国变后，遂归隐于山林，著书立说，教化一方。顺治四年（1647年），广州城陷，李觉斯降清。

王铎过访张慎言辞行，张有诗《答王觉斯先生见过辱示新诗》："退食亦何事？双扉扃不开。偶掀书帙晚，坐见古人来。……"[①] 并有《赠大宗伯王觉斯之白下》，言"自古大文原有主，顷来流散任沉浮"，为王铎壮行。张慎言，字金铭，山西阳城人，万历三十八年（1610年）进士。天启初，以疏荐赵南星、弹劾冯铨而遭忌，被诬陷下狱，远戍肃州。崇祯初，被赦免召还，擢太仆寺卿，官至吏部尚书，掌右都御史事。福王即位后，张慎言主持吏部，上《中兴十议》，然为刘孔昭等人所忌，遂乞休，流寓宣城等地，病卒。张慎言以诗闻名于时，且善书法，算是王铎的同乡前辈。临别拜望，这是王铎的一番敬意，而张慎言以"古人"称王铎，也是对王铎的特别赞许吧。

与张国维作别，张为之序《拟山园集》。张国维，号玉笥，浙江东阳人，天启二年（1622年）进士，初授番禺知县。崇祯元年（1628年），擢刑科给事中，劾罢杨所修等阉党。崇祯七年（1634年），擢为右佥都御史，巡抚应天等十府，任间平乱屡有战功。庚辰这年

---

[①] 张慎言《泊水斋诗集》友声亭卷六。《王铎年谱长编》，第580页。

（1640年）迁工部右侍郎，总理河道。大旱之年，张国维疏浚诸水以通漕运，赈济山东灾民无数。

张国维在序文中盛赞了王铎的诗文：今王觉斯有南国之行，其文必将携飘摇伊洛之势而凌雨花台绝顶。"虽然，四郊多垒，筋骨为野，惟辅万物之元，以修救三能，将大宗伯是凭，政恐不免耳。"[①]诗文故可嘉，但值此风雨之际，张国维还是期望王铎能以尚书之尊，为国效力，建功立业，这才是文章不朽的根基所在。

此行别后，张国维一直任职京城。第二年（1641年）夏，张国维改任兵部右侍郎，代陈新甲为兵部尚书。甲申国变，张国维赴江南督兵，得免于难。

两人再次见面已是在国变后的南京了。福王即位，招张国维协理军事。张国维因山东讨贼之功，加太子太保。但南明政权内部依然是帮派林立，争斗纷然。九月，王铎举荐同年徐石麒为吏部尚书，反对首辅马士英提名的张捷。不数月，徐石麒就被马士英排挤而去，当时呼声最高的继任者是张国维。但马士英为培植党羽，坚持任用了张捷。张国维遂乞归省亲，回到了家乡。

顺治二年（1645年）五月，南京政权覆灭，王铎也成了献城的降臣。闰六月，鲁王在台州监国，张国维进少傅兼太子太傅、兵部尚书、武英殿大学士，督师江上，抵抗清军。顺治三年（1646年）五月，鲁王出逃海上，张国维还守东阳。然大势已不可逆，六月，张国维作《绝命词》，投水而死。

此次将别之际，王铎与张国维都怀有慷慨之志和报国之心，诗酒话别，丝毫不作儿女之态。但谁又能预知四五年后的乾坤之转呢？谁

---

① 《本集诗》卷首张国维《拟山园集序》。

又能知道王朝崩颓之际的人生遭际呢？此番握别尚能再见，下次别离却是永诀了！人生两途，荣辱各异，惟序文谆谆之言犹在，令人长叹唏嘘！

## 十四 南行

至迟在十月中旬，王铎就与家人启程南行了。此行的第一个目的地就是回家，回到朝思暮想的孟津老家，回到年迈的双亲身旁。已经整整三年未归了，再次踏上归程，王铎的内心满怀急切之情。

由北京到孟津，辗转行来有近两千里的路程。一路上随行随止，风餐露宿是常事，靠着车马和人力，走完这段路程通常得用上一个多月。路程还是那段熟悉的路程，但满目所见已非昔日情景了。兵火过后，灾荒依旧，在寒冷的天气里，触目皆是萧瑟与凄凉。一路迤逦而行，风尘漫天，王铎将途中所见所思一一记下，置于诗囊之中。这些诗稿勾勒出了此行的路线，也为我们讲述着他的旅途心事。我们且随着诗稿的记录，和他一起踏上这段路程：

行程开启，面对着迢迢前路，王铎的心底是有些畏惧的。他在《畏途》中写道："畏途出虎穴，跋涉在严霜。望望怕山影，犹然又一方。狂云流大壑，妖鸟下寒塘。莫说天门石，烟波处杳茫。"[①] 西望恒山，高峰隐然屹立在北方之界，洪荒开辟已有千万年了，"将探偶尔为人阻，欲往从之就石眠。头白还须攀碧巘，磨崖洗日记重玄"[②]。他在《望恒岳》一诗中发过了思古之幽情，还是要继续埋头赶路。

---

[①] 《拟山园选集》（3），第1170页。
[②] 《拟山园选集》（6），第2702页。

王铎一家离开京城后,沿着房山、涿州、定兴一线向西南而行。

终于离开京城的地界了,王铎作《辞燕》寄怀:"渔阳怜作客,白下数经过。又向烟舟去,将如冬月何?豺狼骄谷洛,鸿雁叫滹沱。所以迟销乱,年年钲鼓多。"①兵火的余烬处处可见,而自己依然奔走于宦途,梦寐思之的林泉之乐依然遥不可及。王铎又作《自嘲》诗:"劳人不自止,鼓枻下虚汀。歌哭双龙剑,烟霞一客星。老山春药紫,沧海晚潮青。余岂忘灵宝,翛然几百龄。"②

行经保定、清苑,王铎有数诗为记。《白沟河》诗云:"莎草不闻响,频经古白沟。残兵集几许,令我生深忧。野日奔男女,边风泣骷髅。……"③满目所见,都是战乱凋残的境况。《驱驰·岁暮》诗云:"……冠裳怕带弩,田野有惊鸥。愿学沧浪叟,濯缨忘白头。"④又有《夜渡》《清苑郊》等诗,所言者皆如是。

行经定州诸地,渐闻家乡消息。《终日》言:"数年久居王政之地,早已习闻庙堂声仪了。但我汲汲所求者,又岂是为了个人的名声呢?家乡兄妹的音讯难得传来,偶尔听到的也多是故人离世的消息,令人扼腕心惊。有意防云火,多情且搴玉英。选潭尤有趣,微馥馨香,雨中漫生。"⑤

傍晚时分,来到一所路旁的古庵,晚上在此歇脚了。战乱之余,寺院已是破败不堪,王铎感言:"世道离乱,寺院里的僧人也颇为稀少了。再经此地,斜晖残照里,令我心悲。竹院里钟声响起,松花落处,只有孤鹤来归。犹惭寸功难报国,家山尚万里,游子孑然,只堪

---

①② 《拟山园选集》(3),第1167页。
③④ 《拟山园选集》(3),第1169页。
⑤ 参见王铎手稿《终日》,山东博物馆藏。

梦魂归。旅宦飘泊，何时才是尽头？南京非我土，所之非我愿。莫叹离别，石矶虽好，又岂是我念念之所呢？"①

白日再启程，烟尘蔽天日。《昼色》诗云："烟尘暗天日，何敢怨飘零？犹忆往昔，载酒过蒙泽，正敬亭花开时节。南朝多少寺？年年岁岁馨香绕。白云漫漫，枕卧其间，方悟得内景真谛，俱在这寂寂空山。"②

王朝内部的兵乱此起彼伏，已成燎原之势。但为了加强辽东的防守力量，朝廷还要继续征兵加饷。友人陈河洲应征支边，王铎有诗为之壮行："君为边城一步兵，其风不肯逊甘英。胡儿马萧萧，此去屯烟汉将营。辽东本是苦寒地，春尽不见草青青。自来壮士赴此者，百战能见几人归？征夫望乡从来事，战鼓声催梦难成。"③末世多慷慨悲凉之士，自古而然。陈河洲一介匹夫，尚能慷慨赴难，王铎自然要为他击节壮行。然而大厦将倾已非人力可挽，半年后，辽东战场经历了一场大溃败，明王朝开始加速滑向深渊。

十月下旬，王铎一家已经行至新乐。天色将晚，他们就借住到了官署中。作为南礼部尚书，王铎在返乡途中能住宿在沿途官驿，得到官员们的接待，这是他可以享有的特权。尽管如此，在兵荒马乱的饥荒年景里，旅途的艰辛还是超乎寻常的。能得到一次像样的接待，可以好好歇息一夜，就已经让他的内心充满了感激。王铎有诗言："一路风尘，奔波至此。被外物役使，究竟有何益处？车马人皆已疲惫不堪了，好在西南方向的路还可以通行，让我悬着的心稍稍安放下来。

---

① 参见王铎手稿《路傍古庵》，山东博物馆藏。
② 参见王铎手稿《昼色》，山东博物馆藏。
③ 参见王铎手稿《陈河洲之塞》，山东博物馆藏。

感谢主人摆酒接待,让我暂时忘却漂泊之苦。烛光映照,如见神明。宦海漂泊,身如转蓬。此事休提起,客心无处依。"①

继续前行,露宿风餐。道路已是时断时续,凡可暂留处就停下来歇一歇脚。行到吴村,就伏在吴村:"我虽有五瓠之材,功名至此又有何用呢?一天一天奔波赶路,究竟走过了多少山丘呢?世道坎壈,看来我的人生也是注定了漂泊无定。黄叶飘零尽,茅屋难御寒风。白云归晚,山村处处萧然。辛劳奔走,心中所念的,就是老家。"②再前行,又借宿在城南的破庙里:"古寺萧然已无人迹,山路曲折景色幽深。景色虽然野逸可人,但丝毫不能暂缓我如箭的归心。雁沼没于金沙,龙堂宝树沉沉。天色渐渐淡去,远归的飞禽更触动了游子的心绪。"③

真定(今正定)是北方的军事要地,更是"北方三雄镇"之一。正因为此,历年来清军入侵时,真定都首当其冲,遭受了更多的战火摧残。南行至真定北野,王铎有诗:"到处都是战乱之后的惨相,枯枝断壁斑斑可见,让人不忍直视。朝廷年年都在防范入侵,可兵乱的铁蹄却一次次踏过这里。家畜钱粮早被洗劫一空,农事生计又从何谈起?匹马伫立,冬风正紧,哀歌处处,丧我心颜。"④

南行虽然艰辛,但前路毕竟还是让人憧憬。"明年春日,淮水岸边,这就是我的去处。桃花初发,虚灵清丽,柳条随风,妩媚多姿,实在令人神往。宦海漂泊,着实不易,可谁又能早早觉悟呢?农桑之乐,固然可喜,但也只能先放在脑后了。艰难苦困终会有转机之时,

---

① 参见王铎手稿《新乐晚署》,山东博物馆藏。
② 参见王铎手稿《伏吴村》,山东博物馆藏。
③ 参见王铎手稿《伏城南寺》,山东博物馆藏。
④ 参见王铎手稿《真定路》,山东博物馆藏。

我辈虽凡俗，亦知感念天机的眷顾。"①

西山在石家庄西南二十公里的封龙山麓，行旅途中望西山，"野径蜿蜒，隐入群山之中。西山耸立，宛若一道屏障，遮蔽了西去的天际。西山可居，我愿终老此处，与云烟长伴。携杖攀援，寻访白猿之所。匏樽开处，正斜晖映照，古佛当前。我心愧既往，自此绝尘烟，幽玄尚可期，归去谓当然"②。

颠簸于车上，"前行之路望望无绝，车轮滚滚如行梦中。杵声暗度，萧萧马鸣，令人忧思无尽。岁月逝，风华减，江湖远，金戈生。漂泊无尽时，孰敢贱山英"③？

行至滹沱河，王铎临河三叹："河边多感慨，此地怨金夷。河流宛转疆界损，饥荒遍地春日迟。我为圣主多忧心，食禄无功负明时。泪洒中流，泣血悲吟，我心欲狂，何处可息？"对于明军战事上的节节失利，王铎也表达了深深的忧虑与悲愤之情："王师虽不能战，但却善于虚张声势。没有克敌制胜的本领，倒是整天忙着去和戎。滹沱河畔兵火不断，辽东前线的威胁也已经持续了多年。我今头白干戈里，伤心无尽愧蚌城。"④

过石家庄，就踏上了栾城古道。王铎一行在路旁的寺院歇脚，有诗曰："苔龛之前但闻磬音，归乡之路依然遥远。风尘满衣袖，更觉心无可依。村落已无人迹，但飞蝗漫天、孤鹜哀鸣。岁月催人今老矣，宦海飘蓬，何处可依？"⑤

---

① 参见王铎手稿《思春》，山东博物馆藏。
② 参见王铎手稿《望西山》，山东博物馆藏。
③ 参见王铎手稿《车上》，山东博物馆藏。
④ 参见王铎手稿《滹沱》，山东博物馆藏。
⑤ 参见王铎手稿《栾城道》，山东博物馆藏。

路旁有道观，王铎来到杜道士房中稍歇。但见房内香火缭绕，壁间悬挂山水数轴，景致清幽，令人恍如置身世外。"道长居处清幽，远离尘嚣，今日若非我到访，恐怕要深锁重云，无人知晓了。您礼拜北斗多灵兕应验，斋戒静修却也面带病容。自笑我为俗务缠绕，砂养之功尚待芙蓉时节。""冬日里，待桃花盛开为时尚早，路径湿滑也迟迟不干。草阴烟凝，与鹿闲卧，古书盈架，与君共览。时事丧乱，灵陶久缺，年来多闲，药杵已寒。为求海外神仙境，且高卧云间，枕此香栾。"①

多日奔波劳顿，与杜道士的一番叙谈，又勾起了王铎心底的叹惋："多日不雨，烟尘如雾一般笼罩。万物正寂寥，鹧鹕声声里，令我心忧。我愿远离尘世，一朝及此境，可忘万千诗文。无奈世上少安栖之所，关山孤旅衾食艰。劳劳似我，客心悠悠，又有谁人知？"②

再往前行，就进入了栾城。本希望到了城里就可以好好歇息一下，但眼前的一幕实在让人震惊："城中刚刚经历过战乱洗劫，残垣断壁之下到处都是余烬。好不容易碰到了几位劫后余生的百姓，可一提起往日情境，他们就泪下潸然。天色已暗，孤月高悬，四望无灯火，惟闻野鬼泣。古时乱世也只是听闻，现今的世道却是亲历了。栾城众百姓呀，几人能得生全？"③三年前的中秋节，王铎返京途中经过栾城，尚见栾城道上微雨初歇，柳风可眷。然仅仅三年时间，却已是这番景象，如何不让人悲从中来呢？

离开栾城，向东南行，也就到了赵州。赵州同样是一片乱象：

---

① 参见王铎手稿《杜道士房》，山东博物馆藏。
② 参见王铎手稿《世叟》，山东博物馆藏。
③ 参见王铎手稿《入栾城》，山东博物馆藏。

"水浅沙涨,更觉严寒逼人,世乱如此,谁还有心思再去做官呢?百姓们面无人色,倒是野鸟不识悲苦,还在声声欢唱。人情冷漠,又兼惶惶不安,谁也没心思照应我们这一家过客,他乡为客难呀!朝堂之上,空有显宦如云。大家都在翘首期盼,能有贾谊一样的人物来拯救危局。可是呀,可是呀,君臣们只是相对流涕,拿不出办法来又有何用?"①

行旅劳顿,又兼兵火道阻,行路难!王铎在诗中言:"人生迟暮,岁月迟暮。江山支离,叹前路修远且长。此身困厄与心违,家山远隔,梦寐思之。露宿风餐,况对此剩水残山。此行结虎豆,烧却蓼花舟。"②

南行之路虽苦,但对于即将赴任的南京,王铎的心里还是怀着憧憬。他在诗中说:"长江远在千里,尚无外患之扰,古城静寂,掩映在薄雾之中。亭中青竹环绕,窗外翠色重重。南京大地光辉满布,基业稳固,自古就是人杰地灵之处。到那里不必另寻仙山了,群山青且翠,心寄烟海汀。"③

十月二十五日,王铎踏上行程已近二十天了,才来到赵县的附近:"沿途杨柳早已干枯无颜色,寒风凄苦伴我南归。一路赶来,没有闲情去寻觅牧野的景致,触目所及,让人泪洒征衣。鹰鹘在寒空中盘旋飞舞,一行人在冰冻凝结的道路上艰难前进。一回回张望郎岭,那是我家的方向。可是天际霏霏淡淡,我丝毫也看不见您的身影。"④

黄昏时分,斜晖惨淡,"此情此景,最易神伤。赵城自古苍凉

---

① 参见王铎手稿《赵州》,山东博物馆藏。
② 参见王铎手稿《阻修》,山东博物馆藏。
③ 参见王铎手稿《想白下》,山东博物馆藏。
④ 参见王铎手稿《十月廿五》,山东博物馆藏。

地，况羁旅望乡。国家纷乱，生灵涂炭，辅国的将帅贤臣又在哪里？惟见那烽火羽书疾驰。听说前方的洹水盗寇又起，兵车辚辚，我该去向何处？旷野寒风里，猿声几处闻。翘首南天望，鼙鼓动地频"①。

十一月中旬，王铎一行已经来到河南汤阴的地界，离家乡越来越近了。汤阴县南的宜沟驿是官家往来歇脚之处，行色匆匆来到驿站，暮色沉沉中，景物愈显萧条。王铎在《至宜沟》中吟道："……峰悬月路樵人断，水浸城根驿树深。渐近故乡忧更切，梅花石洞鼓鼙音。"②

再南行就到了汲县（今河南卫辉），王铎终于可以好好休息一下，为友人们挥毫作书了。今见王铎临《阁帖》王羲之《昨见君欢帖》③，款云："庚辰冬至汲书，王铎。"受书人不详，然"昨见君欢"也大约契合他此时此地的心境了。

但是，暂时的欢乐与安宁很快就被打破了。在经过卫辉张吴店东野之时，王铎和家人就被当地的"土贼"所包围了。他在《张吴店录》一文中详细记下了这段惊险的遭遇："饥民遍野，遂生大乱。家属车马在前面行，突然被两千多土贼围困在了张吴店东野。我带领家丁二十五骑跃马前行，鸣弦奔入敌丛中，一起大喊砍斫。……健丁射倒数贼，我也砍了六七个，敌人开始退去。我们又驰马追杀，斩首百余。行二里左右，遇到埋伏，又和敌人打斗于巷中，杀十二人。到了新乡，我对各位家丁论功行赏，各有差别。"经过这番遭遇战，王铎感慨道："国家养兵多年，费了那么多的粮饷，可一遇到战事，却百

---

① 参见王铎手稿《夕照》，山东博物馆藏。
② 《拟山园选集》（5），第2303页。
③ 日本藏。《王铎年谱长编》，第581页。

呼而不能集，集也不能战，百姓无依，生灵涂炭。军队如此不堪，才导致流贼所向披靡，祸深无救。军队不剿贼，反倒是到处扰民抢掠，全无报国之心！如果实用其力，像我等二十五骑就可以破两千贼。如果同仇敌忾，即便是以乡党之众对敌，也不至于败落到这种地步呀！国家军队上下虚之，不败倒真的是咄咄怪事了。"①

向西南行到新乡，又遇到伏寇，王铎有长诗为记。《庚辰，自北徂南，无日不与大寇争路，仓皇矢石间，不知有生乐。待卫辉张吴店被围，予提刀跃马争先陷阵，戈声相拨，斩获甚多。所率众人奋勇逐北五六里，寇殊死斗，斩级百余。及至新乡临清村，又遇伏寇，战斗，斩三十余级，寇覆败走。噫，辇毂下知世途若斯乎？累若者谁职其咎？知我心忧，亦惟有咏叹而已》："……经敌城郭败，征租胥吏呼。……迨至城闉止，才思途路刉。"②

经新乡，再向西南前行，过修武向宁郭方向。在驿站住宿时，王铎有诗言："寇垒处处，一路行来令人心惊不已。乱世偷生，思之可哀。人困马乏，又兼旧病缠身，路途遥遥似无尽时。灾民们甘心助叛贼，对乱象幸灾乐祸，也不是没有缘故的，君不见战火之后，征饷的胥吏们又在登门催逼了。尘土飞扬，遮天蔽日，每个村落都响彻战鼓声。暗日无颜色，焦土无木林。河山破碎，民怨已沸腾。一旦土崩之势出现，百年不遇的人祸就要到来了。土贼啸聚，攻城略地，到处都有战火在燃烧。战争过处，郡邑残毁，土贼的声势越来越大。可恨当政者还昏然如醉，严刑重赋一味戕害百姓，却不上报灾患的实情。民宅残破，野兽出没，驿站也已经如此破败了。仆人携带兵器一路护持

---

① 参见《清代诗文集汇编》（7），第165页。
② 《拟山园选集》（5），第2042—2045页。

相依为命，我面对老妻泪下潸然。皇上终日忧心操劳，何年才能得以告慰？民生凋残，王师何时才能平乱？烛火短，宵难度，长路漫漫，更让人心无着落。天地如此窄小，我亦无心去访梅花矣。"[1]

## 十五 奔丧

十一月二十八日，王铎一行终于来到了怀州（今河南沁阳），离老家只剩下一百五十里的路程了。归心似箭，他们正在加快前进的脚步，却迎头遇上了前来报丧的家人。

离别三年的老父亲去世了。王铎一路往回赶，还是没能见到老人最后一面。听闻噩耗，王铎悲痛欲绝，写下《十一月二十八日·庚辰》："跪在怀州的雪地里遥望家乡，我泪如泉涌哀痛无尽。一路上干戈丛生我得以不死，如今却披麻戴孝向天悲号！乱世纷纭，几人能得全生？饥荒年景里，我一直日夜牵念着老父亲。父亲最终也没有等到儿子就撒手人寰了。子欲养而亲不待，您是否知道我心中的悲苦呢？今岁将尽了，我还漂泊在路上，寒夜已深，我更感受到无边的孤独。"[2]

归乡变成了奔丧。四十多天的辗转奔波，在行将结束的时候被奔涌的泪水淹没。

进入腊月了，王铎也终于踏进了家门。在哀恸、愧疚和忙乱中，王铎安葬了老父亲。寒夜灯下，他写下了许多诗文哭父，倾诉着内心里的哀戚，其中一首《哭父》写道："吾父乘箕尾，何心赋楚

---

[1] 参见王铎手稿《修武至宁郭驿》，山东博物馆藏。
[2] 参见《拟山园选集》（5），第2040页。

招?……昏迷呼造化,颠沛踣甄陶。……鬼神何谬误,天地亦枯凋。离别经三载,哀号在一宵。……欲养今难待,虚追意未消。可怜餐俸米,何忍奠神䄍?……怆心罔极咏,吊影冷萧萧。"①

离家三年多,家乡饱受饥荒与离乱之苦。父母本已年高体衰,又因五弟王镡和侄子王无骄的意外离世,令父母悲凄恸悼,他们的身体更是每况愈下,怎不让王铎牵念悬心呢?前年秋冬间,王铎以此为由,第二次上书请求归养,奉养双亲,作《双亲寿望八事》:"悠悠我里,寇焱孔瘁,家书渺邈,老仆不来,臣又安能料臣父母之病得如十一日、初九日光景乎?……臣兼病躯,甘冒死罪,不敢背亲也。"②这次返回家中也没能见到父亲最后一面,悲痛哀戚中,往事一幕幕浮现在眼前,更令他痛贯心扉。

王铎的父亲王本仁,字性之,号梅园,享年七十七岁。王本仁墓表结衔为"光禄大夫、少保兼太子太保、文渊阁大学士、户部尚书",但这是封赠的称号而已,他本人只是一个地地道道的农民。作为一个农民,王本仁能获此殊荣已经是莫大的荣耀了。父以子贵,王本仁的荣耀得自王铎。王铎是他们家族的第一个进士,入仕之初就进入翰林院,如此的光宗耀祖给王本仁带来了莫大的喜悦和安慰,也让家庭经济得到明显改善。崇祯八年(1635年)冬,七十多岁的王本仁跟随王铎到南京赴职,一直到崇祯九年(1636年)夏秋间才返回孟津。这次出行让王本仁感受到了极大的欣慰:生平第一次来到了金陵胜地,遍游了南中胜景,受到了当地官员们的热情接待,儿子接受的赠金也大多交给他来保管支配,所有这些都是一个孟津农民在此前

---

① 《拟山园选集》(5),第2045—2048页。
② 《清代诗文集汇编》(6),第503页

难以想象的美好境遇。对于儿子在宦海中的彷徨与失意，他可能知之不多，也未必能够理解，但儿子的每一步晋升倒是他所关注的大事。王铎被任命为南京礼部尚书的喜讯肯定已经传递到了他的耳边，这是他临终之前最大的告慰了。大孝尊亲，从带给父母荣耀的角度而言，王铎是做到了大孝。但是作为长子，游宦漂泊，不能尽孝于父母膝下，不能见到父亲最后一面，这让王铎难以释怀。

让王铎深感悲痛的还有他的五弟王镡。王镡，号钝庵，十九岁为廪生后不第，居乡奉养父母，好读书击剑，性至孝。在王铎五兄弟当中，王镡最小，当然也最受父母和兄长的宠爱。崇祯十年（1637年），王铎自南京返回孟津。在居乡的半年当中，诸兄弟赋诗饮酒、结伴出游，彼时情景还如在眼前。九月，在返京途中行至磁州（今河北邯郸）时，王铎得知了王镡病亡的噩耗，有诗悲之，并为之作《五弟钝庵墓志铭》。王镡去世时仅二十五岁，生有一女，无子，以三哥王鑨的儿子王无忝过嗣。

五弟去世已经三年了，王铎第一次来到他的坟前。思念与悲痛一起涌上心头，王铎写下了多首悼念的诗："五弟墓，生蒿莱……花还开，弟不来。弟若返，灵如在。空山日落伤人心，地下春光何日霭？"[①]"我有数行泪，垂垂血滴水。黄花染泪珠，花与春风死。"[②]"……寒浦苍山灵雨断，新坟红树野雕飞。也知从古皆黄土，无奈哀缠泪满衣。"[③]

在哀恸中忙乱了数日，王铎安葬好了父亲。十二月十日，就是王

---

[①]《本集初》今乐府卷二《暮烟催》。
[②]《本集初》五绝卷一《五弟墓》其二。
[③]《本集初》七律卷五《南归哭五弟镡》。

铎五十岁的生日了。家国离乱，生离死别，又逢半百之年，如何不让人感慨万千？他在《五十》中写道："知有艾时在，不期辄贲予。夷瘳何未已，残腊可能除？松桂盟当谂，夔龙意竟疏。百年如得僭，非愿舍烟渔。"① 桂盟烟渔，念念长在，却总也无法走近。在人生半百的当口，王铎又是否知道日后的苍凉境况呢？"五十今胡至，白头半已催。宝刀真可哭，铭鼎欲成灰。虏寇无时灭，赓飏何日回？载宁萦癗叹，青髓古岩开。"②

五十岁开头，王铎回到了孟津老家，也开始了他的居忧生活。梦寐已久的山林泉石之乐，仿佛触手可及了，但最终却无法可及。家乡离乱，已不堪为居，他又该去哪里安身呢？

## 十六　移家居忧

王铎安葬好父亲，见家乡已经不能再待下去了，为避兵乱，王铎决定一家老小北渡黄河，先修垅前的旧屋暂居，再北行来到怀州。靠着当地官员友人们帮助和打理，他们在城北的东湖岸边筑草堂栖之，名曰"涵晖阁"。

怀州和孟津相隔虽然只有一百五十多里，但由于隔着黄河，也就暂时隔开了兵火的袭扰。从上次离开怀州回家奔丧，不过是二十多天的时间，现在一家老小更大的队伍又返了回来。时近岁尾，漂泊的感觉愈发深重，王铎在诗中言："栖托东湖上，茅堂近北城。古今余冷泪，兵火剩残生。"③

---

① 《拟山园选集》（3），第1149页。
② 杨嗣修纂集：《延香馆帖》，河南省沁阳市博物馆藏。
③ 王铎手稿《移居》，《王铎书法珍品集》。《王铎年谱长编》，第586页。

东湖在天鹅池后，天寒而近水，颇不宜居。一家老小住下来后，王铎和友人们在湖边转转，慢慢熟悉周边的环境。他在《东湖同泛》一诗中写道："世事今如此，亲朋相见稀。严冬寒更甚，燕衎愿多违。……讵意欢娱处，却令感慨归。回瞻烟水外，阴气远霏霏。"[①] 水边如此，城上的禹庙、高台寺也是满眼破败，王铎有感而发，写下《自东湖登城上禹庙》："乱离百不遂，杖履一相从。南北兵尝啖，哭号鬼亦爝。……坐见阴林火，行闻隔寺钟。"[②] 国事令人感伤，所见皆触于心，让人不由得泪下潸然。官宦之家尚且如此，可怜百姓又何处可依呢？

怀州虽有友人们的相助，但毕竟也是他乡。稍住几日后，王铎的为客之怀便油然而生了。于是，他情不自禁地写下《为客》一诗："为客怀州久，棘人合闭门。休心尝少事，归老欲何言？……"[③]

但在乱世之中，幸有此地可以容身，幸有友人可以为伴，也算是莫大的慰藉了。一家人安顿下来，开始了一段怀州生活。

（一）

自秋天以来，陕西、河南等地的农民军四处袭扰，中原大乱。湖北、河南、安徽等地的明军在杨嗣昌指挥下，调集重兵围剿，农民军不支，又开始请求招抚。

腊月初十日，监军杨卓然奉旨议招安之事。王铎得知消息后，以书信致杨卓然，写下《与杨监军》，表达了自己对议抚一事的态度："古人用兵，在以敌攻敌。外来的客兵如同远水，不但救不了近火，

---

[①]《拟山园选集》（5），第2041页。
[②]《拟山园选集》（5），第2060页。
[③]《拟山园选集》（3），第1158页。

还会为害地方。今招抚叛军，既受羁绁，反不如鼓其精锐以监视招降的流寇，使其孤立。务必悬重赏，化其反叛之心。重赏之下必有勇夫，爵赏在前，谁不奋勇向前？谁不渴望加官晋爵、光宗耀祖？谁又不愿做盛世之民呢？对于那些招抚来的弱兵，要让他们去开垦荒田，给他们耕牛和种子。他们放下了武器，又省去了赈济的钱粮，遂可消除州郡之患。只要叛军接收招安，那就只是叛民而已，矛盾也就好解决了。如果不接受招安，那就是寇盗，势力越大就越不好对付。至于之前推行的平仓粜粮赈济之法，是古今以来的好办法，但是各郡县都阳奉阴违，并不去施行，却在夺民之财，将他们逼上绝路。杨君做事物物明勇，事事安宅，可以说是自诸葛武侯、韩琦魏公之后少有的贤良之士。愿君支持新政，矫其流祸，着眼长远，并非仅为眼前之计也。"[①]王铎对杨卓然议抚一事抱有很大希望，期望此行可以还国家太平，这当然是建立在对杨卓然人品的高度认可之上的。

杨卓然，字又先，湖南辰州人，崇祯四年（1631年）进士。令湖五年，体现出卓越的施政能力。庚辰这年正月，杨嗣昌力荐杨卓然，授监军道佥事，监军安庐，移驻两湖。时有五营贼盘踞在山乡，杨卓然以单骑前往招降，展现了他超人的胆略。

但大势已去，非独木可支了。乱军横流四境，前去镇压的明军虽然时有斩获，屡屡招降，但是招降的叛军还未解散，四方饥民又蜂拥聚来，势若燎原。饥荒、重赋和官员腐败是农民军叛乱的深层原因，这些问题不解决，单靠招抚是断难挽回的。果然，招抚之计再次失败。两个月后，杨嗣昌自缢身亡，杨卓然也以病告归，王铎心中的希望之火刚刚燃起便熄灭了。

---

① 《清代诗文集汇编》（7），第287页。

## （二）

刚刚为议抚的友人壮行，又遇上了因议抚失职被遣戍的同年，王铎心里的感情是非常复杂的。

已经被遣戍到怀州四年多的苗胙土前来看望王铎。他乡遇故知，然而此际他们的心情恐怕已是沉重多于欣喜了。苗胙土，字晋侯，山西泽州人。据《清史列传》记载：天启二年（1622年），苗胙土中进士后，得授户部主事，外转陕西关南参议道。崇祯九年（1636年）四月，苗胙土被提拔为佥都御史，抚治湖北郧阳。时农民军出没于湖北、河南之间，副总兵翼明胆小畏战，部将连败也不以实情上报。苗胙土不习兵，误听翼明之言遣使招降，结果遭遇诈降，至一败涂地。苗胙土因治抚不力，被杨嗣昌弹劾，革职查办，遣戍到了怀州。

对于苗胙土被遣戍一事，王铎有着不同的看法，他在《文峰苗公传》中写道："晋侯以战绩嫉于杨武陵，……予娄与晋侯处，恂恂有经济才而被谗。"[①]当然，王铎的说法未必是实情：其一，这是在为苗胙土父亲所作的传记中所言，溢美之嫌在所难免；其二，苗胙土在招抚一事上的表现确属不习兵，"以战绩嫉于杨武陵"也是站不住脚的；其三，王铎素与杨嗣昌政见不合，二人的矛盾是公开的，一方是政敌，一方是同年，王铎所言也就难免有回护同年之嫌了。

面对天涯沦落人，王铎对苗胙土表达了安慰之情："世事艰难，相见不易，与兄所叹者，壬戌相携已近二十年了。苗兄岂是孤鸣者？我一直为您奔走声援。孤灯相对，寒夜促膝，叹人生漂泊，为之怆然。人生如旅，从来多艰！仕宦如海，莫为踟躇。"[②]

---

[①]《清代诗文集汇编》（7），第212页。
[②]参见王铎手稿《遇苗晋卿》，《王铎书法珍品集》。《王铎年谱长编》，第587页。

在怀州期间，苗胙土时时参加王铎的社会活动，陪伴着自己的同年兄弟。

崇祯十四年（1641年）九月，王铎为苗胙土作行书轴，书云："书法少年误学，事务一开，辄觉读书一事减去光阴。然劳郁愤懑时得善笔墨绢素，一畅发踊跃之，亦觉可喜。辛巳九月，洪洞王铎。晋侯老年翁亲戚。"[①]并写信与苗胙土："三画皆赝者，貌似之有若耳，故以实告耳。虎豆善缘墙一种，玉簪、虎须等类，点缀阶除，皆受年翁赐。他日花开，一樽相赏，其乐孔皆。……他如葡萄、小椒树、紫藤、小竹如指顶粗者，紫荆小树、丁香，大约如是。幸留意，清晨日初出可移也。藕三节者，芋头根荄，琐琐一笑。又有菱。冲。"[②]凡有可点缀庭院者，王铎也不客气，尽数向苗胙土索要，足可见他们之间关系的亲近。十月，苗胙土将归泽州，二人相聚短短十个月，又要长久别离。临行前，王铎为苗胙土作行书数轴《送晋侯兼讯止水》，中有"北归泽潞暂离群，满眼风尘一送君"句，表达惜别之情。并有"我去华山还过访，玉箫橘酒更殷勤"[③]句，相约他年再见。只是他们不知，王铎的华山之行已是七八年后的顺治八年（1651年）了，世事离乱、江山易鼎，此次握别，的确是后会无期了。

（三）

王铎在怀州期间，交往最多的还是当地官员与名门中人，这也是很自然的事情。时任河内令王汉便是其一。

怀州的治所在河内（今河南沁阳），河内令王汉是地方父母官。

---

[①]王铎《文语》轴。《王铎年谱长编》，第621页。
[②]王铎手稿《与人书》，北京故宫博物院藏。
[③]《拟山园选集》（6），第2550页。

王铎是新任命的南京礼部尚书，正二品大员，暂居河内丁忧期间自然会受到地方官员的特别照顾。王铎在《与王汉》的信中，就将这一交谊透露了一二："赐灯，赐笔墨，种种高义，旅次之岑寂顿有生色。昨携槛款叙，古人之谊不能独擅其媺于前矣。不孝铎泣拜。""不孝居怀，在王父母覆焘中，一饮一食不敢忘。……举家有安身地，得贴席而卧，畴之赐也。……敢又辱亲翁玉趾数过寒庐，弥增其愧。春和就稿为楷书，如《玄秘塔》《普光寺》《中兴颂》《颜氏家庙碑》合为一辙以报命耳。"①很显然，作为地方官，王汉多次去王铎的住处探望，赠以生活必需品，并携酒食叙谈，嘘寒问暖，这都让王铎非常感动。作为回报，王铎为王汉作楷书修城碑文。

不仅如此，王铎还多次为王汉书写字轴。目前可见者如，行书《同友至汝州北山一首》②，款云："子房老父母教之，王觉斯。庚辰冬，数经大寇，释弓鞬而操笔，可笑可笑。"另有行书《都中写兴二十首柬王介清》轴，款云："子房老父母诗坛正，觉斯。"③崇祯十四年（1641年）冬，王铎在河内县署为王汉作草书《唐诗》轴，款云："辛巳十一月多寒，至十六日独减寒，院中泼墨为子房公天下奇才。樵人痴者。"④又作《五律诗》轴，款云："崇祯十四年仲冬日夕，书俚作奉子翁词宗年丈。觉斯。"⑤草书临《阁帖》轴，款云："子老父母年台，王铎。"⑥另外，王铎还应王汉之请，为他的友人沈迅书写了《自作五律诗》草书卷，表现出对王汉友情的珍视。

---

① 王铎手稿《与王汉》，北京故宫博物院藏。
② 王铎《五律诗》轴，北京故宫博物院藏。
③ 王铎《自作诗》轴，烟台市博物馆藏。
④⑤《王铎年谱长编》，第634页。
⑥《王鐸の書法》条幅篇。《王铎年谱长编》，第635页。

二人多次与友人相约出行，所记者如《东湖呈子房》《赠王子房》《子房御寇天坛诸山上》等。另，王汉生子，王铎作《珊瑚篇》①，为致弄璋之喜。

王汉，名应骏，字子房，山东掖县人，进士。王汉善诗文，为人智勇深沉，有侠骨儒心。据《（康熙）怀庆府志》卷五《宦迹》：王汉在河内令任上，值岁饥人相食，王汉绘《饥民图》，请求免除捐税。又筑城以保护饥民，施粥，所活者数万。值四方兵乱，王汉披甲冑亲率死士剿讨，保一方安宁。王汉为人豁达，能团结民众，筑城之时人乐为用，讨贼之时人乐为死，其为政可见一斑。后擢为御史，巡按河南，招抚流亡甚众。

（四）

王铎手稿《同诸公登北城禹庙》《高台寺与冰壶若水用章诸公游》②，即是他初到怀州时所作，与上编诗稿《集冰壶若水雪崖汇泽心水园亭》约在同时。其中所提到的冰壶、若水等都是与他交往密切的友人，他们频繁出游、集会宴饮、诗文书翰往还，形成了一个小圈子。

《集冰壶若水雪崖汇泽心水园亭》诗意为："名园之乐是我心所念，但随车马奔波周折，空令夙愿久违。而今得以初躅屐齿，顿觉进入虚灵胜境了。薜萝掩映，曲径通幽，老树环绕着幽居之所。室内奇书满架，庭中怪石可人。胜境如此，令人顿生出世之心。焚香酌酒，逸情高旷。日沉赏庭梅，言笑心闲，任漫天繁星四散。我本贱豪奢，主人亦不必以锦衣玉食相待。夜已深，四围寂寂，犹觉鸟声悦耳。周

---

① 《本集诗》七律卷三《珊瑚篇·为王子房赋》。
② 西泠拍卖2013年秋拍。《王铎年谱长编》，第587页。

天旷朗，水汽氤氲弥漫，自觉隐逸可期。白首藏丹壑，青霞拾紫薇。兵火不在眼，暂时忘却人间寒饥吧。身世浮沉一杯酒，且向深山深处去。莫嫌人生往来苦，更足参悟鉴深微。"[1] 乱世之中，此处园亭却仿佛世外桃源，其间的清雅华贵令人赞叹，足可见主人的身份高贵。

冰壶，不详。冰壶能拥有如此华奢的园亭，可见一定出身高贵，是怀州的一方显要。王铎在多首诗中都记到"冰壶、若水"，且"冰壶"的名字在前，故"冰壶"或为皇族后裔若水的兄长，待考。

若水即朱常㵐，是明太祖的九世孙、郑藩第六代世子朱载堉的次孙，被封为"辅国将军"。朱常㵐是皇族后裔，在王铎移家怀州之后的一年时间里，他与王铎交游密切。仅从王铎的诗文稿中就可大约可知：王铎去朱常㵐的园林游赏，咏其香木亭；王铎约朱常㵐游沐涧寺，东湖泛舟，数游龙冈寺；王铎与荆坡（杨之玠）过"寄园"访朱常㵐兄弟不遇；王铎邀请朱常㵐到家中叙谈；冰壶、朱常㵐招集王铎与汇泽、雪崖、心水同集"按指斋"；王铎为朱常㵐跋其所藏的姚彦卿山水画，并多次为朱常㵐作书画，作品上皆钤有"若水""常㵐"等印。另，北京故宫博物院藏数件王铎致朱常㵐的信札，也都作于此际。信中所言皆为日常问讯，如"新诗大有直，秀俊轻活，再用深沉高古，如杜之奇、王之远，不可不苦为精进也"，论其诗文；"恭闻太夫人尊恙康和，长殿下安善，喜极不可言"，问讯家人；"任一元、李燮圆博雅好学，时与晨夕，今溘然，可为浩叹。世事不可知如此"，嗟叹亡友；"老太太之变，未得恭祭，郁积之情，日为内疚"，悼念慰问；"承赐新银杏，真爱所注，餐德良多，谨此道谢"，感谢馈赠；"尊翁先生墓志，……石用横条，表之祖庙墙面，便于拓

---

[1] 参见王铎手稿《集冰壶若水雪崖汇泽心水园亭》，山东博物馆藏。

墨耳"，亲书先人墓志；"尊体得良药即已，此受热所致。情思如缕，略道不孝膈中百之二三"，问病；"昨欲一尊邀过茅舍玩月，未得如愿，耿耿如何？……竹又欲赐我，顿使几前有潇湘绿色，喜如加九锡之荣。令三弟一卷久稽，非故迟也，药饵缠人，足复生疮，竢少痊当完报。倘亦肯茂竹指顶者二百余根，欣然泼墨，了此相酬，可转致不？笑甚笑甚"，作书酬酢。① 凡此等等，足可见二人交谊之一斑。

用章，即刘之显字，河内诸生。崇祯十四年（1641年）冬去世，年四十九岁。王铎为之作传云："身七尺，世居覃怀，喜谈兵。……"② 这两年，各地大饥荒，死人如蚁。数省群乱蜂起，怀州城墙年久失修，刘之显倡导百姓，协助宰邑王汉修筑成功。刘之显作为诸生，其志郁郁不得伸，王铎为之叹惋不已！

雪崖，亦作雪厓，怀州友人，待考。崇祯十四年（1641年）秋，王铎有诗《马坡同雪厓伯仲谈山趣》，知王铎与雪崖兄弟均有交游。

汇泽，怀州友人，待考。

心水，疑为李清，一字映碧。然李清的履历中未言及怀州，暂附待考。

（五）

王铎在怀州期间交往密切的另一位皇族后裔是朱翊㮲。

朱翊㮲，字散木，是庐江王朱载堙的长子。腊月里，王铎来到怀州，曾游庐江王藩邸东园，朱翊㮲热情陪同。王铎诗云："园内松桧苍苍，欣随世子杖履一游。贤王如此好客，且听命驻足拜会。门径多真意，琴樽与道合。至此心地宽，与君娓娓言。庭有梅花，暗香浮

---

① 王铎手稿《与朱常瀳》，山东博物馆藏。
②《本集文》卷四十六《刘用章传》。

动,竹阴淡淡,时光不移。有山可栽药,玄圃胜鄜州。此中有真意,何必更多求?"①王铎盛赞藩邸的雅逸景致,也对主人的盛情表达了深深的谢意。庐江王贵为藩王,数代居于怀州,已经营百余年,其家业雄厚也是很自然的。"高风洒落见名藩,帝胄天孙不觉尊。渔浦咏怀随画舫,玉壶买醉在春园"②,可见藩王园林的规模绝非普通官宦豪富之家可比。

王铎与朱翊樏的交游主要集中在崇祯十三年(1640年)底至崇祯十四年(1641年)秋冬。他与朱常洁、朱常瀇兄弟同游宴饮颇多,王铎手稿《庐江殿下引王龙冈舟中弹琴同九龙阳城》《赠庐江王殿下散木》《庐江清平园望山同荆岫晋侯散木应教》③等诗,都是写他们交游的片段。

另外,王铎在写给怀州友人杨之璋的一封信中说:"刚打算为您题画,忽然接到了朱翊樏殿下的邀请,遂率尔答此帖匆匆出门,又欢聚到子夜方回。题画的事一定会在一两日内完成。"④亦可见王铎与朱翊樏相聚的常态。[按:杨之璋,字荆岫,河内人,万历三十八年(1610年)进士。崇祯十一年(1638年),王铎在京中过访杨之璋,有"每闻长者语,使我易心胸"⑤句,表达了对前辈杨之璋的敬意。该年冬日,杨之璋乞休,王铎为制赠序,题为《送杨荆岫起复礼部员外序》:"荆岫杨公……性爱林泉,淡于仕进,遂以养亲请,家居二十五年,终不欲仕,乡党再四强之出……不一二年,又以疾请……

---

① 参见王铎手稿《庐江藩邸东园与散木游览》,山东博物馆藏。
② 王铎手稿《庐江王》。《王铎年谱长编》,第653页。
③ 《王铎书法丛刊之二·王铎诗稿》。《王铎年谱长编》,第653页。
④ 参见王铎手稿《与荆岫》,广东省博物馆藏。
⑤ 《本集初》五律卷十三《过杨荆岫》。

行之日，送者冠盖。"① 此次在怀州期间，王铎数数拜访杨荆岫，为其鉴题书画，从其游历，交往极为密切，此不赘述。]

崇祯十四年（1641年）九月，王铎举家离开怀州，辗转避乱，与怀州友人天各南北。崇祯十七年（1644年）二月，李自成攻陷怀州，庐江王朱载堙被执，不屈而死。朱翊𣚴被捕押往北京，三月过定兴时，朱翊𣚴在旅店作绝命词，绝食而死。至此怀州友人星散，一切皆成过往了。

附：

庚辰腊月底，春节将近，到了立春节气。立春是二十四节气的开始，也是新一年的开端，王铎的庚辰本命年算是结束了。

父亲去世刚刚一个月，移家来到怀州也不过二十天吧。立春这天，王铎写下《忧居立春》五言排律："举家为客，已是立春时节了。人情凄苦，不觉间岁序暗移。时光匆促，人生易老，令人无可奈何！孤傲不仕，自己是难以做到了，整天沉迷于诗书，又岂能轻易拥有？……"②

王铎在感慨中安排着自己的日子，一如既往。乱世如此，他也还是心怀期许，在自己的日常中悲欢喜乐着。对于以后的日子，他无法预知，也更无法规避命运安排给他的人生荣辱。离下一个本命龙年还有整整十二年，他更无从知道，那里就是他生命的尽头了。

明王朝在加速坠落，大厦倾倒的轰鸣声已经隐然在耳。裹挟在历史的车轮当中，王铎开始迈向他的下一个新年。

---

① 《清代诗文集汇编》（7），第69—70页。
② 参见王铎手稿《忧居立春》，山东博物馆藏。

# 参考文献

**王铎著作**

王铎:《拟山园初集》,明崇祯刻本。

王铎:《拟山园诗稿》,中国国家图书馆藏稿本。

王铎:《拟山园书札》,中国国家图书馆藏稿本。

王铎:《拟山园选集·诗集》,影清顺治十年刻本。

王铎:《拟山园选集·文集》,影清顺治十年刻本。

王铎:《王铎法帖墨迹珍品集》,河南美术出版社,1995年。

王铎:《王铎诗稿卷》,日本骎骎堂,1959年。

王铎:《王铎诗文手稿册》,山东博物馆藏。

王铎撰,黄道周选:《拟山园选集》,台湾学生书局,1970年。

《清代诗文集汇编》编纂委员会:《清代诗文集汇编》,上海古籍出版社,2010年。

**地方史志**

常廷璧、吴元桂等修纂:《(乾隆)无为州志》,清乾隆八年刻本。

蒋光祖、夏兆丰等修纂:《(乾隆)武安县志》,清乾隆四年刊本。

梁悦馨、季念诒等修纂:《(光绪)通州直隶州志》,清光绪二年刻本。

林溥、周霱鑅等修纂:《(同治)即墨县志》,清同治十一年刊本。

刘溎年、邓抡斌等修纂:《(光绪)惠州府志》,清光绪十年刊本。

阮藩济、宋立梧等修纂:《(民国)孟县志》,民国二十一年刊本。

唐受潘、黄镕等修纂:《(民国)乐山县志》,民国二十三年铅印本。

佟企圣、苏毓眉等修纂：《（康熙）曹州志》，清康熙十三年刻后印本。

王枚、徐绍廉等修纂：《（光绪）续睢州志》，清光绪十八年刻本。

张钺修、万侯等修纂：《（乾隆）信阳州志》，民国十四年铅印本。

章廷珪、范安治等修纂：《（雍正）平阳府志》，清乾隆元年刻本。

周玑、朱璪等修纂：《（乾隆）杞县志》，清乾隆五十三年刊本。

## 明清史料

《清实录》，中华书局，1986年。

王士禛：《景印文渊阁四库全书》，台湾商务印书馆，1986年。

王钟翰点校：《清史列传》，中华书局，1987年。

## 明清诗文集

陈夔麟编：《宝迂阁书画录》，民国石印本。

陈田：《明诗纪事》，上海古籍出版社，1993年。

胡敬辰：《檀雪斋集》，明刻本。

黄道周：《黄石斋先生文集》，影清康熙五十三年刻本。

刘理顺：《刘文烈公全集》，影清顺治间刻康熙间印本。

卢世㴶：《尊水园集略》，影清顺治间刻十七年增修本。

彭而述撰：《读史亭集》，影清康熙四十七年彭始抟刻本。

谈迁：《枣林杂俎》，中华书局，2006年。

文秉等：《烈皇小识》，北京古籍出版社，2002年。

吴仰贤：《小匏庵诗话》，影清光绪间刻本。

张缙彦：《依水园集》，中国国家图书馆藏清顺治刻本。

张镜心：《云隐堂集》，中国国家图书馆藏康熙十一年奉思堂张缙刻本。

邹祗谟、王士禛辑：《倚声初集》，影清顺治十七年刻本。

## 年谱

薛龙春：《王铎年谱长编》，中华书局，2019年。

庄起俦等编撰：《黄忠端公年谱》，清道光刻本。

## 相关碑帖

李钢、赵宝琴主编：《历代名家书法精品——翰香馆法书》，山西人民出版社，1999—2001 年。

梁羽明纂集：《银湾帖》，日本不手非止刊行会，昭和五年春季号。

王无咎纂集：《拟山园帖》，江苏古籍出版社，1986 年。

薛葳生纂集：《日涉园帖》，泰和嘉成 2017 年秋拍。

杨嗣修纂集：《延香馆帖》，河南省沁阳市博物馆藏。

张鼎延纂集：《琅华馆帖》，国家图书馆藏。

## 图录

《有明名贤遗翰》，汉皋文渊书局，清光绪丁亥刻本。

村上三岛编：《王鐸の書法》，日本二玄社，1992 年。

古代书画鉴定小组编：《中国古代书画图目》，文物出版社，1991—2003 年。

黄思源主编：《王铎书法全集》，河南美术出版社，2005 年。

江兆申等编：《故宫藏画大系》，台北故宫博物院，1993 年。

辽宁博物馆王铎书法墨迹编辑组编：《辽宁省博物馆藏王铎书法汇编》，荣宝斋出版社，1995 年。

王铎：《王铎法帖墨迹珍品集》，河南美术出版社，1995 年。

王铎：《王铎行书墨迹三种》，天津古籍出版社，1991 年。

# 后　记

　　人生有太多的不期而遇，途中人不自知，仿佛前缘注定吧。

　　八年前，我到山东博物馆从事书画鉴定和研究工作，现在想来也是自有安排，正如我与王铎的相遇。

　　《王铎诗文手稿册》真迹，是王献唐先生于建国前购得，后入藏山东博物馆。献唐先生曾跋数语，言"册内各诗类在未仕清前所作，正明亡漂泊流离之际也"，然未及深研。此后博物馆屡经搬迁，文物也转运数次，稿册遂深藏于库房了。六年前，我在库房做甲骨文摹本，无意间见到了这册手稿。煌煌万余言，书迹飞动恣肆，震人心魄。此稿自明末离乱散佚，至今已有三百八十余年的时间了。此间虽数易其手，但知者不多，问津者也就更见其微了。有缘邂逅，适我愿兮，捧读手稿，感慨遂生。这或许是我与王铎的缘分，抑或是王铎与我的缘分吧。世事隔尘，我今来默对拜观。既如此，我也就有义务将其整理刊布出来。

　　手稿的释读和断代工作断续做了两年多，进行得没有想象中顺利。王铎好用古字，且稿草涂抹修改处颇多，释读本就颇费力气了，而手稿中可兹依据的断代信息更是散乱驳杂，一时难以措手。此前，我对王铎多停留于书迹的感性认识上，至于能在时代坐标中观照其诗文、履历和悲欢思虑，将之作横向与纵向的勾连，的确是有许多功课需要去补的。于是，我开始系统整理王铎的传世诗文书画，梳理其年谱资料，并阅读明清之际的历史文献等，渐次厘清了这一批手稿的前后关联，也将关注的点集中在了明崇祯十三年（1640年）庚辰。

2019年，我开始对这批手稿做录考研究，陆续写了十几篇个案文章。也就是从这时开始，我的脑海中时时萦绕着王铎的身影，与之晤对俯仰，梦寐间也时时相遇。彼时王铎与我年龄相仿、心境易通，我也就对他的悲欢喜乐产生了诸多共情。王铎是明、清之际重要的文化人物，能勾连起他生前身后庞大的文化群体，具有重要的坐标点意义。进一步以此来切入明清书画研究，当然也是一条可行的路径。

2020年11月，恩师欧阳中石先生逝世，我专程赶到八宝山去送别。此时正值新冠疫情防控期间，难得到北京一次，我又去拜望了恩师王元军先生。王老师病了几年，平时坚决不让我们前去看望，我知道他是不愿影响大家，牵挂别人却又怕被别人牵挂啊。这次见老师的状态尚佳，我们聊了很多。对于手稿研究，老师建议我不要总是做录考的文章，还是得沉下心来写成专著。对于老师的吩咐，我郑重承诺要认真完成，到时再请老师批阅。午饭后，老师把我送到门口，我回过身去深鞠一躬离开，心里盘算着过些时间再来探望。可一回到工作中，就辗转于各地博物馆，闷在库房里看文物。探望老师的事情也就一拖再拖，专著更是一个字没写，时间一晃半年多就过去了。

2021年7月，我正在青岛出差，突然接到了永昌师弟的电话，说，老师已经走了……我们一时间都无法接受，悲痛之情难以抑制。但除了万般无奈又能怎样呢？老师安静地离开了，他不愿打扰任何人。我们只得遵从他的心意，可我的心却是无论如何也没法安放下来。从那时开始，一种悔恨与自责就萦绕在我的心头。为了不辜负恩师的教导，这本书，我得写呀！

真得坐下来考虑要如何去写时，我才意识到，不论是在书稿框架上还是在知识储备上自己并没准备好。幸有山东大学郑训佐和张传旭两位先生不弃，多次忍受我长时间的打扰，帮我规划梳理思路，算是稍稍有了些眉目。

2022年春天，疫情防控的形势依然严峻。居家办公期间，我开始写这些文字了。每天不少于一千字的进度，严格自律坚持了下来。一直到十月中旬，我累计写下来二十万字的初稿。随后又开始修改，直到2023年的元月中旬，我算是把这些文字完成，这项工作暂告一段落。十个月的时间里，我独自敲击着键盘，搜集整理文献，修改调整思路，度过了一个又一个这样的日夜。文章写得很辛苦，我也数次产生过辍笔的念头。但王老师的音容笑貌时时浮现在眼前，引导着我继续撰写这些文字。

这些文字大约就是那段时光的一个记录吧，书稿也有了它该有的模样。新发现文物的注入为我们打开了新的研究视角，使重建叙事框架成为可能，故本书以庚辰这一事件为中心的王铎研究也就有了它特定的意义。以此为基点，将研究关联到更大的时空跨度，并不断向更深处引入，这是我今后努力的方向。

自谓才疏学浅，内心常惴惴不安。对于遥远的王铎，对于天堂中的老师，对于身边的领导同事和亲朋好友们，我常怀尊敬与谢意！谨以这本小书，表达此情于万一吧。

借此我想对王老师说："您安排的事情我没能做好，但是我去做了，请再接受我深鞠一躬！"用志不分，方能渐致广大，治学之路漫长，每前行一步，我都能感受到他注视的目光，让我不敢懈怠。

在首都师范大学书法院读书期间，恩师欧阳中石先生、王元军先生、叶培贵先生、刘守安先生、张同印先生等人都给了我太多的教诲与帮助，师恩如山，我长记心间！感谢蒋乐志、贺炜炜、肖三喜、暴学伟、李峰等诸位师兄弟的帮助，兄弟亲情，一生长伴！

感谢山东省书协顾亚龙、孟鸿声、王瑞等诸位先生对我的支持帮助！感谢荣宝京行艺术馆刘明馆长对我的鞭策支持！感谢《中国书法》赵际芳女士、张莉女士和《书法研究》李剑锋先生等人对本书前期研究的认可和支持！

感谢山东博物馆陈梗桥先生将点滴心得时时传授，引领我迈进文物鉴定的门槛。感谢山东省文旅厅王廷琦、王炳春先生等人对我的关心支持！感谢山东博物馆各位领导和同事们的关心帮助！

感谢刘国平、李继鹏、刘文军、李宏、杨洪民等诸位兄长一路陪伴！

书稿的写作一直得到刘文华先生、高振凯先生、胡威先生和于波兄弟等人的鼓励和支持，审稿校对的烦琐工作由泰山出版社王艳艳女士、任春玉女士、刘紫藤女士来承担，在此一并表达深深的谢意！

感谢父母家人的呵护陪伴，我们珍惜前行的每一步！

还有更多友人的帮助与支持，请恕我不再一一致谢！

感念感动感怀，此情常在，容我来随！

张颖昌

癸卯惊蛰时节